# Une passion nommée Marseille

JEAN-CLAUDE GAUDIN

# Une passion nommée MARSEILLE

Albin Michel

*A mes parents*

22, rue Huyghens, 75014 Paris

ISBN 2-226-01682-1

PREMIÈRE PARTIE

# UNE PASSION QUI VIENT DE LOIN

## Chapitre premier

### *Marseille, qu'as-tu fait de ton âme ?*

Calanque de Sormiou, les cigales infatigables, l'ombre d'un pin que l'incendie m'a laissé, il y a trois ans, après avoir dévoré toute la végétation du côté de la colline, s'arrêtant juste à la limite du cabanon. J'ai tiré une table dehors pour travailler. Les quelques vacances que j'ai réussi à prendre enfin en m'arrachant au tourbillon de la vie politique, sont encore des vacances de travail. J'ai résolu d'écrire, de raconter les vingt ans de combat que j'ai déjà derrière moi. De m'adresser à mes compatriotes et plus particulièrement aux Marseillais, car je suis l'un d'eux, pour faire le point en quelque sorte, au moment de briguer la mairie de Marseille.

Le cabanon, loué par mon père il y a de nombreuses années, était autrefois la « maison de l'ânier », du temps pas si lointain où pour arriver jusqu'ici on faisait appel aux doux animaux à longues oreilles. On en voyait encore dans mon enfance, ce n'est pas si vieux : je n'ai guère dépassé la quarantaine, je suis né un mois après le début de la Seconde Guerre mondiale. C'est dire que je n'ai pas l'âge de rédiger mes mémoires. Si j'évoque d'abord dans ces pages mes jeunes années, c'est parce que ma vocation politique est inséparable du fait que je suis marseillais, né à Mazargues, que depuis toujours j'ai entendu battre le cœur de la vieille cité, vécu à son unisson. C'est pour cette raison que je rêve pour elle d'un avenir meilleur. En arrivant à Sormiou, si l'on détourne la tête avant de descendre dans la calanque, on découvre de la ville le plus beau panorama qui soit ; au premier plan ma circonscription, jusqu'après le Grand Pavois et Notre-Dame-de-la-Garde. L'endroit est donc magnifiquement choisi pour prendre un peu de recul sans s'éloigner du sujet.

Mon plus ancien souvenir contraste avec la paix et la douceur de Sormiou. Je le date facilement car il correspond à un fait historique : le bombardement de Marseille par les Américains le 27 mai 1944. Mes parents m'avaient emmené au château de Bonneveine, aujourd'hui transformé en clinique, pour voir les goumiers. Nous dûmes écourter la promenade devant les vagues de forteresses volantes qui chargeaient le ciel. Je me souviens que mon père, artisan maçon, nous fit placer aux quatre angles de la maison, points forts de la construction. Puis l'orage de feu se déchaîna, avec un tel fracas que nous pensions que c'était au-dessus de nos têtes. Il y avait pourtant environ huit kilomètres du centre de Mazargues aux quartiers qui furent touchés. On devait dénombrer dans les quatre mille morts à la gare Saint-Charles et dans le tunnel du Boulevard National. A l'école des Frères maristes, rue Villeneuve, des enseignants furent projetés du premier étage.

Heureusement, je garde de mon enfance des images plus riantes. Les cultures maraîchères entouraient alors Mazargues, les « campagnes » régnaient sur la colline Périer. Au lendemain de la guerre, pour aller de l'Obélisque à Castellane, le tramway traversait des zones champêtres. Lorsque nous dépassions le rond-point de Mazargues, nous disions que nous « descendions en ville ». La « Cité radieuse » de Le Corbusier, qui a tant fait parler, n'existait pas, pas plus que les immeubles de la COFIMEG ou de la SOGIMA.

La « ville » vivait intensément, de la Préfecture au Boulevard des Dames. Malgré la destruction des vieux quartiers par les Allemands, le Panier restait le fief des navigateurs. La cathédrale, qui n'était pas fermée comme aujourd'hui, bruissait, le dimanche de « Pâques fleuries », de ces « rameaux » chargés de friandises que les enfants rapportaient chez eux en riant. Après les années noires de la guerre, les Marseillais retrouvaient la joie de vivre, la ville se tournait vers l'avenir, les grands paquebots « Ville d'Alger », « Sidi Ferruch » et autres traçaient dans la rade des sillages ininterrompus.

L'œuvre du temps embellit toujours les souvenirs, mais il me semble que ce fut la grande époque de Marseille. Avant la Noël, nous « descendions » pour aller rêver devant les grands magasins du centre, avec leurs prairies de carton-pâte où cow-boys et indiens de plomb ou — suprême nouveauté — de plastique, s'affrontaient dans des chevauchées que notre imagination voyait fantastiques.

Marseille, c'était aussi la foule bon enfant qui envahissait le stade Vélodrome en mangeant des cacahuètes. Que de fois j'ai accompagné mon père aux matchs où, avec tous les Marseillais, je clamais ma fierté d' « avoir » la meilleure équipe de France ! Un peu plus tard, Marseille c'était aussi l'agitation du dimanche après-midi sur la Canebière, pour aller voir au cinéma *Les Dix Commandements* où attendre les premiers flirts devant le magasin Muriel. Mais si l'adolescence pointait, l'enfant fréquentait encore avec ravissement le patronage de Mazargues qui, le jeudi après-midi, ne suffisait pas à contenir tous ceux qui se passionnaient pour *Les Aventures de Robin des Bois* ou *Les Tuniques rouges.*

S'il est important de rappeler ces souvenirs, c'est pour savoir d'où l'on vient et mieux discerner ce que doit être l'avenir vers lequel on se dirige. La vie, au fil des jours, a bien changé. Le Phocéac a été remplacé par Baze, un énorme parking a surgi au cours d'Estienne-d'Orves, le port est tombé malade. Mais ce qui s'est surtout transformé, c'est la périphérie. Les anciens villages, les quartiers traditionnels comme la Rose, le Cabot, Saint-Loup ou Sainte-Marthe ont éclaté sous la pression urbaine. Les grandes cités déshumanisées ont surgi dans les champs de culture maraîchère, les supermarchés ont fait disparaître les petits commerces où, enfant, ma mère m'envoyait chercher un litre de lait ou un hecto de beurre.

La télévision a assigné les Marseillais à résidence ; il n'y a plus guère que les vieux qui se parlent, en prenant le soleil, l'après-midi.

Comment ne pas éprouver aujourd'hui de la tristesse en

se promenant dans ce centre ville qui se meurt ? Comment pouvons-nous être fiers de notre ville en arrivant à la Porte d'Aix ? Comment ne pas frémir en traversant Frais-Vallon ou la Campagne Lévêque ; seuls les noms chantent encore, témoins du passé. Non, dans le Marseille d'aujourd'hui je ne retrouve pas grand-chose de celui d'hier et, du fond de mon cœur, comme tous mes concitoyens, je souhaite autre chose. Il faut rendre à notre ville son rayonnement de grande métropole méditerranéenne. Il faut détruire sa mauvaise réputation, en faire un grand centre attractif aussi bien pour les investisseurs que pour les touristes.

Notre tâche est toute tracée : faire que Marseille renoue, à travers le temps, avec ses racines et, par là même, retrouve son âme.

Chaque jour le mal qui ronge notre ville s'étend. Chaque jour les remèdes deviennent un peu moins efficaces. Déjà elle a perdu son identité. Au nord de la Canebière s'étendent les forêts d'HLM où vit une population rêvant d'échapper à cet univers d'où la dimension humaine est bannie.

Au sud, un peu comme dans une forteresse retranchée, dès la tombée de la nuit, chacun se barricade, redoutant, à juste titre hélas ! la montée de la violence.

Marseille que je vois ce matin, du petit col menant à Sormiou, flotter dans une brume violette, souffre de plusieurs maladies : l'insécurité, la saleté des rues, le pourcentage excessif d'immigrés, le chômage, la circulation, la baisse des activités économiques.

Pouvons-nous accepter ce déclin ? A Sormiou, plus encore qu'ailleurs, l'idée en paraît insupportable. A deux pas des Goudes, où l'abbé Marius Ganay affirme que se fit la première implantation phocéenne ! C'est là qu'ils abritèrent leurs bateaux et construisirent une ville sur le promontoire des Croisettes. Le familier historien va même jusqu'à dire que c'est là que les habitants des Gaules burent pour la première fois du vin, le bon vin grec enfermé dans les flancs des pithécantères, et que l'on fit la première bouillabaisse, grâce à l'huile d'olive apportée par les navigateurs. Si l'on suit le même auteur, on y dansa aussi la première farandole, la danse de Thésée que le héros athénien, ayant tué le minotaure, exécuta devant ses compagnons pour imiter « les tours et les détours, les retours et les contours de ce redoutable labyrinthe aux quinze cents chambres dont personne avant lui n'était sorti vivant ».

En cet été radieux, dans ma calanque, je dis que l'on peut rendre aux Marseillais ce goût de vivre, cette gaieté qui était la leur, et que tous nos efforts doivent y tendre.

# Chapitre 2

## *L'adolescence d'un libéral*

Ce jour-là — j'avais seize ans — il se passa quelque chose de remarquable place Robespierre à Mazargues, lieu que l'on appelle plus communément place du Marché et c'est sans doute mieux ainsi. Avec quelques camarades, je shootais dans un ballon, occupation qui, à dire vrai, ne réussissait pas à tromper notre désœuvrement en cette fin d'après-midi. Un assez grand nombre de gens s'étaient rassemblés sans que nous y prenions trop garde.

Une traction avant s'arrêta soudain sur le bord du terre-plein, il en descendit trois ou quatre dames que les habitants du quartier accueillirent aussitôt. Nous laissâmes le ballon terminer sa course dans un caniveau ; le spectacle valait mieux. Nous ne savions trop que regarder : les femmes qui saluaient de groupe en groupe, semblant connaître tout le monde, ou bien la traction. Soyons francs, je crois que, sur le moment, la Citroën l'emporta. Les voitures étaient encore rares dans ce quartier pauvre ; la vraie prospérité ne viendra que quelques années plus tard, mais alors elle viendra très vite, bouleversant le comportement des hommes aussi bien que la présence des choses. Pour l'instant, la traction avant hantait nos rêves d'adolescents, c'était la voiture française la plus prestigieuse et sans doute la plus désirée. Dans ma mémoire, c'est l'image d'une traction avant qui surgit, dès que je me reporte aux années cinquante.

Je résistai cependant à ma fascination pour m'enquérir de

nos visiteuses. Quelqu'un me désigna l'une d'elles, une femme strictement vêtue, dont la seule fantaisie résidait dans un collier de perles :

— Regarde, c'est Germaine Poinso Chapuis.

« Et en effet, c'était elle », serais-je tenté d'ajouter, comme dans les romans populaires du début du siècle. L'apparition de la Begum ne m'aurait pas produit une plus vive impression. Germaine Poinso Chapuis était, dans ces années-là, une « figure » au sens le plus exact que l'on peut donner à ce terme. A la maison, son nom était révéré, mes parents ne parlaient d'elle qu'avec les marques les plus incontestables du respect et de l'admiration. Elle avait au moins deux titres à cela : elle fut la première femme ministre après la Libération et elle était le personnage-phare du MRP, le parti démocrate chrétien qui exerçait un formidable attrait à Marseille après la guerre. Le jour que j'évoque, Germaine Poinso Chapuis n'était plus ministre de la Santé depuis longtemps, mais elle gardait un très grand prestige.

Deux messieurs[1] installèrent un micro et elle entama un discours vibrant. J'étais subjugué, je n'avais jamais vu pareille chose. Comment était-il possible de rester les bras croisés derrière un micro, de parler longtemps et de ne jamais lasser la foule ? C'est pourtant bien ce qui se passait. Au contraire, l'auditoire se faisait de plus en plus dense, les gens descendaient des maisons pour venir écouter l'oratrice. De quoi parlait-elle ? J'avoue que je ne m'en souviens plus ; il s'en faut sans doute de beaucoup que j'ai compris quoi que ce soit de son discours. Sans doute devait-il traiter de la France, de Robert Schuman, de quelques grands sujets de l'heure.

Mais j'étais conquis et j'avais trouvé ma voie. Aussitôt rentré chez moi, je commençai à harceler mon père pour qu'il me permette de m'engager dans la politique active.

1. Il s'agissait de Jean-Paul Lacassin, devenu secrétaire général de la mairie de Salon-de-Provence, et d'un artisan pâtissier, Roger Goudon, auquel devaient me lier de solides relations d'amitié que les années n'ont fait que renforcer. En 1981, je lui demandai d'être le mandataire de Valéry Giscard d'Estaing dans le département, tâche dont il a su s'acquitter à la satisfaction générale.

Nous étions en 1956. La IV^e République, « la mal aimée » selon l'expression fort juste de l'historienne Georgette Elgey, n'avait aucunement conscience qu'elle vivait ses deux dernières années. Même ses plus chauds partisans croyaient de Gaulle réduit à errer définitivement dans le parc de la Boisserie. La guerre d'Algérie avait déjà deux ans, on ne l'appelait pas encore par son nom et personne n'imaginait l'ampleur de la tragédie qui allait s'abattre sur cette partie de la France située de l'autre côté de la Méditerranée. C'est bien « de la France » qu'il faut dire, car aucun homme politique, de Pinay à Mendès ou Mitterrand, ne se serait permis d'employer une autre expression en parlant de l'Algérie.

A cette époque, le grand sujet de discussion résidait dans les pronostics sur l'avenir du mouvement de Pierre Poujade — un commerçant mécontent qui avait su capter tous les ressentiments pour en faire un tremplin électoral — et sur l'irruption de ce « courant » politique qui devait retomber aussi vite qu'il avait levé.

S'il faut vraiment donner un début à toute chose, admettons que ma vocation politique date de cette première réunion électorale, place du Marché, un jour que j'en avais assez de taper dans mon ballon. Ce n'est pas, j'en conviens, la meilleure des circonstances, car elle correspondait au côté le plus extérieur de la politique, à son aspect hâbleur qui rebute tant de gens. La politique, c'est tout autre chose, comme il me sera donné de l'apprendre par la suite, mais je suppose que c'est précisément cet aspect très démonstratif qui me frappa et qui m'en fait souvenir aujourd'hui.

Il y a des jeunes gens qui ont toujours su qu'ils seraient marins, qu'ils fonderaient une entreprise, ou qu'ils enseigneraient les mathématiques. Il est fort rare qu'ils ne réalisent pas leur destin. Je n'ai pas échappé au mien. Les discussions avec mon père à la table familiale, les premières lectures du Méridional, l'écoute attentive du poste de radio (ce n'était plus la TSF mais pas encore la télévision), ont favorisé l'éclosion de mon goût immodéré pour la vie politique. Cela me taraudait fort jeune.

Oui, j'avoue que j'aime la politique aussi passionnément

que j'aime Marseille. Il est inutile de me demander ce qui l'emporte dans mon esprit ou dans mon cœur, les deux y sont viscéralement liées et je ne pourrais concevoir ma ville sans imaginer l'action qu'il est possible d'y conduire. Ce sont mes deux jambes : on ne se sépare pas d'une de ses jambes.

Je sais fort bien l'étonnement qui peut saisir le lecteur à une semblable profession de foi. Marseille, soit, passe encore, mais la politique, comment peut-on aimer cela ? Et s'en vanter, par-dessus le marché ! Les hommes politiques de jadis manifestaient plus de correction, eux qui ne se présentaient jamais à une élection sans prononcer la formule rituelle : « Je ne le désire pas, je ne fais que céder à l'insistante pression de mes amis. » C'était une plaisanterie, bien sûr, et les amis avaient bon dos, mais cela sauvait les apparences.

Je n'ai pas de ces pudeurs ; j'apprécie qu'un peu de franchise fasse sauter les images convenues et les stéréotypes inusables. Je trouve assommants ces militaires qui se camouflent en civils, ces curés qui ont peur que l'on sache qu'ils sont prêtres, ces hommes politiques qui s'excusent de rechercher la confiance de leurs électeurs. Moi j'aime la politique et j'en fais, parce que j'aime agir.

S'occuper de la « chose publique », la « res publica » des Romains, nécessite une grande ardeur, pas mal de persévérance et une infinie capacité à sacrifier ses soirées et ses fins de semaine. Je satisfais à ces trois conditions, grâce à quoi vingt ans de combats, de succès et d'échecs m'ont donné une petite idée de ce qu'était la vie publique. La preuve que je suis fait pour elle, c'est que j'en redemande.

J'apprenais en regardant et en écoutant. Mon adolescence à Mazargues, au cœur d'un quartier authentiquement populaire, me faisait pénétrer les réalités de la condition ouvrière. Mon père était un artisan maçon, tout comme mon grand-père, à qui il avait succédé. Il employait six ou huit compagnons avec lesquels il partageait la vie rude des chantiers. Peu avant l'avènement du Front populaire, il était en mesure d'agrandir son entreprise et d'engager de nouveaux compagnons. Les accords Matignon mirent fin à son rêve : le surcroît de charges sociales, les nouvelles contraintes entraînaient des sacrifices insurmontables. Il abandonna ses projets et se contenta de poursuivre son activité artisanale jusqu'à l'âge de 70 ans.

On en parlait quelquefois à la table familiale, j'en ai tiré un enseignement. Au-delà d'un fait qui n'avait d'importance que pour mon père et ses ouvriers, ceux-ci s'étant retrouvés au chômage par la faute d'un gouvernement dont ils avaient probablement permis la formation par leur vote, j'ai conservé la plus extrême méfiance envers les diktats du pouvoir central. Qui était Léon Blum ? Un parisien qui avait passé sa vie au Conseil d'Etat. Un jour, au cours d'une conversation avec Louis Renault, il entendit celui-ci dire : « Ah ! Si seulement j'avais du travail pour 40 heures à donner à chacun de mes ouvriers... » Il n'en fallut pas plus pour faire germer dans l'esprit du Président du Conseil l'idée de la semaine de 40 heures. Persuadé que les patrons seraient les premiers ravis de cette mesure, il décida de l'appliquer d'un coup et pour tout le monde. Alfred Sauvy [1] raconte très bien la catastrophe qui s'ensuivit : les entreprises désemparées, la production qui s'effondre, l'impossibilité d'honorer les commandes pendant que, de l'autre côté du Rhin, les nazis s'amusaient énormément. Seuls les grands patrons purent suivre le train des réformes sociales ; les petites entreprises déposèrent leur bilan.

Je comprendrai mieux ce que cela avait pu être en voyant se dérouler en 1981 le même scénario, avec des conséquences moins tragiques il est vrai, mais dans un esprit exactement semblable. A partir de mai 1981, les socialistes étaient persuadés de revivre les heures du Front Populaire ; Pierre Mauroy justifiait tout et n'importe quoi en disant : « Cela se faisait en 1936. » Il ne savait pas à quel point c'était vrai. On retrouvait chez les socialistes la même méconnaissance de la vie dans les entreprises, la même incompétence à traiter des affaires économiques. J'ai toujours trouvé extrêmement curieux que des gens se réclamant du mouvement ouvrier connaissent si mal le monde du travail.

Mes origines, l'univers dans lequel j'ai baigné toute mon

1. In *Histoire économique de la France pendant l'entre-deux-guerres.*

enfance font de moi un des plus ardents défenseurs du progrès social à Marseille. Mais je sais aussi ce que peuvent avoir de néfaste les mesures uniformes venues de Paris et imposant par exemple à une entreprise de quatre employés les mêmes règles qu'à une firme de plusieurs milliers de personnes. C'est absurde. J'espère, au fil de ces pages, pouvoir indiquer ce que je crois être une politique humaniste, faisant de chaque être un cas particulier et n'enrégimentant pas la société dans un carcan étatique.

L'observation, l'expérience personnelle m'affermissaient dans la tendance libérale qui est la mienne. Y concourait aussi la lecture de certains auteurs. Lorsque j'étais étudiant, nous lisions Raymond Aron, puisqu'il était le seul à se battre contre les marxistes sur le terrain de la pensée. Ses positions lors de la guerre d'Algérie me gênèrent car elles n'étaient pas les miennes, mais j'ai toujours apprécié ses raisonnements, sa manière de développer ses idées en défense de la liberté. Des *Marxismes imaginaires* à son *Plaidoyer pour une Europe décadente,* il n'est pas une page de lui dont je n'aie tiré profit.

J'avais vingt ans quand je fis la rencontre intellectuelle du philosophe Alain. Il m'arrive souvent, aujourd'hui encore, de reprendre un de ces « Propos ». La raison en est simple : nul mieux que lui n'a su exprimer ce qu'il faut attendre de la politique et, surtout, ce qu'il ne faut pas en attendre. Je voudrais toujours porter sur les hommes et les événements ce regard à la fois lucide et amusé, sans complaisance mais sans exigence excessive. Je n'ai qu'un regret avec Alain, c'est qu'il ait plus souvent utilisé le mot de radicalisme que celui de libéralisme. Il s'est ainsi un peu enfermé dans le personnage de philosophe du parti radical de la IIIe République. A mon avis il vaut beaucoup plus. Le simple titre d'un de ses livres, *Le Citoyen contre l'Etat,* montre combien il se situe dans la grande tradition libérale française, celle de Turgot ou de Tocqueville.

C'est de cette tradition que j'essaie de me réclamer...

# Chapitre 3

## *Le plus vieux Marseillais du monde n'est pas Gaston Defferre*

Dans son livre intitulé simplement *La France* — et c'est le plus beau titre qui puisse être — Pierre Chaunu parle avec émotion de nos 15 milliards d'ancêtres. Depuis la préhistoire, quinze milliards de Français se sont succédé sur notre territoire. Je ne sais combien cela fait pour la seule ville de Marseille. Nous sommes en tout cas partie prenante dans cette fantastique addition, puisque c'est dans le massif de Marseilleveyre — toujours Mazargues ! dont cette zone faisait alors partie ! — que Boucher de Perthes découvrit, en 1905, sous l'abri de la Baume-Rolland, les premiers fossiles humains qui aient été pris en considération par la science.

J'ai toujours aimé l'histoire, dont j'ai fait mon métier. Je ne sépare pas mon action politique d'un sentiment très profond d'appartenance à une continuité historique. Je me sens proche de tous ces gens qui ont travaillé, aimé et souffert pour faire de notre cité la grande métropole méditerranéenne qui, si souvent, montra la route de la civilisation. Et depuis l'homme de la Baume-Rolland, pourquoi pas ?

Mais dans mon adolescence, je caressais un rêve se rapportant à une époque plus rapprochée : écrire l'histoire de Marseille sous le règne de Louis XIII. Appréciant par-dessus tout cette partie de la période classique, je voulais saisir la vie de mes concitoyens à ce moment-là et la faire connaître à leurs descendants.

En 1956, je pensais encore que des recherches historiques

étaient compatibles avec une activité politique. La suite des événements allait me faire comprendre que celle-ci, tel un vortex, vous emporte tout entier. Tant pis, l'histoire pouvait attendre, d'autres engagements me requéraient. Mon père, resté amer et méfiant depuis le Front populaire, continuait à s'intéresser pourtant à la politique. Il ne décourageait pas mon ardeur mais craignait, comme tous les pères, qu'elle ne compromette mes études.

— Ne les néglige pas. Elles te seront nécessaires pour ce que tu veux faire. Il y a un temps pour tout.

Germaine Poinso Chapuis, malgré sa belle campagne dont l'épisode de la place du Marché m'avait séduit, fut battue, mais Henry Bergasse, qui fut un temps ministre des Anciens combattants, sortit victorieux de la consultation électorale.

— Va voir Bergasse, et aussi Théo Lombard. Ils sauront te guider.

Ils exerçaient tous deux une énorme influence sur la vie politique des Bouches-du-Rhône. Maître Théo Lombard était adjoint au maire de Marseille. L'un et l'autre étaient membres du CNIP, le parti d'Antoine Pinay, qui avait donné son investiture à un homme de trente ans encore inconnu : Valéry Giscard d'Estaing. Je pouvais tomber plus mal ! Giscard fut élu pour la première fois lors des législatives de cette année-là.

Le Centre national des indépendants connaissait sa plus grande époque. Roland Puyou venait de fonder les Jeunesses indépendantes et paysannes. J'y adhérai. Tout ému de ce premier engagement, je n'imaginai pas que dix ans plus tard je deviendrais le président national de la formation qui m'accueillait.

Il y a chez chacun de nous une tentation de reconstituer son passé et de trouver après coup une grande cohérence à tous les choix de sa vie. Je ne voudrais pas y céder. A seize ans, je n'avais pas de théorie politique bien constituée. Mon père m'aurait orienté vers le MRP, que j'y serais allé avec le même enthousiasme. Mais voilà, il ne l'a pas fait. Le CNI devint mon parti et je m'y suis toujours bien senti.

Plus tard, tout comme Giscard avait jugé que les nécessaires adaptations lui imposaient de quitter le CNIP pour fonder les Républicains indépendants, j'ai quitté ce parti ou plutôt, devrais-je dire, c'est lui qui nous a quittés. Mais le côté profondément libéral des idées qu'il défendait m'avait marqué pour toujours. Je les ai faites miennes, ces idées et je pense avoir su en garder l'esprit. Heureux l'homme qui peut tendre la main à ses vingt ans !

Pour ma part, hors des contingences partisanes, du Centre des indépendants aux Républicains indépendants, j'ai été et je demeure, précisément, un indépendant.

Deux ans après cette année 1956, la IV$^e$ République s'effondrait sous ses contradictions. Une nouvelle période s'ouvrait, nous allions avoir des élections législatives trois ans plus tôt que prévu. J'étais à la fête. Mon quartier de Mazargues se trouvait dans la seconde circonscription et le candidat qui s'y présentait n'était autre que Jean Fraissinet, un homme fait pour susciter ma fougue juvénile. Engagé volontaire en 1918, pilote d'escadrille pendant les deux guerres mondiales, ce qui lui valut la croix de commandeur de la Légion d'honneur, c'était un patron de combat. A la tête d'une compagnie de navigation, dont il était le propriétaire tout-puissant, il présidait aussi aux destinées du *Méridional.* Ne serait-ce qu'à ce dernier titre, la ville de Marseille lui aura toujours une dette de reconnaissance. Fondé dans l'euphorie de la Libération par Germaine Poinso Chapuis, Alexandre Chazeaux et Raymond Cayol — tous trois députés MRP — ce journal n'aurait pas vécu très longtemps si Jean Fraissinet ne l'avait racheté au début des années 50. Pour une vague histoire de charges sociales impayées, le quotidien, alors installé rue Saint-Dominique, allait fermer ses portes. Fraissinet le reprit, en même temps qu'un autre journal, *La France ;* il les fit fusionner et plaça Marcel Greffeuille, rédacteur en chef de *La France,* à la tête de la rédaction du *Méridional-La France,* où il restera jusqu'en 1971.

Disons tout de suite ici que je suis très attaché au *Méridional.* Je crois que ce journal m'aime bien et je le lui rends. Quant à Marcel Greffeuille, que je rencontrai pendant la campagne de Fraissinet, il ne devait jamais me compter son soutien. En dépit de son proverbial sale caractère, j'ai toujours su m'entendre avec lui car c'est un homme de cœur et un très grand professionnel[1].

Je me mis immédiatement au service de Jean Fraissinet qui déployait, pour sa campagne, une activité considérable. Comme presque toutes les élections législatives qu'il me sera donné de vivre, celles de 1958 étaient très agitées. Les réunions succédaient aux réunions, la plupart se déroulaient dans les bistrots, qui ont au moins l'avantage sur les préaux d'école qu'on y est à l'abri du mistral.

Il m'arriva un jour, au bar de l'Arrêt, rue Emile-Zola, de prendre pour la première fois la parole en public. Le bar existe toujours ; parfois, lorsque je passe devant, je pense au jeune présomptueux qui dut provoquer, plus que des ralliements à la cause, une sympathie amusée.

Quelqu'un, pourtant, allait s'en souvenir au point de m'en parler encore à la fin de sa vie : c'était Jean Fraissinet lui-même.

Et bien longtemps après — mais ces vingt années passèrent comme un jour — il me fit une dernière joie. Je venais d'être élu député et nous avions organisé, avec toute mon équipe, une soirée pour fêter l'événement et remercier tous ceux qui avaient pris part à la campagne. Après les affrontements, c'était le bain de l'amitié, la réunion cordiale

1. Depuis 1971, le *Méridional* est dirigé par MM. René Merle et Roland Singer. Si ce dernier se consacre surtout à l'administration du journal, M. Merle, lui, suit attentivement la vie politique.

Cinquante ans de journalisme actif font de René Merle un homme écouté, respecté et aimé par toute sa rédaction. Du soutien que *Le Méridional* m'apporte depuis vingt ans, je lui dois beaucoup. Avec lui, d'autres contribuent à faire de ce journal un élément majeur de l'information et du combat politique dans notre région.

Le rédacteur en chef, Gabriel Domenech, ancien député des Alpes de Haute-Provence, a préféré perdre son siège à l'Assemblée nationale plutôt que de renier ses idées. Ecrivain de talent et polémiste redoutable, il a toujours dénoncé l'impérialisme parisien. Alex Mattalia, Roger H. Poulard, Laurent Gilardino, auxquels revient la mission d'assurer l'éditorial, Yves Pellen, Georges Mercadal, Alex Maubon et tous les autres sont les garants de la liberté d'un quotidien sans lequel les forces libérales ne pourraient pas mener le combat dans cette terre difficile.

Ensemble ils ont réussi à faire entendre haut et fort la voix d'un journal qui, depuis le 10 mai 1981, a vu augmenter ses ventes à Marseille de 25 %.

où l'on ne rencontre que des visages bienveillants. Soudain je vis Fraissinet fendre la foule, il se précipita vers moi et me serra dans ses bras. Vingt ans après je lui succédais dans « sa » circonscription. Je crois qu'il fut aussi heureux de mon élection que de la sienne et il me plaît beaucoup de lui avoir donné cette ultime satisfaction.

Mais nous n'en sommes, dans mon récit, qu'en 1958. A ces élections qui se déroulaient suivant le scrutin majoritaire rétabli par la Vᵉ République, système dont on connaît tous les défauts, que les Français ont toujours sagement préféré pourtant à la représentation proportionnelle, Jean Fraissinet fut élu dans la deuxième circonscription correspondant aux quartiers sud de Marseille. Henry Bergasse et son suppléant Théo Lombard dans la première (le centre ville), Charles Colonna d'Anfriani dans la troisième (Endoume, le Roucas Blanc, la Joliette) et Francis Ripert dans la cinquième.

Surprise du sort des urnes, il y eut un grand perdant dans la huitième : Gaston Defferre, qui avait pris pour suppléant Jean Masse, président du Conseil général ; ils furent battus par un UNR, Pascal Marchetti. C'est la sévère loi démocratique : rien n'est jamais acquis, même les positions jugées les plus inexpugnables.

Et ce qui s'est produit est susceptible de se reproduire, dans une consultation du même genre ou dans une autre... Courage !

# Chapitre 4

## *Big Brother à l'hôtel de ville*

Je crains que rien, jamais, n'y fasse quoi que ce soit : Marseille et les Marseillais demeurent, pour le reste du monde, ce que Churchill appelait, parlant d'un tout autre lieu, « une énigme entourée d'ombres ». Nous sommes irréductiblement différents des autres Français, qui jugent en général incompréhensible ce qui se passe chez nous.

En premier lieu ce qui a pour théâtre l'admirable bâtiment de style classique conservé, en dépit de tous les remaniements du paysage urbain, sur la partie nord du Vieux-Port et qui semble maintenant si petit par rapport au gigantisme dont la cité a été atteinte : l'hôtel de ville.

Pour être exact, disons que la façade de Puget n'abrite plus guère que les salles de réception et les bureaux du conseil municipal. Les services se sont répandus dans la ville, à l'image de l'emprise tentaculaire du socialisme sur Marseille.

L'immense majorité des fonctionnaires municipaux n'est pas ici en cause. J'ai pu, pendant plus de dix ans, apprécier leur capacité et leur dévouement. Simplement, on ne comprendrait rien au socialisme marseillais si l'on omettait une évidence : il est la plus parfaite incarnation du « socialisme municipal », ce vieux rêve sur lequel les guesdistes du début du siècle théorisaient à perdre haleine. Le problème, c'est qu'ils n'en discernaient pas les inconvénients, alors que nous, nous les subissons quotidiennement.

Alors, une question se pose : le socialisme est-il congénital à Marseille ? Est-ce une tare qu'elle traîne depuis toujours et dont elle ne saurait se guérir ? Quand je dis que j'aime Marseille, est-ce comme on le fait d'un enfant pervers dont on supporte le caractère difficile ; parce qu'on ne peut pas le corriger et que cet enfant est le vôtre, essayant seulement de tirer de lui le meilleur parti ?

Il n'en est rien, Dieu merci ! La preuve, c'est que Marseille n'a pas toujours été socialiste, il s'en faut. Ce pouvoir à la George Orwell ne s'est d'ailleurs pas instauré en un jour, il a fallu de longues années, de dures batailles ouvertes, d'âpres coups fourrés. Et comme dans le roman de George Orwell où les services de Big Brother remettent continuellement l'histoire à jour en fonction de l'évolution politique et des nouvelles consignes, rectifiant les faits et les dates jusque dans les collections de vieux journaux de la bibliothèque centrale, si les folliculaires de Gaston Defferre la réécrivent eux aussi pour noyer dans la nuit des temps l'alliance du socialisme et de Marseille, c'est une farce. Gaston Defferre est pour notre ville un homme fatal, mais il n'est pas une fatalité.

Certes, le docteur Flaissières fut maire de 1892 à 1902 sous l'étiquette de socialiste indépendant. Mais le fait d'accoler cette épithète à son label de socialiste ne montre-t-il pas qu'il ne l'était plus tellement ?

Faut-il rappeler les mandats de Félix Barret, ceux d'Eugène Pierre et, en 1947, celui du bâtonnier Michel Carlini ? Ce sont un peu plus que des noms de rue dans la mémoire historique de Marseille. Ils n'étaient pas socialistes. Encore n'ai-je pas cité mon préféré, Amable Chanot, figure extraordinaire, qui s'illustra aussi en battant le général Boulanger au Conseil général des Bouches-du-Rhône. Cela, je le veux bien, ne date pas d'hier, mais que sont cent ans pour une cité trois fois millénaire ? Et que seront trente ans de socialisme defferrien ? Beaucoup trop long quand on y est, mais autant en emportera le vent de l'histoire !

Quand un enfant rentre à la maison avec une grippe, vous dites : « Où a-t-il été attraper ça, peuchère ? » Eh bien je vais vous répondre, pour Marseille, car les générations qui montent ne le savent peut-être pas.

Nous sommes en 1953. Michel Carlini, qui a bénéficié, en 1947, de la vague RPF, ne souhaite pas se représenter. Henry Bergasse, alors député et ministre des Anciens Combattants, constitue une liste de large union en vue d'assurer la relève. On y trouve des modérés de toutes les obédiences et même un crypto-socialiste, M. Bastien Leccia.

Quatre autres listes en présence : liste RPF, présentée par le docteur Girbal, liste MRP avec Germaine Poinso Chapuis, liste communiste dominée par François Billoux et liste SFIO avec Gaston Defferre.

Un peu de cuisine électorale maintenant, mais c'est nécessaire pour comprendre. Les élections ayant lieu à la proportionnelle intégrale, le parti communiste remporte la consultation avec 24 sièges. Henry Bergasse en obtient 16, Gaston Defferre 15, Germaine Poinso Chapuis 4 et le docteur Girbal 4 également.

15 sièges sur 63 : il faut bien en prendre note, cette année qui marque le début du règne defferrien sur notre ville voit s'installer un monarque fort minoritaire. Les chiffres sont là : avec 15 élus, Gaston Defferre ne méritait pas plus qu'une place de deuxième adjoint. Alors comment parvint-il au siège de maire ? En inaugurant une méthode qui allait lui porter chance jusqu'à présent : se présenter comme le rempart contre les communistes et obtenir ainsi l'alliance de la droite marseillaise. Le partage fut d'ailleurs équitable : la place de premier adjoint revint à un homme de la liste Bergasse. Tout le monde attendait maître Théo Lombard, ce fut Jacques Rastoin qui fut élu.

Je nourris la plus vive admiration pour Théo Lombard. En 1945, n'écoutant que le serment qu'il avait prêté en recevant sa robe d'avocat, il se précipita dans les prisons au secours d'innocents que des exaltés avaient enfermés sans autre raison que leur bon vouloir. Avec Eugène Agostini, lui aussi avocat au barreau de Marseille, Président du CDS de Marseille, il déploya une activité extraordinaire et sauva la mise à beaucoup, dont certains ne lui furent pas plus reconnaissants pour autant. En 1953, je ne le connaissais évidemment pas, mais je reçus plus tard, à sa fréquentation, quelques-unes de mes meilleures leçons politiques. Il n'était cependant pas lui-même ce que l'on nomme curieusement un « animal politique » ; il n'a eu ni le destin ni la carrière qu'il méritait au service de notre ville. A plusieurs reprises, il aurait dû être député mais les circonstances le desservirent. Il aurait fait un excellent maire, mais l'occasion ne s'en présenta pas. Son importance se situe au-delà : il a été, et cela jusqu'à aujourd'hui, l'un des inspirateurs plus ou moins directs de la vie politique marseillaise.

Peut-être M$^{e}$ Lombard avait-il deux handicaps l'empêchant d'apparaître au premier plan. Le premier, de l'avis unanime, est son intransigeance. Il est des cas où la fermeté de caractère, vertu fort rare, peut nuire. Le second vient de ce que M$^{e}$ Théo Lombard a toujours fait partie de ces catholiques qui ne mettent pas leur drapeau dans leur poche. Qui oserait le lui reprocher ? On connaissait aussi ses liens avec les généraux jésuites, les fameux « papes noirs ». Or les vieilles querelles qui ravagèrent notre pays au début du siècle ne sont pas éteintes.

Théo Lombard était-il donc le candidat de l'Eglise ? Allons donc ! L'homme est trop indépendant pour avoir jamais été le candidat de quelque institution que ce soit. Mais il suffisait qu'on le dise...

Il faut que je parle aussi des élections municipales suivantes, celles de 1959. La situation de Gaston Defferre n'apparaissait pas des plus brillantes. Il avait été balayé aux élections législatives de l'année précédente, comme je l'ai dit plus haut. Au surplus, la SFIO n'était pas une très bonne étiquette. La V$^{e}$ République s'installait à peine dans ses meubles, les plus clairvoyants devinaient que c'était pour longtemps. Le temps a effacé le souvenir de ce que fut la vague gaulliste en 1958. La vague rose de 1981 n'en donne qu'une pâle image. La IV$^{e}$ s'écroula comme un décor ; fort peu y résistèrent. François Mitterrand et Gaston Defferre, battus, devront se replier sur le Sénat. Ils retrouveront tous deux leur siège au Palais-Bourbon en 1962 mais pour le reste, ni la SFIO du molletisme finissant ni les vagues mouvements qu'essayait d'animer Mitterrand n'étaient près de sortir du très long hiver qu'allait leur imposer une majorité de Français.

Qu'allait-il sortir des urnes à la mairie de Marseille ? La situation établie six ans plus tôt, avec Jacques Rastoin comme premier adjoint au lieu de Théo Lombard, était lourde de conséquences. Non que Jacques Rastoin, excellent homme, patron d'une importante huilerie-savonnerie de notre ville, fût un mauvais adjoint ; mais il n'avait pas l'envergure suffisante pour faire de l'ombre à la personnalité du maire. Tout le travail municipal profitait à celui-ci, sans être imputé par l'opinion aux modérés pour la part qui leur revenait.

La liste de François Billoux arriva encore en tête, mais cette fois celle de Defferre la suivait immédiatement, tandis que les modérés se partageaient une quinzaine d'élus.

L'alliance avec les socialistes était piégée à la racine, ils en tiraient le meilleur suc. Et voilà comment Gaston Defferre reprit les rênes pour six ans.

## Chapitre 5

### *Un partenaire d'occasion*

Chemin faisant, tout en remplissant avec ardeur mon rôle de militant, j'avais opté professionnellement pour l'enseignement catholique. J'enseignais l'histoire et la géographie au collège Saint-Joseph, dirigé par les frères maristes, auxquels je dois beaucoup, où je devais rester quinze années qui furent pour moi de très belles années de joie et d'amitié.

J'avais aussi fait mon service militaire à l'Ecole des Pupilles de l'Air de Grenoble, où j'avais pu me préparer à mon métier d'enseignant. De nouvelles élections municipales s'annonçaient, je suivais de près la formation des listes. Tout chance nouvelle qui s'offrait à la ville me trouvait attentif et prêt à batailler de toutes mes forces.

Je m'attendais comme précédemment à coller des affiches, rédiger des tracts, ou les distribuer simplement, organiser des réunions, prêter main-forte aux candidats.

Et puis un soir, après un de ces conseils de guerre où la stratégie se mettait au point, M^e^ Théo Lombard me retint par la manche :

— La liste est bientôt formée. C'est vous qui serez candidat dans le IV^e^ secteur.

Il faut dire que la loi électorale avait changé. Comme Paris, Nice, Lyon et Toulouse, Marseille avait été découpée en secteurs. Huit au total. Le scrutin était désormais majoritaire. Le IV^e^ secteur, comprenant les 8^e^ et 9^e^ arrondissements, correspondait en partie à la circonscription qui m'élira et me réélira comme député par la suite. Je fus heureux de la nouvelle mais j'avoue que je ne m'attendais pas à être choisi si vite. Je n'avais encore que vingt-cinq ans, j'aurais estimé normal que mon parti fasse passer d'autres avant moi.

A Marseille, l'union sacrée entre la SFIO et les modérés était devenue une tradition, comme je l'ai dit, le lien consistant en un anti-communisme total et irréductible. Dans ce domaine, c'était à qui, de Defferre ou de nous, en ferait le plus.

Or l'application du scrutin majoritaire et, par suite, l'abandon de la proportionnelle, avait une conséquence importante : elle obligeait à indiquer ses alliances dès le premier tour. Deux conceptions étaient possibles : soit s'allier au « centre », soit jouer l'opposition droite-gauche. Les deux thèses avaient leurs partisans farouches.

Il se trouva alors un original pour former un groupe SFIO « dissident » : Daniel Matalon, qui avait battu Jean Fraissinet aux législatives de 1962. Original parce que Matalon estimait que les socialistes devaient constituer une liste avec les communistes. A ce titre il était un précurseur de l'union de la gauche qui devait voir le jour en 1972. Je tiens à consigner le fait, car il ne figurera jamais dans le moindre livre d'histoire.

Cette idée « géniale » n'avait qu'un défaut : avoir surgi dans le cerveau de son auteur avec sept ans d'avance. On pardonne rarement aux gens qui vont trop vite : Gaston Defferre n'eut de cesse qu'il n'eût fait exclure Daniel Matalon et ses « dissidents ». On vit même Guy Mollet descendre spécialement à Marseille pour prononcer l'anathème !

Nous pouvions rire, mais dans notre camp les choses n'étaient pas simples non plus. Fallait-il faire liste commune avec les socialistes ? Jean Fraissinet et *le Méridional* y étaient opposés, même s'il ne s'agissait — et cela ne pouvait être autrement bien sûr — que d'une liste « de gestion municipale ». L'UNR abondait dans le même sens et constitua sa liste.

En revanche, les Indépendants et le MRP raisonnaient différemment, et je partageais leur argumentation, que je continue de défendre aujourd'hui. Selon eux, une alliance de tous les modérés, UNR, MRP, Indépendants, était difficile. A l'époque, certaines blessures étaient mal cicatrisées, la guerre d'Algérie n'était pas loin. De plus le mouvement gaulliste différait fortement de ce qu'il est aujourd'hui ; pour des raisons assez logiques si l'on se replace dans le contexte de l'époque, il correspondait assez bien aux qualificatifs célèbres que le général de Gaulle emploierait deux ans plus tard à un tout autre propos : « sûr de lui et dominateur ».

Or un danger très réel existait : celui de jeter Defferre dans les bras des communistes, voire peut-être d'aboutir à une victoire du PC sur Marseille. Ce n'était pas supportable, nous décidâmes de nous allier avec les candidats de Gaston Defferre.

Il restait maintenant à nous faire élire. Nous menâmes force combats. Dans mon secteur, le principal concurrent était justement Daniel Matalon, allié à la liste Billoux. Il fut battu. Ailleurs, la liste Defferre-Rastoin l'emporta dans cinq secteurs, les communistes dans trois autres.

Voilà, j'étais élu, sans trop savoir encore ce qui m'arrivait. Au sein de la liste gagnante, nous avions même plus d'élus que M. Defferre. Mais les accords étaient ainsi faits qu'il se retrouva pour la troisième fois... maire de Marseille.

Il est temps que je dise ce que je pense de celui qui dirigea le Conseil où je siégeai pendant douze ans. Je le ferai sans entrer dans des détails inutiles. J'ai toujours été un libéral et un indépendant, au sens le plus fort et le plus concret que l'on peut donner à ces deux termes. C'est dire que j'ai toujours été un ennemi résolu du socialisme et du communisme ; simplifions et disons : du marxisme en général.

Dans les années 50 et 60, Gaston Defferre nous apparaissait comme le type même de ces innombrables socialistes en peau de lapin qui hantent le Yacht-Club de Marseille ; en d'autres termes, pas très dangereux. Son anti-communisme, nous ne le mettions pas en doute. Sa participation à divers gouvernements de la IV$^{e}$ République, si elle n'avait rien révélé d'un tempérament exceptionnel, n'avait pas été beaucoup plus médiocre que le reste du régime.

En bref, s'il n'était pas le partenaire idéal, du moins ne paraissait-il pas exagérément néfaste. Pour prendre une comparaison, je serais tenté d'écrire que notre alliance s'apparentait à celle des libéraux allemands avec le SPD d'Helmut Schmidt [1]. Helmut Schmidt est socialiste, puisqu'il le dit, mais d'un socialisme qui a banni toute référence au marxisme, qui considère l'économie de marché comme le meilleur moyen d'assurer le progrès social et estime que les communistes n'ont rien à faire dans les rouages de l'Etat. Saine doctrine, je le confesse, qui me fait penser qu'en effet, il est possible de s'allier avec de tels socialistes.

Dans les années 50 et 60, Gaston Defferre ne nous apparaissait pas très différemment. Son socialisme a toujours été teinté d'un très grand pragmatisme mêlé, ajoutent les méchants, à une forte dose d'opportunisme. A bien y regarder, l'homme n'est guère fait pour les théories ou les spéculations de philosophie politique. C'est sa principale qualité ou son principal défaut, comme l'on voudra.

Mes rapports avec Gaston Defferre ont presque toujours été courtois.

Pour ma part, je n'ai jamais manqué à la règle élémentaire qui consiste à respecter, au-delà des divergences politiques, la légitimité républicaine incarnée par quiconque est en charge d'une fonction élective importante.

J'anticipe sur mon récit pour dire que l'installation de Gaston Defferre au ministère de l'Intérieur m'a plus navré qu'ulcéré. Comme devait le dire Pierre Mauroy dans *C'est ici le chemin :* « Pour lui [Gaston Defferre] le socialisme venait trop tard. » Par-delà l'indélicatesse du propos du Premier ministre, il ressort que le plus difficile, en politique, est de savoir se retirer à temps.

1. A la différence, toutefois, que le rapport des forces n'était pas le même.

# Chapitre 6

## *Tu parleras dans six ans !*

Un des premiers arrivés, je regarde par la fenêtre le Vieux-Port avec sa forêt de mâts et de vergues, les yachts qui dansent sur l'eau brillante, les vedettes, les modestes barques amarrées sans complexe auprès de véritables palais flottants. Je le connais bien, ce Vieux-Port, mais c'est tellement différent de le découvrir du bureau du premier adjoint. La pièce elle-même me paraît superbe avec ses plafonds moulurés, sa cheminée Directoire. Et c'est tellement différent aussi de se trouver ici pas tout à fait comme un visiteur ; je suis en quelque sorte chez moi à l'hôtel de ville de Marseille.

Nous sommes maintenant presque au complet. Paul Louchon fait son entrée, c'est lui qui va présider la réunion des élus Indépendants et MRP, quelques heures avant la première séance du Conseil municipal, celle au cours de laquelle on élira — sans surprise — le maire. Paul Louchon est le garant d'une certaine continuité historique. Ne siégeait-il pas dans la municipalité d'Henri Tasso[1], qui fut maire de la ville avant 1939 ? Avant ma naissance.

On discute, chacun reçoit la charge qui lui revient. Comme je suis le plus jeune, je n'ai droit à rien. Je n'en suis

1. Henri Tasso, socialiste, fut maire de Marseille, sénateur et sous-secrétaire d'Etat à la Marine. On peut le considérer comme une victime du tragique incendie des Nouvelles Galeries lors du congrès du Parti radical en 1938 : suspendu de ses fonctions, il fut remplacé par un préfet, M. Surleau, qui administra la ville jusqu'à la guerre.

pas surpris ; les missions seraient pour plus tard, quand j'aurais un peu de bouteille. Pourtant, je souhaite montrer que je suis quand même là, mettre mon grain de sel, dire quelques mots. J'ai à peine ouvert la bouche que Paul Louchon m'interrompt :

— Toi, dit-il, tais-toi. C'est déjà exceptionnel que tu sois là. Tu parleras dans six ans !

Je rentre la phrase que je me préparais à prononcer. Mais il faut mal me connaître pour croire que j'attendrai six ans pour reparler. Cet incident mineur me montre ce que vaut l'aune de ma victoire. Je suis médusé et, au fond, blessé. Je m'attendais à un autre comité d'accueil. Cela ne m'empêchera pas de devenir grand ami avec Paul Louchon, qui me prodiguera longtemps d'excellents conseils.

Une autre image m'est restée de ce jour mémorable. C'est dans la salle du Conseil, soigneusement préparée pour la circonstance. Les sections socialistes l'ont envahie de très bonne heure. Quand les représentants communistes du Conseil pénètrent, ces hargneux les reçoivent avec une franche hostilité. S'il n'avait tenu qu'à eux, ils leur auraient interdit l'entrée même du Conseil. Cette attitude me choque. J'en verrai d'autres, sans jamais m'habituer à cette camarilla socialiste qui se conduit dans Marseille comme si la ville était sa propriété.

Voilà pour mes états d'âme du premier jour. Puis les semaines, les mois passèrent. Je faisais mes classes, elles ne furent pas inutiles. J'étais captivé par l'action des hommes et des femmes de notre groupe politique, gens intègres, dévoués, talentueux pour beaucoup ; l'un d'eux, Roger Lebert, adjoint aux sports, faisait mon admiration et reste toujours mon ami. A moi de trouver ma juste place dans cette équipe, de me situer.

J'apprenais à me considérer comme le défenseur des électeurs qui m'avaient fait confiance pour les représenter dans cette assemblée. Dans le domaine politique, comme ailleurs, on peut hésiter entre deux propositions : « la fonction fait l'homme » et « l'homme fait la fonction ». Il me semble que la vérité se trouve entre les deux. Si un élu aime vraiment son rôle, non pour la considération, les avantages ou les petits pouvoirs qu'il lui procure, mais parce qu'il y trouve une finalité de vie, un dépassement de lui-même vers un ensemble qu'il contribue à faire grandir, alors il y aura une osmose entre lui et la fonction qu'il assume. Je crois à la vocation politique et à l'entrée, lorsqu'on y répond, dans un ordre de la société qui vous conduit à vous accomplir.

J'ai consacré beaucoup d'efforts et de travail aux huitième et neuvième arrondissements et particulièrement au quartier de Mazargues, pour lequel je garderai toujours un profond attachement. Puis au fil des mois, en assimilant mieux ma responsabilité d'élu, j'ai pris conscience que Marseille, malgré la diversité de ses quartiers, malgré son étendue, qui est supérieure à celle de Paris, formait un tout, qu'elle constituait un véritable organisme vivant et qu'une vision globale s'avérait indispensable pour parvenir à administrer et à gérer cet ensemble de près d'un million d'habitants.

Une entreprise qui ferme ses portes à l'Estaque ou à La Capelette peut engendrer des chômeurs dans des quartiers relativement éloignés. Le transfert de la gare du Prado, d'où les ordures partent vers la Crau, supprime une nuisance majeure pour le quartier Cantini-Rabatau et pourrait permettre d'améliorer la circulation sur l'ensemble de la ville grâce à l'aménagement du tunnel Prado-Carenage. La réalisation de la station d'épuration assurerait la survie des artisans-pêcheurs des Goudes...

J'ai alors compris qu'il n'était pas souhaitable de concentrer tous ses efforts sur un seul secteur, aussi attachant soit-il. Un élu municipal représente tous les habitants de la ville. Il ne donne une pleine dimension à sa mission que lorsqu'il s'affirme capable de dépasser les préoccupations électorales immédiates, d'éviter le clientélisme pour s'attacher à résoudre les problèmes concernant l'ensemble de ceux qui vivent dans la cité.

Je ne regrette pas toutefois d'avoir, dans un premier temps, concentré mes préoccupations sur mon secteur. Cela m'a fourni la possibilité de nouer des amitiés solides, de m'enraciner réellement dans des secteurs populaires où les actes primeront toujours les discours, et surtout de mieux comprendre les problèmes des Marseillais en les vivant avec eux.

La vie politique, trépidante et sans cesse en marche, offre peu d'occasions de jeter un regard sur le passé. Mais puisque j'ai décidé, cet été, dans ma calanque, de faire une pause, autant aller au fond des choses. Les événements, les sollicitations diverses, les déceptions et les réussites font-ils de vous quelqu'un d'autre ? Remodèlent-ils une personnalité peu affirmée au début ou même la fabriquent-ils ?

Je suis certain que non. En regardant le jeune homme qui entrait, voici dix-huit ans, au Conseil municipal, je n'aperçois pas un étranger, un ami, ou même un jeune frère. Il s'agit bien de moi-même. Mon regard n'est pas celui d'un observateur extérieur. Je me vois comme dans un miroir. Mais je sais bien ce qu'il y aura au-delà du miroir.

Car je porte toujours en moi les mêmes espérances. Je vibre des mêmes craintes, j'adhère au même idéal.

Certes les années ont sans doute ralenti la vivacité des élans, l'expérience a étendu le champ de la vision, et les responsabilités ont densifié la réflexion.

Mais je ne suis pas devenu un étranger, ni à moi-même ni aux autres. Quand je descends aux Goudes, je reste pour tout le monde « Jean-Claude », l'ami qui fait un peu partie de la famille, qu'il soit devenu simple conseiller municipal ou président d'un groupe à l'Assemblée nationale.

Lorsque, sur la barque doublant la digue pour rentrer dans le port, j'aperçois le salut que m'adressent « Coco » Gaudin ou André Gaudin, pour quelques secondes les années s'effacent. Je suis de nouveau le garçon de vingt-cinq ans qui admirait pour la première fois de près la cheminée Directoire du bureau du premier adjoint, heureux le jour suivant de partager une matinée avec ses amis et attaché avant tout à ces quartiers Sud qui constituaient pour lui non seulement sa ville mais aussi l'essentiel de son univers.

Instants courts et précieux de la souvenance, qui ne

résistent pas aux exigences de la réalité ni à la fuite du temps.

Car nous voici en 1971. De nouvelles élections municipales sont en vue.

# Chapitre 7

## *Marseille en son conseil*

Il s'en était passé des choses ! En mai 1968 la France avait été prise de fièvre. L'année suivante le général de Gaulle se fâchait avec les Français et retournait à sa solitude. Aux élections présidentielles, qui en découlèrent, Gaston Defferre réalisait le très modeste score de 3 %.

Les événements politiques nationaux interféraient moins qu'on ne pourrait le croire sur notre vie au Conseil municipal. Nous continuions à faire notre travail. Aussi, en 1971, comme il n'y avait eu aucun incident majeur à déplorer, le maire de Marseille nous proposa de présenter à nouveau une liste Defferre-Rastoin. Les électeurs ne devaient pas trop détester notre alliance, puisque nous recueillîmes plus de voix qu'en 1965, l'emportant dans sept secteurs sur huit.

Mais il y eut plus d'élus socialistes que d'Indépendants-CDS. Le vent tournait à Marseille, comme il devait tourner à Paris où, quelques mois plus tard, les socialistes allaient organiser le congrès d'Epinay, qui marqua leur nouveau départ dans la vie politique nationale.

Pas d'incident majeur ? Il allait y en avoir un à peine le sort des urnes fixé. Le même problème qu'en 1953 se posait de savoir qui serait le premier adjoint. Jacques Rastoin avait imperturbablement assumé cette fonction pendant trois mandats consécutifs. J'ai dit l'inconvénient que ce fait présentait. Le temps était venu de s'en affranchir.

Me Théo Lombard, ayant toujours été l'élément moteur des modérés, réclama ce siège à Gaston Defferre. Il lui revenait d'autant plus qu'il avait constamment été un interlocuteur privilégié du maire. Il avait assez d'ascendant pour s'imposer auprès de celui-ci et assez de finesse pour déjouer ses tours.

Jacques Rastoin, quant à lui, venait d'entrer au Sénat, en remplacement de Vincent Delpuech, décédé. Il avait soixante-dix ans, âge auquel on peut songer à modérer ses activités. D'ailleurs notre proposition rencontra son assentiment. Il fut d'accord pour céder sa place à Théo Lombard. Tout se présentait favorablement, nous n'avions pas l'air de l'évincer.

Puis, coup de théâtre : le lendemain il changeait d'avis, annonçait qu'il serait sénateur et premier adjoint. Avait-il été « chambré » par sa famille ? Avait-il reçu l'aval de Gaston Defferre, peu soucieux de s'encombrer d'une aussi forte personnalité que celle de Théo Lombard à un poste aussi essentiel ? Je l'ignore.

En tout état de cause, je n'aime pas ce style chez les gens. La politique n'est pas un jeu de société où l'on accumule cartes et jetons, ce n'est surtout pas le « jeu du solitaire » : il faut savoir ce que signifie une équipe et en accepter les conséquences.

Jacques Rastoin ne sut pas le comprendre. Mal lui en prit. Quelques mois après, le renouvellement sénatorial avait lieu. Dans les Bouches-du-Rhône, nous décidâmes de ne plus le soutenir et de réserver notre appui à Jean Francou, qui le remplaça au Palais du Luxembourg.

Jamais choix ne me parut plus heureux, je peux le dire. Jean Francou, maire de Salon-de-Provence, remplit son mandat depuis plus de dix ans maintenant à la satisfaction de tous. Il ne nous a jamais fait défaut, cette seule vertu suffirait à mon estime. Une amitié sincère s'est développée entre nous, qui partagions les mêmes analyses et menions dans le département les mêmes combats.

Defferre et son entourage me rendirent responsable de la manœuvre. C'était beaucoup d'honneur, je n'avais pas agi seul. Mais cela suffit pour qu'ils me battent froid pendant longtemps. Il est vrai que déjà à l'époque je me souciais de l'opinion des socialistes comme d'une guigne.

Cette fois je n'étais plus le « bleu » que Paul Louchon voulait faire taire. Mes délégations municipales : visas, légalisations, protection civile [1], me donnaient beaucoup de travail. En outre Me Théo Lombard, adjoint à l'urbanisme, m'avait pris comme assistant direct. Cette fonction, pour laquelle je n'avais aucune délégation de signature, me donna l'occasion d'étudier de près les innombrables problèmes d'urbanisme que pose une ville de la taille de Marseille. J'avais à présider la commission extra-municipale d'urbanisme composée de représentants des comités d'intérêts de quartiers, des présidents d'associations écologistes et de gens qui siégeaient à des titres divers. C'était agréable parce que c'était humain. La discussion, souvent vive, échappait aux stéréotypes. Il nous fallait prendre en compte, par tous les moyens, les soucis d'une population laborieuse qui nous faisait confiance. Pas question de démériter ni de se tromper. Longtemps après avoir quitté le Conseil municipal j'ai gardé des relations cordiales avec ceux qui participaient à ces réunions. Souvent ils n'appartenaient pas au même bord politique que moi, mais nous savions nous estimer.

Ma présence à la commission extra-municipale d'urbanisme eut d'autres prolongements moins satisfaisants. Il ne manqua pas de contradicteurs, lors de mes campagnes électorales, pour en tirer parti et me rendre responsable de tous les projets désastreux réalisés à Marseille. Il y a un mot de Voltaire qui dit très joliment : « Si on m'accusait d'avoir volé les tours de Notre-Dame de Paris, je commencerais par m'enfuir. » Cette phrase exprime fort bien le désarroi dans lequel on se trouve quand des êtres de mauvaise foi entonnent le grand air de la calomnie. En entendant des élus socialistes des quartiers Sud m'imputer ce à quoi je m'étais toujours opposé, je songeais à ces voleurs qui abusent le guet en criant « Au voleur ! ».

Les réalisations désastreuses dont il est question ici sont essentiellement les HLM. Les procès-verbaux de séance en

1. Mais sans les forces d'intervention opérationnelles, c'est-à-dire le bataillon des marins-pompiers.

font foi, je me suis toujours insurgé — parfois violemment — contre ces concentrations imbéciles qui créent tant de soucis à ceux qui les habitent. Les HLM ne m'ont jamais paru une bonne solution. Je crois que chacun a droit à posséder son appartement ou sa maison. Chacun, c'est-à-dire aussi ceux qui ont le revenu le plus modeste. Je le crois parce que je suis un libéral et que la propriété privée est le meilleur fondement de la liberté. Je le crois parce que c'est le bon sens tout court. Avant même que Valéry Giscard d'Estaing ne lance sa célèbre formule : « Il faut rendre les Français propriétaires de la France », j'en étais un adepte convaincu.

Trop chers à acheter, les logements, pour certains revenus ? Mais l'aide personnalisée au logement est précisément faite pour cela. C'est elle qu'il faut développer ! De même faudrait-il rendre concrète la loi qui permet aux habitants des HLM de devenir propriétaires de leur habitation. Jusqu'à présent, cette loi a été bloquée par les dirigeants socialistes de certains offices d'HLM. Dans la logique socialiste, c'est normal. Leur idéologie leur fait préférer l'habitat collectif, qu'ils peuvent mieux contrôler et utiliser à leur profit. Moi, je pense à ceux qui doivent y habiter.

Mes protestations au Conseil municipal témoignaient de l'ambiguïté de notre position : nous nous opposions à certains projets, mais souvent nous ne pouvions en empêcher la réalisation. Les grandes décisions étaient prises dans le secret du cabinet du maire. Sans appel.

Les accusations socialistes étaient d'autant plus grotesques que, pour court-circuiter davantage Théo Lombard, Gaston Defferre avait, dès 1971, créé ce qu'il nommait des « entités », correspondant à de grands secteurs géographiques.

La seconde circonscription — la mienne aujourd'hui — formait à peu de chose près une de ces entités, dont le responsable était Charles Emile Loo. Il chauffait ainsi la place qu'il ambitionnait pour 1973 et de fait, cette année-là, il fut élu député. Charles Emile Loo fut donc le véritable responsable des décisions d'urbanisme prises dans l'entité Sud.

Au demeurant, les électeurs ne s'y trompèrent pas : en 1978, c'est moi qu'ils élurent à la place de Loo.

# Chapitre 8

## *A gauche toute pour la mairie !*

« Une progression régulière du pouvoir d'achat des salariés est indispensable pour leur permettre de satisfaire de mieux en mieux leurs besoins sans cesse croissants. Le développement de l'économie contribuera à cette progression. »

De quel descendant de La Palice est ce truisme ? Posez cette devinette à vos amis. C'est la première phrase du Programme commun de gouvernement de la gauche, publié en juin 1972. Qui l'a lu ? En ce qui nous concerne, nous n'en comprîmes pas tout de suite l'importance, ni la gravité. La gauche a toujours aimé ces chiffons de papier rédigés à la diable, où elle consigne ses états d'âme et sa vision du monde. Dieu merci, les électeurs lui donnent rarement le temps de vérifier combien il y a loin de la coupe aux lèvres.

Juste avant le Programme commun — qui liait le parti socialiste et le parti communiste, on l'a vite oublié — paraissait le programme du seul Parti socialiste, sous le titre « Changer la vie ». Je me souviens d'avoir lu ce pensum, partagé entre l'incrédulité rigolarde et la plus profonde consternation. Comment pouvait-on être aussi loin des réalités quotidiennes des Français ? Les formules creuses succédaient aux propositions démagogiques et irresponsables. Je sais bien que ce n'était guère autre chose que le jus de méninges d'un quarteron d'intellectuels parisiens, mais pourtant... Pendant quelques jours, je n'ai pu regarder Gaston Defferre sans avoir envie de rire.

Lui ne riait pas.

Car sur le plan municipal, les conséquences de ce pacte à la vie à la mort — tout au moins provisoirement — n'étaient pas négligeables. Les sept élus communistes ne se firent pas faute, à chaque séance publique, de s'étonner de notre présence au sein d'un Conseil municipal « de gauche ». C'était de bonne guerre et conforme aux engagements pris par les partis signataires. Defferre, qui a toujours beaucoup cédé aux communistes en ayant l'air de leur résister, s'en irritait. Il retournait son humeur contre nous qui, il faut bien le reconnaître, n'étions pas non plus très à l'aise.

Deuxième coup du sort : l'élection, en 1974, de Valéry Giscard d'Estaing le rendit hypocondriaque. Il avait caressé l'illusion que François Mitterrand l'emporterait et ferait de lui son Premier ministre. Les Français en avaient décidé autrement et il en rendait responsable la terre entière.

La situation devint irrespirable. Chaque séance du Conseil se transformait en foire où socialistes et communistes rivalisaient à qui attaquerait le plus violemment le gouvernement en place. Le moindre incident était exploité, qu'il ait ou non un rapport avec l'administration municipale. C'était toujours « la faute à Giscard ». La gauche a invariablement été comme cela : pas très sérieuse, partisane, ennuyeuse. Mais cette fois, elle devenait insupportable.

Le sachant, je n'en ressentais pas moins avec déplaisir ce dénigrement systématique et injuste. La campagne présidentielle avait été un très grand moment d'espérance pour nous. Il y avait longtemps que nous suivions Giscard. Pour le rejoindre, nous avions quitté le Centre national des indépendants ; j'avais été l'un des principaux artisans de cette mutation, je le dis sans forfanterie, parce que c'est ainsi. Je considérais que nous ne pouvions pas ne pas soutenir un homme qui partageait, presque en tous points, notre idéal. C'est pourquoi je souffrais de le voir ainsi vilipendé.

L'orage devait éclater. Un soir, dans la salle du conseil de la Caisse d'épargne, Jacques Rastoin recevait la rosette de la Légion d'honneur. Nous étions tous là, émus comme dans chacun de ces moments où est récompensée l'œuvre de toute une vie. Quels que soient les différends passés ou présents, en une telle soirée une trêve s'impose. La coutume, la sagesse et la politesse le veulent ainsi.

Gaston Defferre méprisa cette convention tacite et profita pour dire publiquement — dans le cas où nous n'aurions pas compris — qu'il ne renouvellerait pas notre alliance. C'était une insulte, à tout le moins un désaveu. Le lieu et les circonstances, l'aigreur du propos achevèrent de m'ulcérer.

Avec Jean Goudareau, nous voulûmes relever le défi et rendre aussitôt, le soir même, nos délégations au maire. Hélas ! nos amis politiques refusèrent de nous emboîter le pas. Sans eux, notre geste ne correspondait plus à rien. C'est dommage. Nous savions tous que, à terme, rien ne s'arrangerait. Nous avons perdu l'occasion, ce jour-là, de faire, sous l'affront, « una bella figura » comme disent les Italiens.

Puis, à la fin de 1975 — c'était le 22 décembre — la dernière séance de l'année fut particulièrement houleuse. Sur un prétexte, les trois partis de la gauche décidèrent d'adopter une motion condamnant le gouvernement. Il s'agissait de constructions scolaires dont le remboursement de la TVA était plus important que la subvention de l'Etat. Mais, comme nous le montrions pour notre part, ces constructions allaient être prises en compte, de toute manière, par l'Etat, grâce au plan de relance. Je me souviens que Gaston Defferre, devant notre résistance, rédigea lui-même la motion dans des termes plus durs que ceux prévus à l'origine.

Manifestement il passait à l'offensive. Je ne fus donc pas surpris lorsque, le 8 janvier, après la trêve des confiseurs, il retira leurs délégations à quatre de mes amis.

Le lendemain, nous étions dans son bureau pour lui remettre ce qu'il n'avait pas osé prendre : les nôtres.

Ainsi s'achevait, sans gloire particulière, vingt-trois années d'une collaboration municipale qui, de notre côté, avait toujours été loyale.

J'ai toujours pensé que Defferre n'avait pas agi de façon impulsive et dans l'improvisation, mais que le coup était prémédité. Car l'affaire avait été décidée par la direction du PS et Pierre Mauroy à Lille et d'autres maires socialistes, suivant l'exemple du maire de Marseille, brisèrent, peu de temps après, l'alliance qui les liait à des centristes, des gaullistes ou des libéraux.

Puis ce fut 1977. Un nouveau tour d'horloge sur le cadran des six années. Nous n'abordions pas les nouvelles élections dans de très bonnes conditions. Le RPR, le CDS, le CNI, aussi bien que les Républicains indépendants avaient beaucoup de mal à constituer des listes. Marcel Pujol, député des Bouches-du-Rhône, qui siégeait au Parlement en remplacement de Joseph Comiti, était, de par son titre et ses attaches avec les milieux socio-professionnels, tout indiqué pour en prendre la tête. J'avais avec lui des rapports excellents et soutenais à fond sa candidature.

On lui reprochait souvent de ne pas être familiarisé avec les problèmes de la gestion quotidienne d'une ville. Il ne m'en voudra pas, je l'espère, de l'écrire ici. C'était vrai peut-être — mais ce n'était pas déterminant, car l'élection de 1977 devait se révéler très politique. De toutes manières, Marseille est une ville d'une telle importance que tout homme ayant été confronté à l'Assemblée nationale aux grandes affaires nationales, connaît *ipso facto* celles de Marseille. Les grands dossiers de Marseille sont des dossiers nationaux.

Gaston Defferre montra qu'il n'avait pas perdu sa souplesse tactique. Il refusa de faire liste commune avec les communistes, ce qui ne comportait aucun risque : il savait fort bien qu'au deuxième tour, il bénéficierait de leur soutien. Au premier tour, en revanche, sa liberté de manœuvre lui permettait d'aller pêcher des voix très loin sur sa droite en disant : « Voyez, je n'ai pas de communistes sur ma liste ! »

Surcroît d'habileté — qui fait sourire quand on pense à ce qu'il en est advenu — il prit sur sa liste quelques jeunes chefs d'entreprise qui nous remplaçaient avantageusement pour lui. Ils firent campagne en clamant partout qu'ils n'étaient pas socialistes — mais alors, vraiment pas du tout... — et qu'ils iraient à la mairie pour gérer et pour « influencer » les décisions socialistes.

Six ans ont passé. Je cherche encore des signes de leur

influence « modératrice ». En revanche, je les ai vus, à chaque élection, prendre fait et cause pour les candidats du PS.

Gaston Defferre l'emporta dans sept secteurs sur huit, le dernier allant aux communistes. Et il devenait une nouvelle fois — la cinquième si j'ai bien compté — ... maire de Marseille.

Je n'avais pas beaucoup d'illusions, je savais que nous serions battus. Je mentirais pourtant si je disais que cela me laissait indifférent. Je ressentis une terrible nostalgie à l'idée de ne plus passer le porche de notre vieille mairie, de ne plus participer à cette vie municipale si riche, de ne plus pouvoir m'occuper des soucis quotidiens des Marseillais. Je tournais la page sur douze années de ma vie.

Mais en même temps, je ne pouvais me défendre d'une impression de soulagement : à présent, tout était clair. Nous connaissions notre adversaire, nous allions pouvoir lutter. Il nous appartenait d'accomplir un immense travail de réappropriation de nous-mêmes, de notre ville, de nos racines. Je me sentais prêt.

Notre défaite électorale pouvait paraître un grave échec. En réalité, elle ne l'était pas. Elle annonçait un commencement.

## Chapitre 9

### « *Un jour Marseille ne sera plus socialiste* »

Il pleuvait sur Fréjus ce jour-là. Une pluie diluvienne. Si l'on se souvient d'un antécédent fameux, elle ne pouvait se terminer que par un arc-en-ciel. C'était l'été suivant, en 1977. La déjà vieille Fédération des Républicains indépendants se transformait en parti républicain, à l'instigation de Jean-Pierre Soisson. Elle avait besoin de se renouveler, de se transformer, de s'adapter au projet que Valéry Giscard d'Estaing avait consigné, l'année précédente, dans *Démocratie française.*

Le nom de parti républicain me parut, d'emblée, excellent dans sa lumineuse simplicité. Des années après, lorsque nous pourrons voir les socialistes et les communistes à l'œuvre, il me semblera encore mieux choisi : le combat se situait vraiment entre les républicains et les marxistes. Parti républicain ? Bravo !

J'étais — je suis toujours — très ami avec Jean-Pierre Soisson. Deux éléments y contribuent ; d'abord sa mère est née à Mazargues, ensuite il possède un cabanon à côté du mien, dans la calanque de Sormiou. En été, lorsque l'enchantement de ce lieu nous retient quelque temps loin de l'agitation habituelle à notre vie, nous avons toutes les chances du monde de nous rencontrer.

Depuis que mes amis et moi avions rejoint les Républicains indépendants, nous avions chaque fois beaucoup à nous dire. Je lui parlais de la situation marseillaise, lui expliquais combien, chez nous, le giscardisme était un courant populaire, différent de ce qu'il était à Paris. D'année en année, nous avions réussi à créer à Marseille une structure étoffée.

Une structure qui allait devoir donner sous peu toute sa mesure. Tandis que nous devisions, marchant à travers les rochers éblouissants de la calanque, je répétais à Jean-Pierre que nous ne pouvions pas nous permettre de perdre les élections législatives de 1978. Un échec aux cantonales de 76, un autre aux municipales, c'était plus qu'il n'en fallait.

Or la partie n'était pas gagnée d'avance. On se souvient de cette opinion qui se répandait en France : la gauche allait l'emporter, l'alternance frappait les trois coups de l'acte qui immanquablement suivrait ; les journaux posaient périodiquement la question de savoir comment se comporterait le président vis-à-vis d'une chambre qui lui serait hostile, on envisageait même sa démission et de nouvelles présidentielles. Les manchettes des hebdos répétaient le slogan : « Si demain la gauche... » Les sondages venaient en renfort à l'avis général. Quasi-certitude si tenace qu'elle durera jusqu'à la veille du scrutin.

Nous ne cédions pas, quant à nous, à la morosité qui gagnait, semblait-il, notre électorat. Nous étions décidés à vendre chèrement notre peau.

Résolu à me battre en première ligne, c'est-à-dire à me présenter dans la 2$^{e}$ circonscription, je me rendais compte des difficultés nouvelles : en perdant mon mandat municipal, j'avais perdu aussi ce minimum de soutien logistique qui facilite la vie politique : un bureau, une assistante, une ligne téléphonique. Cela peut paraître un détail, mais pour moi c'était important. Je n'ai jamais eu un sou de fortune personnelle. Les partis politiques, en France, ne vivent que des cotisations de leurs adhérents, ressource appréciable mais qui se révèle toujours insuffisante. Mon traitement d'enseignant ne me permettait pas, on s'en doute, de financer de grandes opérations.

Il nous fallait une permanence. Grâce à des miracles d'économie, nous réussissons à en ouvrir une avenue du Prado, celle qui est toujours la nôtre. Il me fallait une assistante. Avec quoi la payer ? C'est un autre miracle, celui-ci de dévouement et d'abnégation : je demande à Gisèle Weiss — qui est toujours là, elle aussi — de venir m'aider. J'essaierai de la rémunérer avec ce qui nous reste en caisse ; autant dire que nous sommes très près du bénévolat. Je lui expose très simplement la situation :

— Gisèle, je vais essayer de me présenter dans la 2e circonscription. Si je gagne, vous gagnerez aussi : une fois élu, je pourrai vous offrir un salaire, minime certes, mais décent. Toutefois il ne faut pas se cacher les difficultés. Au sein de mon propre parti, je ne suis pas certain de recevoir l'investiture. Puis, avec le RPR, je ne suis pas sûr d'emporter la primaire. Enfin, de Charles Emile Loo et de moi, rien n'indique à l'avance quel sera le vainqueur. A vous de choisir.

Elle choisit. Je connais bien des paris moins audacieux. Elle accepta celui-ci, comme tant d'autres Marseillais acceptèrent de jouer sur l'outsider que j'étais.

Il me fallait, enfin et surtout, une circonscription. Pour moi, elle était toute trouvée. Personne ne m'aurait empêché de me présenter aux élections législatives si j'en avais choisi une complètement perdue pour nous. Or ce n'était pas ce que je voulais. J'étais décidé à me battre, mais avec une chance de gagner. Or je connaissais une circonscription qui, en vingt ans, n'avait jamais élu deux fois de suite un homme de la même couleur politique. En langage électoral, cela s'appelle une « circonscription critique ». Critique, la 2e l'était sans doute mais l'aurait-elle été plus encore que cela n'aurait pas changé ma détermination : cette circonscription est celle où je suis né, c'est la circonscription de Mazargues et des quartiers Sud de la ville. C'est celle où j'ai fait mes premières armes politiques et où se trouve le joyau flamboyant de Sormiou.

Dès l'été 1977, je m'aperçus que je n'étais pas seul sur les rangs. Gilbert Rastoin, maire de Cassis, laissait entendre qu'il y serait candidat. J'ai longuement parlé de son oncle, Jacques Rastoin, qui fut pendant douze ans mon collègue au Conseil municipal. Gilbert est un homme dont j'apprécie les qualités, il appartient à une grande famille de Marseille, mais sa candidature dans la 2e circonscription était un peu curieuse, dans la mesure où Cassis n'en fait évidemment pas partie.

Puis se révéla un autre partant : Jean Chelini, qui souhaitait vivement prendre sa revanche après les élections de 1967, 1968 et 1973, où il avait été battu. Jean Chelini, homme remarquable, excellent agrégé d'histoire, fut un des piliers du MRP avant de l'être du CDS. J'ai dit combien le courant de la Démocratie chrétienne avait été important à Marseille ; c'est à lui qu'il doit d'avoir perduré.

Cela faisait pourtant beaucoup de monde en piste. Les états-majors parisiens étaient assez perplexes devant la situation marseillaise, qu'ils n'ont d'ailleurs jamais vraiment comprise. Ils eurent recours à un sondage pour savoir ce que pensaient de cette compétition les futurs électeurs. Il eut lieu à la fin d'octobre. Je recueillis trois fois plus d'intentions de vote que Jean Chelini et quatre fois plus que Gilbert Rastoin. Ce résultat ne comporte aucun jugement de valeur, auquel je souscrirais, sur mes challengers. J'étais tout simplement beaucoup plus connu qu'eux dans un quartier de Marseille que je n'avais jamais cessé d'habiter.

La décision restait à prendre. Jean Roussel, alors secrétaire fédéral du parti républicain, devait être reçu à l'Elysée par le préfet Jean Riolacci, grand spécialiste de la carte électorale française. Il me demanda de l'accompagner.

Me voici au centre du dispositif. Derrière un grand bureau encombré de cartes et de plans, Jean Riolacci me lance le regard pénétrant de ceux qui ont à se faire une opinion rapide sur les hommes. Nous parlons, je devine sous la faconde sympathique un esprit méthodique, une réflexion qui ne veut rien laisser au hasard.

— Vous avez bien conscience de ce que cela représente si vous êtes élu ? me demande-t-il.

Il ajoute, pour être bien compris :

— Un jour, Marseille ne sera plus socialiste.

Affirmation sereine que je me répète de temps à autre depuis et que j'ai faite mienne. Mais cela signifie-t-il que j'ai l'investiture de l'UDF ? Il ne me le dit pas explicitement ; selon ce que je comprends, il veut d'abord en parler à une autre personne, dont il ne révèle pas le nom.

Je rentre à Marseille, je ne peux pas attendre. Le temps presse. Je sais maintenant que je ne serai pas le seul candidat de la majorité présidentielle. Pierre Lucas, qui a été député de 1968 à 1973 et qui reste conseiller général, souhaite sa revanche, il a reçu l'investiture du RPR. Je commence la campagne, qui sera entamée quand viendra la mienne, celle de l'UDF.

L'opinion générale est, de toute façon, que Charles Emile Loo conservera sa circonscription. Adjoint au maire, trésorier du parti socialiste, il est assez volontaire pour se battre jusqu'à la dernière cartouche. La même opinion générale pense que, s'il doit cependant être battu, ce sera par Pierre Lucas.

Une donnée a échappé aux augures : le capital de sympathie et de dévouement dont je dispose déjà auprès des Marseillais. Ma candidature annoncée, les meilleures bonnes volontés de notre ville affluent. Je n'en prendrai ici qu'un exemple : certains employés municipaux, avec lesquels j'avais entretenu de bonnes relations lors de mes années à la mairie, viennent me proposer leur aide. Ce sont, comme l'on dit, des « gens modestes », qui se sentent plus à l'aise avec moi qu'avec la « gauche whisky-caviar » qui fait peser son caporalisme sur la ville. Dès la fin de leur service, ils se précipitent avenue du Prado pour apporter leur concours.

*Le Méridional* m'assure dès le début de son soutien sans faille, le CDS m'accorde sa bienveillante neutralité. Gilbert Rastoin se présente dans la 1re circonscription, comme suppléant du professeur Comiti. J'ai pour ma part comme suppléante Mme Elisabeth Joannon. Son nom est précieux pour notre combat. Fille d'Eugène Bresson, le fondateur en France de l'Association des Parents d'Elèves de l'Enseignement Libre (APEL), elle s'est montrée d'un dévouement admirable lors de l'exode de nos malheureux compatriotes d'Algérie, attitude qui lui a valu une Légion d'honneur bien méritée. Il me serait impossible d'écrire toute l'activité qu'elle a déployée au service d'autrui, en particulier à travers le Secours catholique, dont elle s'est toujours occupée avec passion.

Dans l'histoire de cette campagne, il arriva un moment où j'eus le sentiment que je pouvais gagner. C'était au centre social du Roy d'Espagne. Nous aurions dû être quatre, nous n'étions que deux, nombre suffisant, il est vrai, pour mener un débat. Lucas et Loo avaient préféré s'abstenir, j'étais seul face à mon adversaire communiste.

Et tandis que je faisais donner ma batterie d'arguments pour démontrer que le pays supporterait mal une expérience de la gauche, je sentis le vent tourner en ma faveur. La salle répondait bien. Je parlais avec conviction, galvanisé par les idées qui étaient miennes depuis toujours et qui, d'une façon évidente, emportaient l'adhésion, à un moment où l'on pouvait croire que le public se tournait vers d'autres espérances.

Il me faut rappeler que les gens étaient alors très réceptifs et qu'ils se mobilisèrent beaucoup. Il ne devait pas en être de même trois ans après, mais 1978 a connu un sursaut contre l'envoûtement des chimères.

Toutefois, en dehors de mes partisans qui croyaient en la victoire, plus par passion d'ailleurs que par raison, les observateurs restaient sur leur réserve. Tous les journalistes parisiens, à l'exception de Nicole Kern et de Daniel Seguin, du *Figaro,* me donnaient pour battu. Tout comme les socialistes, qui ne s'étaient pas méfiés de mon ardeur et n'avaient pas compris qu'elle pouvait être communicative.

Débats publics, réunions à domicile, porte-à-porte... Je ne me souviens pas d'un immeuble que je n'aie pas visité. Les fonds de la campagne, très réduits, s'épuisaient, je finis par coller, en février, de vieilles affiches datant de l'année précédente, qui n'étaient plus appropriées au stade de la campagne où nous nous trouvions. Moi aussi je me battais jusqu'à la dernière cartouche.

Au soir du 12 mars, la première manche était gagnée : je restais seul en lice contre Charles Emile Loo. Non seulement j'étais en tête de la primaire, mais, sur le papier, j'avais de bonnes chances de l'emporter contre mon adversaire. Les socialistes furent abasourdis ; je crois que cette soirée fut, à Marseille, l'une des pires de leur vie. Ils voyaient que sur le plan national leur espoir s'envolait ; le champagne prêt dans les seaux à glace, la victoire qu'on leur avait montrée comme étant à portée de leur main passait dans le camp d'en face. Et sur place, ils pressentaient, à leur énorme surprise, la probable défaite de Charles Emile Loo.

Dès le lundi matin, ils font donner leur artillerie. Charles Emile Loo se livre à un dernier combat poignant mais inutile en distribuant force gadgets : briquets, transistors, insignes. Ses équipes placardent des affiches affirmant : « Il a bien défendu les quartiers Sud. » Erreur de positionnement : il ne s'agit pas d'une élection municipale, mais d'envoyer un député à l'Assemblée nationale. Pendant ce temps, Raymond Barre, élu triomphalement à Lyon dès le premier tour, me fait savoir qu'il serait content de venir à Marseille m'épauler. Notre réunion est un succès extraordinaire.

J'ai découvert ce jour-là l'homme d'Etat qui, à l'époque où il gouvernait la France, faisait en sorte que le franc soutienne le mark.

Aujourd'hui, hélas pour nous, c'est l'inverse. Véritable représentant de la force tranquille, les événements que nous vivons, démontrent et démontreront plus encore dans l'avenir, combien cet homme a bien dirigé la France.

Le dimanche, après avoir visité les bureaux de vote, je reste dans ma maison de Mazargues. Les jeux sont faits, on ne peut plus rien y changer. Combien en ai-je déjà vécu de ces dimanches d'élection où le trac vous dévore ; vous refaites mentalement la campagne en vous reprochant tel ou tel oubli, tel ou tel argument que vous auriez dû développer. Ces moments-là sont affreux. La loi politique est ainsi : il suffit de manquer l'obstacle de quelques voix et vous disparaissez. C'est la loi du tout ou rien.

Je m'étais angoissé pour rien : dès vingt heures, j'étais député des Bouches-du-Rhône. Alors je quittai mon refuge des temps difficiles ou incertains, je me rendis au Prado où des centaines de personnes m'attendaient dans un délire de joie. Je serrai des mains, remerciai des gens un peu au hasard, embrassai les femmes qui se jetaient à mon cou. Cette victoire, je le dis parce que c'est la simple vérité, je la devais à Valéry Giscard d'Estaing, d'une part, et de l'autre à tous ceux qui se pressaient autour de moi pour me féliciter. Elle était, je dirai plus, leur victoire. La première vraie victoire contre le socialisme depuis 1968 et, pour les forces libérales depuis bien plus longtemps encore sur Marseille.

Dans le courant de la soirée nous nous rendions en cortège au *Méridional* et à FR3. Là, Francis Ripert, un véritable Provençal d'une extrême intransigeance, qui fut longtemps le champion de nos idées au Conseil général des Bouches-du-Rhône, me remit l'écharpe tricolore qui avait été la sienne.

Lui-même l'avait reçue d'André Daher, élu député de Marseille en 1936. Le flambeau descendait les générations.

Ce soir-là, l'avenir était à nous. Nous avions raison de le penser : il n'a pas changé de mains, il est toujours entre les nôtres.

## Chapitre 10

### *L'amour-propre d'un « écrivain »*

A ma droite, dans l'hémicycle, Jacques Gau, député de l'Isère, qui sera remplacé, après son décès, par Gisèle Halimi ; à ma gauche, Marceau Gauthier, député communiste du Nord. Il est évident que je n'occupais pas, pour la séance solennelle de rentrée de l'Assemblée, la place qui devait être la mienne. Gau, Gaudin, Gauthier... les députés sont répartis, le premier jour, par ordre alphabétique. J'ai écouté le discours de Marcel Dassault, notre doyen d'âge. Avec leur muflerie habituelle, les socialistes l'ont boudé, n'entrant en séance qu'au moment où il redescendait de la tribune. Ils feront pis en 1981, poussant l'impolitesse jusqu'à éclater de rire lorsqù'il ouvrira la bouche. Impolitesse de surcroît mal placée puisque les deux idées force de notre doyen, une exposition universelle et la reconquête du marché intérieur, deviendront deux thèmes typiquement socialistes.

J'écoute mais, je dois le confesser, avec beaucoup de distraction. Je m'absorbe dans la contemplation de l'hémicycle avec une émotion que ne provoque pas tant la réussite artistique de cette enceinte que le fait que je sois là où je n'aurais pas osé m'imaginer le jour où j'écoutais Mme Poinso Chapuis sur la place du Marché de Mazargues. Je pense, comme il me semble qu'on le fait toute sa vie dans les occasions heureuses, à mes parents ; mon père, maçon de village, ma mère, ouvrière pendant quinze ans dans une corderie. Je me sens, si je puis dire, fier pour eux.

Mon esprit résume les impressions que m'a suggérées le Palais-Bourbon, ses colonnes de stuc, ses ors un peu ternis, les tableaux teintés de pompiérisme, les sièges cramoisis légèrement défoncés, puis l'invraisemblable entrelacs de couloirs sur lesquels s'ouvrent les minuscules bureaux des 491 députés français. C'est émouvant, ce n'est pas grandiose. Mais j'aime cette idée que la représentation nationale s'accommode d'un décor un peu suranné, d'une certaine façon intemporel. Par-delà les remous politiques, les événements — parfois dramatiques — qui ont pu s'y dérouler, il semble indiquer que la République est ici assurée de durer.

Nous avons élu notre président de groupe : Roger Chinaud. Cela ne demanda pas beaucoup de temps. Roger, député de Paris, est un militant modèle et un modèle de fidélité. Valéry Giscard d'Estaing devait dire un jour que l'amitié n'était guère à rechercher en politique. Je ne connais pas le secret des cœurs mais il me semble qu'en disant cela il oubliait bien des gens qui sont ses amis, sans parfois qu'il les connaisse. Au premier plan figure Roger Chinaud.

L'assemblée doit élire aussi son président. Deux candidats : Edgar Faure, parrainé par le RPR, et Jacques Chaban-Delmas, soutenu par l'UDF. Giscard souhaitait l'élection de Chaban mais ne voulait pas, soucieux de l'indépendance des députés, donner une consigne impérative. Roger Chinaud eut la charge de faire comprendre à demi-mot vers qui il était préférable que nous fissions porter nos suffrages. Certains comprirent, d'autres agirent plutôt par intuition. Spontanément je votai pour Chaban. C'est l'un des hommes les moins tenus que je connaisse par l'esprit de parti. Il me semblait devoir être un bon lien entre le RPR et l'UDF. Ce fut le cas et même les socialistes n'ont jamais pu lui reprocher la moindre partialité. Les temps ont bien changé ; l'esprit de sérieux et de tolérance n'est qu'un lointain souvenir. Qu'on me permette de rappeler avec nostalgie ce temps, aujourd'hui que la férule socialiste a suscité des excès dont s'accommodent mal la liberté et la démocratie.

L'Assemblée est un des lieux au monde où l'on fait le plus

de rencontres en un temps limité. J'en raconterai deux, qui eurent lieu ce jour-là. Michel Aurillac, lui-même nouvellement élu dans l'Indre et actuel président du Club 89, se précipite vers moi en me félicitant chaleureusement :

— Lorsque j'étais préfet des Bouches-du-Rhône, je vous ai vu travailler. J'étais sûr que vous seriez élu.

— Vraiment ? Ce n'est pas grâce à votre aide !

La réplique a été spontanée. J'ai ressenti si souvent la mythologie que représente l'opinion courante : selon laquelle les préfets « font les élections » et aident les candidats « du pouvoir ». Dans le féroce et tyrannique Etat giscardien, comme certains se plaisaient à le qualifier, les préfets auraient dû plus que jamais exercer ce rôle. Dans les Bouches-du-Rhône, je les ai toujours plutôt vus travailler en plein accord avec la mairie de Marseille. Je pouvais m'estimer heureux lorsqu'ils ne favorisaient pas ouvertement mes adversaires socialistes.

Cela valait bien une réponse un peu vive.

Cet état de choses existant à tous les niveaux, nous menions nos luttes électorales un peu comme si nous étions déjà dans l'opposition. C'est sans doute pour cette raison que nous nous sommes ressaisis aussi rapidement après le 10 mai 1981. A Marseille, il arrivait souvent qu'un ministre vînt sans que j'en fusse averti. Il se précipitait à la mairie où Gaston Defferre, vieux routier, savait lui passer la main chaude. Il se répandait, à l'Assemblée, en critiques acerbes contre le pouvoir mais, dans son fief, il faisait la chattemite. Le ministre se rengorgeait, accordait toutes les subventions que le rusé réclamait. En général, j'apprenais tout cela en lisant le journal du lendemain.

Aux journées parlementaires de 1978, à Ollioules, Raymond Barre s'enquit de mes difficultés.

— Je n'ai pas de difficultés, monsieur le Premier ministre, répondis-je, je n'ai qu'une crainte : que vos ministres se cassent la jambe en voulant monter trop vite le grand escalier de la marie pour être plus rapidement dans le bureau de Defferre.

— Vous avez des noms ? demanda-t-il en haussant les sourcils.

— Tous.

— Très bien.

Quinze jours après, un ministre devant venir à Marseille en visite officielle m'avertit qu'il arriverait la veille, afin d'étudier longuement avec moi les problèmes spécifiques de ma circonscription. Je dois dire que cette nouvelle façon de faire dura jusqu'à la fin. J'ai tenu à mentionner ces faits pour montrer le mal-fondé des attaques que n'ont cessé de diriger contre moi les socialistes marseillais à propos de mes relations avec le pouvoir parisien. On voit que ces relations n'ont guère aidé mon élection mais que, après celle-ci, des relations normales ont pu être établies.

Certains se souviendront peut-être que, quelques mois avant les élections présidentielles de 1981, une formidable campagne se déchaîna pour démontrer que les « giscardiens » se partageaient tout le pouvoir, ne laissant aucun vide dans les rouages de l'Etat. Roger-Gérard Schwartzenberg réussit à tâcheronner un livre hypothétique, intitulé *La Droite absolue,* pour démontrer que nous ne vivions déjà plus en démocratie. D'autres folliculaires travaillèrent dans le même genre, réussissant à persuader des Français de bonne foi qu'il y avait un véritable complot contre la République. Ce que je viens de dire de Marseille suffit à prouver que nous en étions fort loin. Ce que nous avons vu depuis le 10 mai 1981, c'est-à-dire des socialistes et des communistes se partageant charges, prébendes et privilèges, quadrillant la France de leurs réseaux d'influence, renforce la vanité de certaines attaques. Seigneur ! Qu'auraient-ils dit si nous avions eu le quart de leur comportement ?

La deuxième rencontre est celle, au détour d'un couloir, de Gaston Defferre. J'aurais dû m'y attendre mais, en fait, il n'en était rien car pour moi Gaston Defferre a toujours été le maire de Marseille plutôt que le député des Bouches-du-Rhône. Il conversait avec Pierre Joxe, Georges Fillioud et quelques autres seconds couteaux socialistes dont j'ai perdu jusqu'au souvenir. Que faire ? J'avais quand même siégé pendant douze ans dans son Conseil et, si tout nous séparait politiquement, nous n'avions pas eu de différend d'ordre personnel. Je décidai donc d'aller le saluer et d'échanger quelque platitude d'usage.

Il ne m'en laissa pas le temps. Au premier pas que je fis vers lui, il recula comme à l'apparition d'un spectre. Je crus bon de préciser le sens de ma démarche :

— Monsieur le Maire, je viens vous saluer.

— Comment ! Vous venez me saluer après ce que vous avez dit sur moi !

Qu'avais-je bien pu dire de particulier ? Certes, dans une campagne électorale il est peu habituel de se ménager mais je n'avais pas eu le sentiment d'aller au-delà des limites permises ; de plus, mon véritable adversaire avait été un ami de Gaston Defferre et non Gaston Defferre lui-même. Nonobstant, celui-ci me lança une pointe qui se voulait définitive :

— Vous avez été élu, certes, mais je vous empêcherai d'accomplir votre mandat, vous verrez ce que vous verrez.

Les députés qui l'entouraient rirent servilement à ce qu'ils croyaient être un trait d'esprit et qui n'était qu'une insulte au suffrage universel. J'aurais pu hausser les épaules et passer mon chemin. Je précisai quand même :

— Monsieur le Maire, je suis venu vous saluer parce que je suis beaucoup plus jeune que vous et que, de plus, j'ai siégé au Conseil municipal de Marseille. Mais, puisque vous le prenez sur ce ton, laissez-moi vous dire deux choses. D'abord c'est que nous ne sommes pas ici au Conseil municipal de Marseille. Ensuite, j'ai été élu député des Bouches-du-Rhône, que cela vous plaise ou non.

Sur ce, je retournai en séance ; c'était pour le deuxième tour de l'élection du président de l'Assemblée nationale. Une fois Chaban-Delmas élu, je ressortis m'asseoir dans le déambulatoire, je levai machinalement les yeux : Gaston Defferre était devant moi, seul.

Nos regards se croisèrent, il me sembla que si je ne lui parlais pas à ce moment-là, nous ne nous parlerions plus jamais. Je pris donc les devants et, en me levant, je lui dis :

— Monsieur le Maire, maintenant que vous êtes seul, dites-moi ce que vous avez sur le cœur. J'ai été surpris tout à l'heure de votre accueil.

— Pujol[1] m'a attaqué.

— Mais, Monsieur le Maire, je ne suis pas Pujol, même si ce dernier est un ami pour moi !

Il me regarda, l'air un peu moins agité, et il eut cette phrase qui, dans sa simplicité, me sembla le plus bel hommage que j'aie reçu :

— Votre élection n'était pas prévue.

Je sentis une détresse à peine cachée, le sentiment d'un désarroi. Pour la première fois, lui qui avait connu tant d'échecs sur le plan national mais tant de victoires sur Marseille, une carte lui avait échappé. Je compris à cet instant que j'avais moins battu Charles Emile Loo que Gaston Defferre lui-même par personne interposée. Nous en étions presque aux confidences. Je lui dis, parce que c'était vrai :

— Vous savez, moi non plus, je ne l'aurais pas cru, il y a quelques semaines !

J'en profitai pour lui indiquer qu'il me rencontrerait toujours comme adversaire politique à Marseille, car j'étais ennemi du socialisme qu'il prônait, mais que nos joutes, en ce qui me concernait, seraient loyales.

La question était réglée, mais par la suite, il m'arriva de repenser à sa phrase étrange : « après ce que vous avez dit contre moi » et je trouvai subitement l'explication :

C'était le soir de mon élection. J'étais comme j'ai dit à FR3 dans la soirée, quand arrivèrent Dominique Taddéi, nouvel élu socialiste d'Avignon, et Maurice Charretier, député-maire de Carpentras. En dépit du conseil de Jean-Marie Belin de « commenter les résultats sans empoignade » puisque aussi bien la campagne était terminée, Taddéi s'en prit à Charretier, lui reprochant d'avoir mis de tels moyens financiers dans la sienne qu'il avait été jusqu'à coller ses affiches dans la circonscription voisine. Après cette accusation dérisoire (car à quoi bon coller des affiches là où on ne se présente pas ?), il se tourna vers moi avec un

1. Dont je rappelle, pour le lecteur qui ne serait pas familier de la vie politique marseillaise, qu'il fut le suppléant de Joseph Comiti, et qui venait d'affronter Gaston Defferre.

autre grief : j'aurais eu le soutien éhonté de FR3, qui aurait, à l'entendre, « fait » mon élection.

J'eus beau jeu de lui rétorquer que j'étais passé sur l'antenne en tout et pour tout 46 secondes, en réponse à une attaque du maire sur le vote des Français de l'étranger.

Et c'est à ce moment précis que se situe la fameuse phrase qui avait tant mortifié Gaston Defferre. Je fis remarque à Taddéi que celui-ci, en revanche, parlait à la télévision régionale tantôt comme maire, tantôt comme député, tantôt comme président du Conseil régional.

Cela, Defferre me l'aurait certainement pardonné. Mais j'ajoutai — malheur de moi ! — « Il y est même passé comme écrivain, ce qui est un comble. »

Je pus alors reconstituer toute la scène : ce soir-là le tout-puissant maire de Marseille est assis dans son bureau, devant son téléviseur. Il assiste à la déconfiture de ses amis, il voit disparaître les espoirs qu'il a formés d'avoir un destin national. Mon apparition sur l'écran n'est pas de nature à l'extraire de sa mélancolie et tout à coup siffle comme un fouet ma remarque ironique sur ses dons littéraires. De longues années de pouvoir absolu l'ont incliné à penser qu'il était à l'abri des critiques. Et le voici atteint dans son amour-propre, dans ce petit jardin secret où se cultivent les fleurs les plus inattendues.

Pourtant le fait est là (Seigneur ! je récidive) : si son épouse, Edmonde Charles-Roux, a dans le domaine littéraire quelque notoriété (légitime), le livre peu consistant commis par Gaston Defferre sous le titre de *Si demain la gauche...*, ne méritait pas qu'on en fît un écrivain.

# Chapitre 11

## *Petite parenthèse sur le métier de député*

Je ne connais pas de mythe plus coriace que le sentiment, si répandu parmi les Français, que les députés « ne fichent rien ». Tout vient de ces éternelles photos de travées vides, des caméras de télévision qui se promènent à la recherche d'un visage à fixer et ne rencontrent souvent que le vide. Sur ce sujet, tout semble avoir été dit. A chaque occasion, les députés rappellent — un peu lassés — que le vrai travail se fait en commission, qu'il est impossible d'assister à tous les débats si l'on veut s'occuper des mille et un problèmes de ses électeurs, qu'à la limite, un député qui assisterait à tous les débats parlementaires serait un mauvais élu puisqu'il ne pourrait presque rien faire d'autre. Mais je crois que cela ne sert à rien. Dans l'inconscient collectif des Français doit traîner l'idée que le parlementaire est un bon à rien qu'on a élu parce qu'il n'y a pas moyen de faire autrement...

Pourtant, je connais peu de métier plus harassant. Chaque député doit « avaler » des milliers de pages de dossiers, répondre chaque jour à des dizaines de lettres, s'occuper de questions souvent techniques, tenir des permanences, préparer des discours, suivre des interventions, organiser des manifestations, surveiller son bulletin d'information, s'occuper de l'intendance politique, que sais-je encore ? Chaque jour apporte une nouvelle tâche... Je suis tout surpris quand j'ai une soirée de libre et je n'ai pas eu un week-end entier depuis des années. J'en ai perdu jusqu'à l'idée de ce que cela peut être. Si j'ajoute à cela les transports entre Paris et

Marseille, la nécessité de se tenir bien informé de tout ce qui se passe, le désir d'approfondir certains problèmes plus ardus que d'autres, on comprendra que le thème de l'absentéisme parlementaire m'exaspère quelque peu.

Le lecteur impitoyable me dira peut-être : « Après tout, ce métier, vous l'avez choisi. » Certes, et depuis toujours, comme je ne cesse de l'expliquer au cours de ces quelques pages. Il n'empêche, je déplore pour la démocratie que l'image du parlementaire ne soit pas meilleure dans l'opinion des Français. Ce n'est pas qu'elle ait jamais été très bonne. Au cours de l'été 1981, cherchant à resituer dans le fil profond de l'histoire de notre pays les événements que nous venions de vivre, je me suis tourné vers mon vieux maître en politique, Tocqueville. Les pages féroces qu'il consacre aux derniers moments de la dernière assemblée de la dernière monarchie française me font penser que tout avait déjà été dit à son époque. Il est même fort possible que — le centre du pouvoir ayant évolué du Palais-Bourbon à l'Elysée — le discrédit soit moins fort aujourd'hui sur les députés qu'il ne l'était sous la III$^{e}$ ou la IV$^{e}$ république.

Il reste que cette fonction, l'une des plus nobles qui soit, cette activité passionnante, ce travail frénétique mais souvent exaltant, s'ils ne sont pas toujours compris comme ils le devraient, continuent d'être l'honneur (méconnu) de la République. Je crois que jamais aucun parlementaire n'a attendu le moindre remerciement des heures passées au service de ses concitoyens. Il ne saurait y en avoir, d'ailleurs, sauf peut-être un, celui que j'ai connu en 1981 : être réélu quand tout le monde vous donnait battu...

Je rappelle — à l'usage principal des étudiants en Droit de première année... — que la Constitution de la V$^{e}$ république prévoit deux sessions de trois mois chaque année. Si le travail est régulier, sans impondérables particuliers, les députés de province sont retenus trois jours par semaine à Paris. Le reste du temps est consacré au travail dans leur circonscription, qu'il est évidemment exclu d'abandonner trop longtemps.

Chaque mardi, les groupes parlementaires se réunissent pour débroussailler les textes qui vont bientôt passer en séance publique. On y évoque souvent des questions techniques mais, au fil de la discussion, viennent sur la table des problèmes plus concrets que les députés, plus aptes que quiconque à jauger l'état d'esprit de la population, essaient de faire comprendre aux ministres qui expliquent leurs textes. Il est toujours facile d'en appeler au bon sens chaleureux des gens contre la froideur technocratique qui broierait tout. Ce n'est pas toujours si simple, je le reconnais. Quand je repense à ces années, je me dis que nos ministres auraient été bien inspirés d'écouter certains parlementaires.

Le mercredi après-midi est dominé par les questions d'actualité au Gouvernement. C'est un exercice où se jugent les hommes et les idées. Il faut déposer, avant midi, la question pour laquelle on souhaite une réponse, en séance publique, du ministre concerné. Certaines questions, les plus intéressantes, sont purement politiques. Il s'agit souvent d'interroger un membre du gouvernement sur une faute, une erreur ou un événement qui a pu étonner — voire scandaliser — l'opinion publique pendant la semaine. Certains ministres s'en « tirent » bien. D'autres font rédiger de plates réponses par leurs conseillers. Certains, absents, les font lire par leurs collègues...

Depuis 1981, cette marque de démocratie a perdu beaucoup de son attrait. Auparavant, chacun des quatre groupes parlementaires disposait d'un temps égal, c'est-à-dire d'un quart d'heure pour poser ses questions. Ce temps n'est plus. Sitôt arrivés au pouvoir, les socialistes décrétèrent que le temps de parole serait proportionnel à l'importance des groupes. De plus, les réponses des ministres sont à présent décomptées du temps de parole du groupe, ce qui permet, éventuellement, aux ministres de s'étendre et d'empêcher une éventuelle question suivante. Ce n'est pas le pire des errements que nous ayons vu depuis le 10 mai mais il juge assez bien ce que vaut la démocratie socialiste.

## Chapitre 12

### *Marseille se défend aussi à Paris*

J'aime aussi que la vie de la République ait ses hauts lieux dans les demeures d'autrefois : palais de l'Elysée, Palais-Bourbon, Palais du Luxembourg. Autre signe de continuité ; la France est restée dans ses meubles.

L'Elysée, je n'y avais jamais été officiellement invité. J'en connaissais surtout les bureaux mansardés, terriblement inconfortables, où s'entassaient les conseillers du président. Dans ces lieux invraisemblables, députés, sénateurs, élus locaux essayaient de défendre les dossiers qui leur tenaient à cœur. Il y fallait un certain mérite : la proximité du Président de la République donnait à certains conseillers l'illusion qu'ils participaient du principe divin. Les voir suffisait à comprendre qu'en effet c'en était une. Beaucoup de conseillers ne se cachaient pas pour dire qu'ils considéraient certains élus comme très médiocres. Jugements réciproques au demeurant. Pour ma part, ayant plus que tout la fierté de mon humble origine et considérant comme une chance de n'être point énarque, je regardais d'un peu haut ce petit monde élyséen qui s'autorisait à mépriser les élus du peuple. Il est bien clair que, dans mon esprit, le brave député de province consciencieux et intellectuellement probe, prévaudra toujours sur le technocrate, fût-il élyséen. Du reste, au moment où la catastrophe aux reflets roses fondit sur le pays et sur nos troupes, le monde des conseillers s'évanouit, laissant la résistance s'organiser autour des parlementaires.

C'est en invité du président que je pénétrai, quelques semaines après l'installation de la nouvelle Assemblée, dans l'ancien hôtel d'Evreux, avec les nouveaux députés UDF. Je découvrais le protocole élyséen; j'aurais bien d'autres occasions de le connaître : je n'ai jamais rien aperçu du prétendu monarque que les habituels faux témoins disaient discerner en Giscard. Il existe des règles, voilà tout. On comprendra que tout le monde ne peut pas se précipiter sur le président de la République et entamer avec lui une conversation à bâtons rompus.

Giscard, par sa seule « présence » physique, a su humaniser le cérémonial indispensable ; tous ceux qui l'ont approché le savent. Il a une manière inimitable de vous regarder dans les yeux, de vous serrer la main chaleureusement mais sans affectation, d'avoir les quelques mots simples et précis attestant qu'il vous reconnaît. Détails ? Non, si l'on songe aux milliers de visages que croise le regard d'un président au fil des jours et des mois.

Après les asperges de Lauris et le homard aux petits légumes, il s'adressa à nous. J'étais placé au centre de la table, avec quelques-uns de mes collègues, nous étions plus sages qu'au rapport. Valéry Giscard d'Estaing commença par évaluer l'appui de son nom dans notre élection. Il le situait aux environs de 40 %. Je ne sais trop ce que cela représentait dans son esprit. Que son appui ait déterminé 5 % ou 95 % de mon électorat revenait au même ; sans lui je n'aurais pas été élu. Il nous dit, ensuite, ce qu'il pensait être le rôle d'un député. Je compris combien lui-même avait été attaché à ce mandat. La charge présidentielle a fait oublier qu'il fut parlementaire pendant près de vingt ans, qu'il a arpenté les cours de ferme, serré des mains sur les marchés, trinqué dans les cafés, résolu — autant que faire se peut — les soucis de ses concitoyens. Je suis l'heureux titulaire d'une circonscription entièrement urbaine, mais la manière d'appréhender certains problèmes ne diffère pas dans son essence. Il évoqua donc la nécessité — et les difficultés — d'une implantation sans faille. « Ne vous laissez pas prendre aux mirages parisiens, nous dit-il, pensez à vos racines, songez que votre circonscription a besoin de vous sur place, les Français ont envie de vous voir chez eux. » Et il précisa très nettement : « Je n'appellerai pas de nouveaux élus au Gouvernement. » La figure de certains s'allongea un peu. Mais c'était la sagesse même. Il n'est jamais sain de franchir trop rapidement les étapes. Je connais les vertus de la patience en politique, pour les avoir souvent pratiquées. Elles sont essentielles. Giscard se tourna alors vers le ministre de l'Intérieur, Christian Bonnet : « Tenez, dit-il, vous avez l'exemple, avec Christian Bonnet, d'un homme qui a été dix-huit fois candidat dans sa vie, et qui a été dix-huit fois élu, mais il a attendu quatorze ans avant d'entrer au Gouvernement. » Christian Bonnet, un peu plus tard, me confirma le fait, en ajoutant que quatorze ans, c'était bien long, et que — s'il n'avait tenu qu'à lui — il aurait bien aimé entrer plus rapidement dans la carrière ministérielle.

Il est certes dommage que des gouvernements se soient longtemps privés de la présence de Christian Bonnet qui fut — et sera peut-être encore — un des grands ministres de l'Intérieur de ce siècle. C'est aussi un parlementaire acharné, viscéralement attaché à sa région de Carnac en Bretagne, qui le renvoie systématiquement à l'Assemblée avec une élection de maréchal. Quoi qu'il en soit, le propos de Giscard à notre endroit se révélait d'autant plus sage qu'aux élections de 1978 beaucoup ne durent leur succès qu'à un déplacement minime de voix en leur faveur. Ils avaient à travailler ferme pour consolider leur position ; j'étais dans ce cas. L'avenir devait montrer combien le souci du président était justifié.

Pendant les trois ans qui suivirent, j'ai fréquenté l'Elysée soit à l'occasion de cérémonies plus ou moins officielles, soit pour des tables rondes politiques. Dans ce dernier cas, il s'agissait d'entretiens très généraux et non de problèmes partisans. On mesure en cela la très grande différence entre Giscard, qui a été le Président de tous les Français, et son successeur, par la grâce duquel a été introduite la curieuse pratique « constitutionnelle » de faire régler certaines questions d'intérêt national par le Parti socialiste et de prendre les ultimes décisions au cours d'un petit déjeuner hebdomadaire avec le premier secrétaire de ce parti. Dévaluation grave de la plus haute fonction de l'Etat, lourde de conséquences pour l'avenir du pays.

Depuis le 10 mai 1981, je ne me suis plus rendu à l'Elysée. Non en vertu d'un principe, ni pour aligner ma conduite sur celle des socialistes et des communistes pendant tant d'années, mais parce que la première invitation me parvint le... 5 juillet 1982. Pendant quatorze mois s'étaient succédé des décisions abracadabrantes, des textes lamentables, des conduites souvent indignes, et jamais le président de la République n'avait songé à recevoir, ne serait-ce que pour s'informer, les présidents des groupes parlementaires d'opposition.

Encore n'était-ce pas d'une rencontre de ce genre qu'il s'agissait le 5 juillet en question : nous étions simplement appelés à faire de la figuration à la réception du président de la République italienne. Je ne suis pas en peine d'invitations à dîner et il ne manque point d'excellents restaurants à Marseille. Je fus ravi de pouvoir sauver une soirée, que je passai dans ma circonscription.

Entre 1978 et 1981 j'ai suivi le conseil de Giscard : sans sacrifier le travail parlementaire, j'ai multiplié les liens avec les Marseillais. Grâce à Paul Dijoud et Jean-Pierre Soisson, successifs ministres des Sports, j'ai beaucoup pu aider les associations de notre ville. Afin de rester au courant de la vie locale, je ne manquais aucune réunion des comités de quartier, ni des conseils d'établissements scolaires. J'ai toujours eu d'excellents rapports avec les communautés religieuses, catholiques, protestantes et israélites. Ce me fut l'occasion de les multiplier, notamment avec la communauté israélite qui, déjà à cette époque, souffrait d'un climat qu'elle estimait lui être hostile.

Si notre région était une terre de reconquête pour notre force politique, elle était déjà largement dominée par les socialistes et les communistes. Cela m'incitait à multiplier les interventions en faveur des maires UDF et RPR du département des Bouches-du-Rhône et de la région tout entière.

Un jour, lors d'une réunion de la commission des Affaires culturelles, à l'Assemblée nationale, au moment où Jean-Philippe Lecat présentait son budget, je me souvins des lamentations de Gaston Defferre au Conseil municipal. Il estimait toujours que l'opéra de Lyon était avantagé sur celui de Marseille. Une fois que Jean-Philippe Lecat eut terminé sa présentation, je lui dis :

— Existe-t-il une ou plusieurs raisons techniques qui font que l'opéra de Lyon soit avantagé sur celui de Marseille ? S'il y a des raisons, il faut me les indiquer. Autrement je devrai conclure qu'il nous faut attendre d'avoir pour Premier ministre un élu marseillais. Lorsque je regarde de droite à gauche dans l'hémicycle, cela ne me paraît pas très évident !

Il y eut quelques rires étouffés et Jean-Philippe Lecat, après avoir été un peu décontenancé, me dit :

— Ecoutez, monsieur Gaudin, vous et moi nous n'attendrons pas si longtemps, je vous donne un million de francs en plus pour l'opéra de Marseille.

— Merci, monsieur le Ministre !

L'après-midi, lors des questions au Gouvernement, je vis Gaston Defferre prendre sa place parmi les parlementaires socialistes. Je lui fis passer un petit mot : « Monsieur le Maire, ce matin, à la réunion de la commission des Affaires culturelles, j'ai obtenu un million de francs supplémentaire pour notre opéra. Je sais que ce n'est pas assez, mais c'est toujours bon à prendre. » Il ajusta ses lunettes, lut et écrivit sa réponse, que me transmit un huissier : « Merci, je prends. Mais V.G.E. m'avait promis plus. » Lapidaire, mais clair. L'expression même de la logique socialiste : se plaindre pour obtenir puis, après avoir obtenu, se plaindre que ce n'était pas assez et qu'on aurait voulu davantage.

On conçoit que ce type d'intervention présentait un certain risque : la subvention accordée à l'opéra de Marseille bénéficiait directement au maire de Marseille, qui n'avait plus qu'à rentrer dans sa ville en annonçant la bonne nouvelle. On ne pouvait pas évidemment lui demander d'ajouter : « C'est au député Jean-Claude Gaudin que nous devons cela. » Electoralement je faisais ses affaires.

Un dilemme se posait : faire obstruction et pousser les ministres à donner le moins possible à la ville, ou continuer comme je le faisais, en acceptant que l'aide obtenue soit récupérée politiquement par mon adversaire.

Pénaliser Marseille et les Marseillais pour une raison de ce genre, je n'y pensai pas un seul instant. La solution consistait à poursuivre mon action en tâchant de la faire connaître par *Le Méridional.* Je devais communiquer au maximum avec les Marseillais, afin de ne pas faire bénéficier de mes efforts les socialistes. Pendant trois ans, j'ai utilisé cette tactique et m'en suis fort bien trouvé. Bien souvent les socialistes ont essayé de dire que je n'apportais rien à Marseille. Les électeurs de ma circonscription, renseignés par le journal, leur feront une réponse globale en me réélisant en 1981.

Mes innombrables questions aux ministres, les entretiens et les tables rondes que je suscitais jalonnent ces trois années. Le 21 février 1979, j'allai même voir le Président de la République pour lui parler des questions qui nous préoccupaient. J'eus avec lui un entretien en tête à tête de près d'une heure. En premier lieu, je lui dis notre inquiétude au sujet des chantiers navals de la Seyne et de La Ciotat, où la baisse d'activité menaçait de provoquer une vague de licenciements, tant dans le secteur de la construction que dans celui de la réparation. Giscard m'assura que la situation n'évoluerait pas vers une crise comparable à celle de la sidérurgie. Je lui parlai de l'emploi des jeunes et du poblème de la retraite des professeurs de l'enseignement privé. Sur un plan plus politique, j'abordai la question du retour, que je jugeais souhaitable, au scrutin proportionnel pour les élections municipales.

En effet, au moment où l'on s'employait à développer la vie associative, reconnaissant l'importance du rôle joué par les comités d'intérêt de quartier entre autres, les citoyens devaient se sentir concernés par le devenir de leur ville et être représentés au Conseil municipal.

Valéry Giscard d'Estaing me répondit qu'il ne pouvait pas s'opposer à la volonté farouche du RPR de défendre le scrutin majoritaire en vigueur. « On ne fait pas une réforme semblable contre la volonté de la moitié de sa majorité présidentielle. »

Ce qui était vrai pour La Ciotat et la Seyne l'était aussi pour Fos, mais pour d'autres raisons. A la société Solmer, qui employait plus de sept mille salariés, malgré un carnet de commandes satisfaisant les licenciements menaçaient, par suite des grèves tournantes qui paralysaient l'entreprise, à l'instigation de la CFDT et de la CGT. La destruction de matériel, la séquestration de cadres et toute la panoplie de la violence syndicale avaient fait mettre le personnel en chômage technique. Je m'adressai alors au ministre du Travail pour lui demander si l'on voulait faire de Solmer-Fos un nouveau Longwy.

Les Marseillais aspirent à deux choses : travailler pour gagner leur vie et jouir de la sécurité. Trente ans de gestion socialiste n'ont pas apporté à la ville la paix à laquelle elle est en droit de prétendre. Ces derniers temps elle est même devenue la fable du pays sous ce rapport. Dès octobre 1978, je réclamais à Christian Bonnet l'augmentation des effectifs de police. Il y avait un moyen de réduire la criminalité et la délinquance : l'îlotage, mais avec quels moyens ? La police ne demande qu'à remplir sa mission d'une manière efficace et, dans sa grande majorité, elle est la première à souffrir du laxisme qui règne depuis mai 1981. Pour montrer l'importance que j'attachais au problème de la sécurité à Marseille, je demandai une audience à Raymond Barre. J'obtins ainsi cent cinquante gardiens de la paix supplémentaires, tandis qu'une soixantaine d'autres, occupés à des tâches administratives, étaient réaffectés à des missions de sécurité. Les moyens étaient donnés simultanément au préfet des Bouches-du-Rhône pour constituer une unité mobile de sécurité et une unité légère.

Je m'adressai à Alain Peyrefitte, garde des Sceaux, pour régler le problème particulier de la prison des Baumettes où le besoin de gardiens supplémentaires se faisait ressentir. Au ministre de la Justice également je demandai d'intervenir à propos de la projection du film *Le Pull-over rouge,* amputé comme on le sait de plusieurs scènes par la cour d'appel de Paris mais qui n'en constituait pas moins une entreprise de dénigrement et un rejet de la chose jugée tout à fait inacceptables, remettant en cause l'action de la police et de la justice dans notre pays. On a vu, hélas !, bien pis depuis.

La sécurité, c'est également de lutter contre les catastrophes des phénomènes naturels. En premier lieu, dans notre région provençale, le feu. On se souvient du terrible incendie d'août 1979 qui détruisit tout le site classé des calanques. Propagé par un mistral soufflant à cent kilomètres à l'heure, il atteignit Morgiou et Sormiou, faisant deux victimes parmi les marins-pompiers. Mais, dans l'arrière-pays comme sur la côte, c'est 298 hectares, dont 70 appartenant au département, qui étaient ravagés. Rapporteur général de la commission d'enquête qui réunissait vingt et un députés de la région Provence-Côte d'Azur et de la Corse, des Landes et des Pyrénées-orientales, je m'employai activement à faire décider des mesures pour que la catastrophe ne se reproduise plus. Nous obtenions du gouvernement, de Christian Bonnet et Pierre Méhaignerie plus précisément, un train de décisions considérables dans les trois domaines essentiels : la prévention, la surveillance et la lutte contre l'incendie.

Que de fois suis-je intervenu en faveur de la 5e centrale thermique de Gardanne, de l'autoroute du Val-de Durance... J'ai réclamé et obtenu l'aide du CIASI [1] et du FSAI [2] pour la réalisation des grands travaux d'infrastructure et de communication. Je me suis battu pour l'assainissement de l'Huveaune, l'aménagement du port de plaisance de la Madrague de Montredon, l'aménagement, au même endroit, de la zone où pourrissent depuis la Libération des ruines laides et préjudiciables à l'environnement, le nettoyage de la plage du Prado, la création d'un bureau de postes à Montredon, le relogement décent des familles abritées dans les cités de transit dites « Mandarine » et « Chicago », réclamant sans cesse une priorité pour les problèmes de la vie quotidienne. Je ne puis et ne veux citer ici toutes mes interventions. J'en donne un certain nombre d'exemples parce que de toute évidence Gaston Defferre ne

1. CIASI = Comité interministériel d'aide et de soutien à l'industrie.
2. FSAI = Fonds spécial d'aide aux industries.

le fera pas à ma place. Je n'ai pas pu porter remède à tous les maux, en particulier en matière de sécurité, parce que, malheureusement, il n'était pas en mon pouvoir de revenir sur un urbanisme socialiste suscitant la violence comme les orages suscitent les inondations. Etais-je responsable de la haine et de la désagrégation sociale qui règnent au cœur de Marseille ?

J'avais apporté une grande attention à un dossier qui me tenait à cœur : la retraite des enseignants des écoles libres. J'en avais parlé à Valéry Giscard d'Estaing, je me rendis en avril 1979 rue de Grenelle, avec Guy Guermeur et le bureau de l'Association parlementaire pour la défense de la liberté de l'enseignement, dont j'étais le vice-président, afin d'en entretenir M. Beullac. Tout se passa bien ; le ministre de l'Education nationale nous apprit que ses services avaient préparé un décret qui donnerait toute satisfaction, en application de la loi de 1977.

A la fin de l'année, je me préparais à aller passer les fêtes à Marseille quand une indiscrétion du Conseil d'Etat me permit d'avoir le texte sous les yeux. Mon sang ne fit qu'un tour ; pour un cadeau de Noël, c'était un beau cadeau de Noël. Cinquante pour cent des professeurs de l'enseignement libre étaient exclus du bénéfice de la retraite sous prétexte qu'ils ne se rattachaient pas à une catégorie de titulaires de l'enseignement public.

Guy Guermeur, auteur de la loi qu'on envisageait d'appliquer de cette façon restrictive, me téléphone aussitôt :

— Vous avez vu le décret ?

— Je suis abasourdi. On ne peut pas laisser faire ça !

— Si vous êtes d'accord, je prends rendez-vous avec l'Elysée. Nous protesterons avant qu'il ne soit trop tard.

Jacques Wahl, secrétaire général de l'Elysée, nous reçoit tout de suite. Notre détermination n'a fait qu'augmenter en chemin, il peut s'en apercevoir à notre façon d'aborder le sujet :

— C'est inadmissible. Il faut que les cent vingt mille maîtres de l'enseignement libre puissent bénéficier de la retraite, que tous méritent au même titre. Si le texte est adopté par le Conseil des ministres dans l'état actuel, nous soulevons une fronde parlementaire des groupes UDF et RPR.

Notre force de conviction renverse les obstacles. Le soir même Christian Beullac me téléphone pour m'annoncer que ses services ont revu le texte dans l'après-midi et que tout est en ordre.

Ce n'était pas moins qu'une lutte vieille d'un siècle qui prenait fin ce soir-là. Le décret corrigé effaçait une longue injustice. Je suis heureux d'y avoir contribué, mais je dois rendre hommage, dans cet ordre d'idées, à la femme admirable qu'est Nicole Fontaine. On imagine mal ce que l'enseignement libre lui doit depuis des années. Elle en est véritablement la chance et les résultats obtenus proviennent en grande partie de ses qualités, de son courage et de son inlassable dévouement.

Il est arrivé que la hiérarchie ecclésiastique, que la seule idée de pouvoir être classée à droite fait tomber en syncope, ait blâmé Nicole Fontaine pour certaines de ses initiatives. Rien n'est plus navrant. Au cours d'un voyage au Vatican, j'eus l'occasion de me rendre compte que là-bas, on ne s'embarrassait pas de préjugés inutiles et que l'action de Nicole Fontaine était unanimement appréciée.

Je pus reprendre l'avion pour retrouver les santons de Provence que Noël faisait sortir des boîtes. En plein hiver, comme en d'autres saisons d'ailleurs, au bout de trois jours de ciel gris, je suis toujours impatient de rentrer à Marseille.

## Chapitre 13

### « *Si tout se passe bien, vous serez ministre* »

L'année 1979 ne s'était pas mal terminée. Elle avait été marquée par deux élections. Aux cantonales, nous renforçâmes notre implantation à Marseille, puisque Hyacinthe Santoni fut élu dans le 2e canton tandis que mon ami Roland Blum l'emportait à l'arraché dans le 6e. L'UDF progressait nettement sur les législatives de 1978, ce que devait encore confirmer le score de notre liste aux européennes, où Simone Veil distança les socialistes de plusieurs points.

En 1980, pas d'événements politiques majeurs. Plus que jamais absorbé par ma tâche de député, je ne voyais guère le temps passer entre Marseille, Paris, l'Assemblée, les permanences, les rendez-vous, les inaugurations, les innombrables problèmes à résoudre.

Le calme qui précède les grandes secousses domina la fin de l'année et le début de la suivante. On savait les élections prochaines mais personne ne s'y préparait vraiment. Une farce saugrenue et de mauvais goût fut jouée devant une opinion nonchalante et frivole : Coluche allait se présenter. On s'en amusa quelques semaines, mais non comme d'une bonne blague, pas tout à fait, enfin !, en faisant semblant de croire que la chose était possible. Certains paraissaient même y croire. Cet intermède pourrait être étudié comme un signe de craquement prochain, un fantasme annonciateur, une de ces plaisanteries qu'on lance avant de commettre une folie.

Une manchette du *Point* me frappa par son incongruité :

« Giscard peut-il être battu ? » Comme la grande majorité des Français, j'excluais à l'époque une telle hypothèse. Aujourd'hui, il paraît que tout le monde avait prévu ce qui effectivement se passa. Comme les élèves qui réussissent à reconstituer vaille que vaille le raisonnement d'un problème quand un petit camarade leur a soufflé le résultat.

Battu, mais par qui ? Le socialisme semblait à son plus faible étiage. Le congrès de Metz, en 1979, avait mis au grand jour la division des socialistes, qui avaient réuni une incertaine majorité sur le nom de Mitterrand, quand tous les sondages attestaient que leur électorat souhaitait voir Rocard promu.

Plus : le socialisme lui-même, en tant que mouvement intrinsèque de l'histoire contemporaine, paraissait en déclin. Jamais ses idées, exposées dans *Le Projet socialiste,* que rédigea Jean-Pierre Chevènement, n'avaient paru plus inadaptées à la situation. Cette pesanteur étatique, ces solutions d'un autre âge, essayées partout et ayant partout échoué, qui aurait pu imaginer qu'elles convaincraient quelqu'un ? En voyant les socialistes étaler leur vieille quincaillerie, comme je me sentais du côté du progrès et de l'avenir !

Il est difficile de se remémorer cette période de latence : la mémoire humaine a naturellement tendance à garder les événements marquants plus que les périodes où il ne se passe rien.

Il commença à se passer quelque chose dans le courant de février 1981. La campagne s'ouvrait enfin. Je fus sollicité pour figurer dans le « staff » de la rue de Marignan, le PC électoral de Giscard. J'y retrouvai Monique Pelletier, Jean-François Deniau, Jean-Philippe Lecat et Philippe Pontet, avec la vague tâche de coordinateur.

Tant de mal a été dit de cette équipe par la suite que je serais presque tenté — au moins par goût du paradoxe — d'en dire du bien. A parler franchement, je ne connaissais personne intimement. J'appréciais l'action de Monique Pelletier. Un jour, elle avait eu le geste d'accorder à ma suppléante, Elisabeth Joannon, la seule rosette de la Légion d'honneur dont son ministère pouvait disposer en 1980. Cela avait été pour Elisabeth et moi-même l'occasion d'une remise très émouvante, qui sanctionnait des lustres de dévouement.

Quant à Philippe Pontet, jeune énarque plus giscardien que nature, j'avais noué de bonnes relations amicales avec lui lorsqu'il dirigeait le cabinet de Norbert Segard, aux PTT. Il m'avait aidé à répondre au vœu des habitants du quartier de Pointe-Rouge qui attendaient depuis quinze ans un bureau de poste. Pour ce qui est de Jean-François Deniau et Jean-Philippe Lecat, je leur témoignais estime et admiration, mais j'avoue que le rassemblement, en un tel lieu, à un tel moment, de tous ces hiérarques commençait à me faire craindre une illustration du principe de Peter à une très grande échelle.

Assez vite je décidai de briser là, et de retourner à Marseille, dont je n'aurais d'ailleurs même pas dû m'éloigner plus d'un jour. Je ne comprenais pas, et je n'ai toujours pas compris, pourquoi le président n'avait pas fait appel aussi à sa bonne vieille garde, aux capacités éprouvées et à la fidélité sans faille. Une campagne électorale doit se faire dans le bouillonnement et la passion, avec un ordonnateur qui sait où il va et n'hésite pas à taper du poing sur la table. A Marignan, il n'y avait pas de passion, pas de bouillonnement et pas d'ordonnateur. Puis au cours de la campagne, quelque chose se brisa dans la dynamique qui avait fait nos succès de 1974 et 1978.

A Marseille même, la dynamique avait du mal à prendre. Pourtant le mouvement giscardien chez nous n'a rien à voir avec l'image — souvent caricaturale — que les commentateurs en ont longtemps donnée. Ce n'est pas le style « châteaux et tailleurs Chanel » pour reprendre l'expression de mon ami Alain Madelin. Les châteaux et les tailleurs Chanel sont plutôt du côté des socialistes. Nous, nous sommes une force populaire. Je regrette que cela n'ait pas été plus souvent étudié. Pendant les sept années de la présidence de Valéry Giscard d'Estaing, la base militante s'est entièrement renouvelée et, sans doute également, l'électorat.

La campagne à Marseille devait m'en fournir l'illustration.

Depuis longtemps j'ai coutume de faire de nombreuses réunions à domicile. Je ne pouvais manquer à la règle. Mais très vite, cela devint un cauchemar. Sans doute parce qu'ils considéraient que Giscard avait déjà gagné, la plupart de nos électeurs « naturels » en profitaient pour manifester leur mauvaise humeur. Tout ce qui les avait déçus dans le septennat faisait l'objet de récriminations infinies. Les trois quarts du temps, le président pas plus que son gouvernement, ne prêtaient le flanc aux reproches qu'on leur faisait. Mais le Français est ainsi fait, qu'il lui faut une cause identifiable à tous ses maux. L'Etat et ses représentants en font office mais, phénomène remarquable, en même temps il attend tout d'eux. Dans ces conditions, les rapports ne peuvent être que tendus...

Je finis par être lassé par les jérémiades des gens qui oubliaient le progrès social accompli malgré la crise la plus grave que nous ayons connue depuis les années 30 ; qui négligeaient ce fait incontestable d'un pays maintenu hors de la tourmente et gardant contre vents et marées son rang dans le monde, et je résolus de ne plus tenir de réunions que dans les HLM. Là, l'action de Giscard était mieux perçue, mieux admise. Les ouvriers, surtout ceux qui travaillent dans de petites entreprises, savent mieux que les salariés protégés qu'il ne peut y avoir de miracle en économie. Un carnet de commandes ne se remplit pas tout seul, la paie de fin de mois n'apparaît pas comme par enchantement ; pour ouvrir le bureau d'embauche, il faut qu'il y ait du travail.

La technocratie aseptise les réalités quotidiennes, mais elle tue la compréhension qu'on en a.

Ces réunions en HLM m'aidaient à faire un meilleur bilan de l'action du gouvernement et des bénéfices que certains avaient pu en retirer. Je connais la peine des hommes et la difficulté de certaines conditions de vie. Avec nous, la situation s'était améliorée et non seulement celle des personnes âgées ; je puisais dans ces constatations le réconfort que ne me donnait pas la campagne nationale elle-même.

Etrennant la noria des visites ministérielles, Monique Pelletier vint chez nous, parla bien, répéta quelques vérités essentielles, mais nous prévint amicalement :

— N'attendez pas la moindre aide financière de Paris.

Et pourtant, nous avions ouvert une permanence spéciale rue Borde; jusqu'à fin mars, nous n'y vîmes que les fidèles. Une grande impression de solitude nous envahissait.

Cette déréliction ne laissait pas d'être inquiétante. Quoi! En 1974, alors que surpris par le décès de Georges Pompidou, nous avions dû improviser une campagne de bouts de ficelle, il avait été possible de faire lever une pâte extraordinaire, et maintenant, pour un événement prévu de longue date, survenant à son heure sans surprise, nantis d'un bilan que nous trouvions très positif, nous étions incapables de provoquer ce frisson qui parcourt un pays et fait une élection ?

Pour me rassurer, je regardais les socialistes. Je me souviens d'avoir croisé des militants blanchis sous le harnais et qui montraient une face de carême. La vérité est que, jusqu'au soir du 26 avril, la plupart étaient persuadés de mordre la poussière une fois encore. Fatalité du destin de la gauche : ce ne sera pas encore pour ce tour-ci, songeaient-ils. C'est d'ailleurs le seul côté tant soit peu sympathique que je trouverai, le moment venu, dans la victoire de François Mitterrand : tous ces membres du PS rencontrés à Marseille ou dans les couloirs de l'Assemblée, qui se battaient tout en pensant perdre.

Nous, nous pensions gagner mais nous ne trouvions pas avec qui nous battre : les électeurs indifférents paraissaient attendre le jour du scrutin comme une formalité. Cela ressemblait à la « drôle de guerre », débilitante pour les combattants et peu propice au succès.

Rue Borde, ce fut une explosion d'enthousiasme lorsque Valéry Giscard d'Estaing annonça sa venue pour le 15 avril.

— Il faut que cette manifestation soit un triomphe, dis-je. C'est le moment ou jamais de démarrer.

Avec Roland Blum et sous la houlette d'Hubert Bassot, grand maître des cérémonies, je me chargeai de l'organisation.

Nous ne pouvions pas être moins de dix mille personnes et par conséquent il nous fallait une salle plus grande que notre célèbre salle Vallier, plus grande que le palais des Congrès. Ce fut le hall de la foire de Marseille.

Hubert Bassot, son éternel Davidoff rivé aux lèvres, était présent dès 9 heures, entouré de ses spécialistes et du pittoresque Jojo Fanny.

Giscard devait d'abord aller à Manosque, chez Jean Cabanne, qui réussit l'exploit d'être réélu maire en dépit de deux invalidations successives, puis à Aix-en-Provence où il présidait un dîner républicain.

En compagnie du sénateur Jean Francou, je l'attendais donc sur l'aire d'atterrissage de Montfuron, derrière la foire de Marseille. Il arriva, et je fus surpris de son air fatigué, ou, plus exactement, las, qu'il dissimulait, selon son habitude, derrière beaucoup de cordialité et de charme, de ses traits tirés.

Dans la voiture, je commençai à lui parler de ce que nous avions fait à Marseille. Je le fis avec vivacité, un peu comme si je présentais ma défense. J'avais des raisons à cela. Je savais que certains membres de son entourage s'étaient permis de critiquer notre action. En vertu de quoi ? Je l'ignore. Il est de fait que, devant la carence de l'état-major parisien, nous avions dû prendre les choses en main. J'avais fait imprimer des affiches spéciales, demandé des tracts à des entreprises locales, sollicité des argumentaires auprès de nos amis de la Région. Ce que Paris semblait mettre tant de temps à faire, et avec de si piètres résultats, nous le fîmes en un tournemain, et il me semblait que ceux qui nous dénigraient auraient mieux fait de prendre exemple sur nous.

Je le dis spontanément au président : « Vous savez, nous avons peut-être commis des erreurs, mais ce que nous avons fait c'est pour vous, pour vous aider. » Il parut surpris et répondit : « Mais voyons, je n'en ai jamais douté, je sais très bien que votre action est exemplaire. » Avec le recul je comprends que certains avaient encore abusé de leur situation et, en fait, ne parlaient que pour eux-mêmes. Ce qui, au demeurant, était encore trop.

Une foule océane avait envahi jusqu'au moindre recoin du hall de la foire. La plus basse estimation nous donna quinze mille personnes. C'en était affolant et grisant. Avant même de pénétrer dans la salle, nous respirions cette atmosphère si propre aux grands meetings et qui électrise l'atmosphère par l'exaltation, jusqu'à la démesure, du plus placide des spectateurs.

Juste avant de se jeter au milieu de ce délire, Giscard me retint par le bras : « Gaudin, si tout se passe bien le 10 mai, vous serez au Gouvernement. Je vais prononcer quelques phrases que tout le monde comprendra. » Je le regardai comme s'il m'avait parlé au travers d'un hublot. Je n'étais guère en état d'apprécier cette mesure qui, pourtant, ne serait pas sans conséquence sur mon destin. L'agitation extrême du moment m'empêchait de bien m'en pénétrer. Je bredouillai « oui, monsieur le Président » et il monta à la tribune.

Une immense clameur l'accueillit.

Que dis-je ? Ce fut une sorte d'explosion frénétique, qui se concentra en un long cri tumultueux. En une seconde, toutes les déceptions, toutes les rancœurs, tous les mécontentements s'effacèrent. Pour ma part, je refoulai mes craintes sur l'issue des élections. Perdre ? Nous ? Allons donc ! Il suffisait de voir cette ivresse sur tous les visages pour comprendre que rien, jamais, ne nous terrasserait. Giscard prit place à la tribune et commencèrent les discours.

Le professeur Henri Gastaut, neurologue de renommée mondiale, président de notre comité de soutien à V.G.E., prononça une courte allocution, forte et bien sentie. J'appréciais que la structure du comité de soutien ait pu nous rapprocher d'un homme comme lui, qui n'avait pas toujours partagé nos combats mais qui sut rester fidèle dans l'épreuve. Le vrai ami n'est-il pas celui qui entre quand les autres sortent ? Avec Henri Gastaut nous en avions découvert un.

Je montai moi-même dire quelques mots. Je me souviens d'avoir terminé en visant les socialistes, et surtout le premier d'entre eux : « A ceux qui disent sept ans, ça suffit, je dis : et trente ans, vous croyez que cela ne suffit pas ? » La salle explosa. Giscard pouvait commencer.

Il parla. A peine avait-il terminé ses remerciements qu'il fut interrompu par Richard Martin, un animateur culturel qui, attaché avec des menottes à un pylône de télévision, hurlait des protestations contre l'insuffisance des crédits destinés à son théâtre. Le pauvre ! Je ne sache pas que l'actuel gouvernement ait été beaucoup plus généreux. Le trublion fut expulsé par le service d'ordre d'Hubert Bassot. Giscard domina parfaitement l'incident. Il poursuivit et parla de l'entreprise, du petit commerce, des rapatriés entre autres. Ce qui me frappe, rétrospectivement, c'est qu'il réussissait à provoquer l'enthousiasme en promettant très peu de choses. Contrairement aux prestidigitateurs qui sillonnaient la France, il se contentait d'énoncer ce qu'il était possible de réaliser. Ne pas mentir, ne pas forcer sur ce que l'on sait ne pas pouvoir tenir, c'est une grande leçon de démocratie qui, si elle avait été comprise, nous aurait épargné bien des tracas. Malheureusement, un peu plus d'un million de Français — ceux qui firent la différence au soir du second tour — ne la saisirent pas. Je ne leur en fais pas grief, car je crois qu'ils ont été cruellement punis.

Puis Giscard dit : « Marseille, deuxième ville de France, Marseille, trop absente de notre vie nationale, est-ce qu'il n'y a pas à Marseille des hommes, des femmes, des responsables que nous pourrions voir participer plus largement à la vie de notre pays ? A cet égard je vous indique que j'ai l'intention, dans un des premiers gouvernements du septennat nouveau, de voir y figurer un représentant de Marseille. »

J'en ressentis quelque fierté car c'était la consécration du travail acharné de toute mon équipe depuis des années, au service de la liberté et du progrès.

La réunion s'acheva dans le paroxysme d'enthousiasme que laissait présager son commencement et nous pûmes considérer qu'elle avait été la plus réussie de toute la campagne.

Je raccompagnai Giscard à l'hélicoptère qui devait le mener à Marignane pour qu'il regagne Paris le soir même. Pierre Bernard-Raymond, Jean Francou et Paul Dijoud — sitôt l'appareil envolé — me félicitèrent, tant pour la tenue de la réunion que pour la promesse présidentielle. Je les en remerciai, mais je ne me payais pas trop d'illusions. Etre ministre n'est pas une fin en soi. Ce qui m'intéressait, en revanche, était l'idée de rééquilibrer le pouvoir pour que Marseille ne soit plus une parente pauvre. La deuxième ville de France mérite autre chose qu'un strapontin.

Pendant les jours qui suivirent je pus observer certains comportements. Quelques-uns n'avaient pas compris la réflexion de Giscard et croyaient qu'il avait pressenti Charles Debbasch, voire Henri Gastaut. D'autres me traitaient en futur ministre, avec la considération qui s'attache toujours à cette fonction, fût-elle, en l'espèce, *in partibus.*

Je n'eus guère le temps de m'interroger sur ces avatars. Moins d'un mois après, le « ministrable » n'était plus guère que le député d'un courant politique en pleine débâcle, se battant désespérément pour sauver un siège que la plupart des analystes considéraient comme perdu.

Les auteurs du XVIIIe siècle français ont passablement philosophé sur ces retournements de situation, sur ces « coups du sort » qui font, du jour au lendemain, d'un prince un mendiant, ou le contraire. On ne les lit plus, me dit-on. C'est dommage : ils aidaient à supporter des situations cruelles en montrant sagement que si rien n'est jamais acquis, pour autant rien n'est jamais perdu.

## Chapitre 14

### *La défaite de Marignan*

J'avais de nouveau confiance. Les ovations du 15 avril chantaient à mes oreilles tandis que je redressais avec entrain une campagne qui s'était assoupie mais qui enfin reprenait vigueur. Rue Borde, maintenant, on voyait du monde, un courant s'instaurait, les tièdes d'hier se manifestaient, proposaient leurs services. Nous n'eûmes aucun mal à trouver les mille cinq cents personnes que requiert la surveillance des cinq cents bureaux de vote marseillais.

C'est répéter une chose dont tout le monde est aujourd'hui convaincu que de dire que la fraude règne en maître dans notre chère cité. Diverses « affaires » jalonnant l'histoire des consultations électorales en font foi. J'ai toujours regretté que nos ministres de l'Intérieur successifs ne se soient pas penchés sur ce problème, qui révèle une grave entorse à la démocratie. A Marseille, comme dans de nombreuses villes tenues par des socialistes et des communistes, il faut plus de 50 % des voix réelles pour être élu contre les candidats agréables à la mairie. C'est un problème que je soumets volontiers aux étudiants de science politique : comment se fait-il que les « habitants » de quartiers rasés depuis longtemps « votent » toujours à gauche et qu'il en soit de même des électeurs défunts ou des étrangers à la ville ayant l'idée saugrenue de coller leur carte de visite sur une boîte aux lettres marseillaise pour profiter des urnes que nous tenons ici ?

Nos mille cinq cents scrutateurs ouvrirent grands leurs

yeux, limitèrent au maximum les fraudes et pourtant, au soir du premier tour, le 26 avril, notre sourire était proche de la grimace.

Certes, à Marseille, Giscard devançait de près de 5 000 voix François Mitterrand et talonnait Georges Marchais de 498 voix. Mais sur l'ensemble du pays, le score de notre candidat ne répondait pas à nos espérances.

Seule satisfaction certaine, le recul général du parti communiste était sensible par rapport aux consultations précédentes. Toutefois, il semblait clair que Giscard ne retrouverait pas le 10 mai à Marseille son chiffre de 1974.

Chirac n'arrivait même pas à 15 %. Quelle que soit la qualité du report au second tour, la gauche resterait majoritaire à Marseille. Voilà pour la grimace.

Et pour le sourire ? Eh bien, Marseille n'est pas la France. En me fondant sur les « données corrigées », si je puis m'exprimer ainsi, je ne m'inquiétais pas démesurément du résultat final. Mais je me disais : « Ce sera ric rac. »

Bien sûr, nous savions que les reports seraient difficiles dans notre camp. Et puis les écologistes, appelés à faire la différence, auraient du mal à se rassembler sur Giscard. Il y avait aussi les sondages, systématiquement favorables à Mitterrand. Qu'est-ce que cela veut dire, les sondages ? En 1978 aussi, ils donnaient la gauche gagnante, elle avait perdu ! Et en 1974, la victoire n'avait-elle pas tenu à bien peu de choses ?

En politique, existe une différence entre ce que l'on sait et ce que l'on veut croire. Cette marge étroite est occupée par la foi, lorsque certains socialistes croyaient, quelques mois plus tôt, leur victoire possible, cela ne relevait pas d'une analyse meilleure que la nôtre, cela relevait de la foi.

Nous avions la foi et il est heureux qu'il en aille ainsi en politique ; sinon, on pourrait supprimer les élections et confier le pouvoir à quelques technocrates de bon aloi.

Quinzaine agitée, fiévreuse, éprouvante. Dernières estocades. Il y eut le rassemblement de la Porte de Pantin, qui voulait être le coup de talon permettant au noyé de remonter à la surface et qui fut la dernière manifestation d'un septennat qu'on ne renouvellerait pas.

Ce fut pourtant un grand moment. A Marseille nous avions encore trouvé le moyen de bourrer deux trains pour Paris. Mais au prix de quels efforts ! Nous avions distribué deux cent mille tracts, collé des milliers d'affiches, fait du porte-à-porte. Le ciel d'orage servant de toile de fond au placard était décidément bien prophétique.

Pourtant cette réunion rassembla certainement plus de cent mille personnes. Je me souviens de ces interminables files de cars déversant leurs passagers dans l'immense hall couvert où, une fois de plus, Hubert Bassot avait réalisé un miracle d'organisation.

Toute l'assistance attendait un signe de Jacques Chirac, qui ne vint pas. Tout était dit. En dépit de la chaleur des comportements personnels, je quittai Pantin très affecté. La menace devenait précise.

Je veux aller au bout de cette évocation, bien qu'elle soit douloureuse car il y a là beaucoup plus, évidemment, qu'une péripétie électorale. Les enfants de demain devront pouvoir apprendre comment l'étouffoir socialiste s'est abattu sur la France. Le débat télévisé avait fait renaître l'espoir chez beaucoup de giscardiens. Je n'étais pas de ceux-là. L'histoire, je pense, ne repasse pas deux fois les plats. Le soir du face à face, la France avait déjà l'esprit ailleurs. Il n'est pire sourd que celui qui ne veut pas entendre. Sensibiliser les citoyens aux dangers du socialisme ? Giscard pouvait apporter à ses développements tout le talent qui est le sien ; nous l'avions vu nous-mêmes : de tels arguments glissaient comme la pluie sur la vitre. Nous pouvions lire des passages entiers du Projet socialiste aux incrédules, ils étaient déjà sous le charme de la Gorgone. A la fin de l'émission, Giscard avait gagné aux points, mais il n'avait pas terrassé son adversaire. C'était presque fini.

Vendredi 8 mai. Deux jours encore pour savoir. René Monory, ministre de l'Economie, vient tenir une ultime réunion dans notre département. Le préfet nous convie à déjeuner.

L'atmosphère n'est pas à la joie débordante, nous gardons pourtant une bonne contenance. Nous sommes encore dans le salon quand on vient dire à René Monory qu'un de ses collaborateurs l'appelle au téléphone. Il prend la communication dans la salle à manger. La distance n'est pas grande, ni la conversation si animée qu'elle couvre la voix du ministre. Nous entendons, malgré nous, distinctement.

Et, après un long échange de propos, nous parvient cette phrase qui tombe comme un couperet :

— Faites enlever du ministère mes dossiers qui concernent la Vienne (le département dont il est l'élu) et commencez à brûler les archives.

Lorsqu'il revient, je lui demande la cause de ce pessimisme extrême.

— Tout concorde, me répond-il, Giscard ne peut plus gagner.

J'ai un peu de mal à avaler mon déjeuner. Je me promets de ne rien dire, même à mes plus proches collaborateurs, pour ne pas les démobiliser. Mais il ne reste plus qu'un miracle à attendre.

Je commence à envisager sérieusement ce que signifierait une défaite de Valéry Giscard d'Estaing. Nous avons tout fondé sur sa victoire. Quant à ce que deviendra la France en régime socialiste, il me suffit d'en évoquer la possibilité pour me mettre à frissonner.

10 mai. Journée interminable, comme toutes celles qui lui ressemblent. C'est une journée grise, même sur Marseille. La veille, un coup de téléphone avec la rue de Marignan m'a fait croire que Giscard remontait dans les ultimes intentions de vote. Lorsqu'il y a une telle mobilisation des deux blocs et que la victoire se situe si près de la marge, qui peut connaître de science certaine les derniers flottements agitant le pays en train de basculer ?

Mais le miracle ne vint pas.

A 18 h 30, M^lle^ Dominique Pinet, qui fut ma secrétaire au PR et qui se trouve en ce moment rue de Marignan, m'appelle :

— C'est 52-48 en faveur de Mitterrand !

Il n'y a rien à ajouter.

Je revis avec une intense émotion les minutes qui suivirent. Un monde s'écroulait. Notre monde. J'étais entré en politique presque en même temps que se fondait la

V$^{e}$ République. Comment imaginer que cette institution, si puissante et si admirée, ait pu devenir la proie d'un homme et d'un parti qui l'avaient tant combattue ? En 1965, j'avais fait campagne contre Mitterrand. En 1974 aussi. En 1981 encore. Et il aurait fini par gagner ? Pouvait-on imaginer une chose aussi incroyable ? Il le fallait pourtant, et cela m'assommait.

Il faut aussi comprendre ce que cela représentait pour nous, Marseillais. Le socialisme domine ici tous les rouages, mais nous avions la compensation du pouvoir national. Celui-ci ne nous a jamais semblé un contrepoids trop considérable. Tout au contraire. Il rétablissait à peine l'équilibre de la balance. A présent, si les socialistes avaient tout, nous allions être brisés. Car je savais combien Gaston Defferre et tant des siens avaient mal supporté de rester 23 ans dans l'opposition. Je n'attendais nulle magnanimité de leur part.

A cet instant, je pensais moins à Marseille qu'à la France tout entière. Le socialisme, je n'ai cessé d'être son adversaire, mais j'ai toujours cherché à le comprendre, à discerner ses mécanismes profonds. J'ignorais à quel point les mois à venir justifieraient mes pires craintes, mais je savais déjà que, passée l'euphorie, un carcan idéologique allait enserrer notre pays, que l'étatisme, le dirigisme, la technocratie masquée sous une fausse générosité allaient envahir notre vie quotidienne.

En 1978, dans son discours de Verdun-sur-le-Doubs, Giscard avait adjuré la France de « ne pas lâcher prise ». Ce qu'elle avait su entendre en 1978 n'était peut-être plus de mise trois ans après, hélas ! Je ressentis l'image d'un pays qui perd pied et qui régresse. A ce moment, je l'avoue, j'ai craint qu'il ne fallût beaucoup d'années — si tant est que ce fût jamais possible — pour la remettre sur le chemin du progrès. J'ai profondément douté, pendant quelques jours, de son destin.

Atterré, j'ai raccroché le téléphone. C'est alors que je découvre qu'au bout du fil, les paroles de Dominique Pinet se détachaient sur du silence. Rue de Marignan, la mal nommée. Ne composez plus le 1515 ! Pas ce soir en tout cas.

Je vais fermer la porte du bureau, j'annonce aux quelques collaborateurs présents la terrible nouvelle. Nous n'avons pas le courage d'en faire part à tous nos amis, qui viennent peu après attendre les résultats. Nous préférons patienter jusqu'à la confirmation de vingt heures.

Alors ce sont des scènes de désespoir. Je sais que ce mot fera sourire certains, ceux qui n'ont de la politique qu'une vision abstraite. C'est pourtant le mot exact. L'explosion de joie socialiste, l'état de grâce qui a suivi le 10 mai ont masqué la détresse, plus ou moins bien contenue, de plus de quatorze millions de Français. Comme le dira Giscard dans son discours d'adieu : « Je sais que pour beaucoup, ce jour marque le terme de grandes espérances. » Le soir du 10 mai fut une terrible blessure, même pour ceux qui s'étaient difficilement résolus à voter Giscard. Quant à ceux qui l'avaient soutenu jusqu'au bout, ils n'ont guère cherché à maîtriser leur émotion. Personne ne s'en est rendu compte, voilà tout. Plus tard j'aurai l'occasion de lire certaines des lettres qui, par milliers, arrivèrent chez Giscard. Elles provenaient de tous les milieux sociaux. Je serai frappé d'y trouver sans cesse cette phrase, comme un refrain : « Ce soir-là, j'ai pleuré. »

Rue Borde arrivent nos amis libérés des bureaux de vote. Des Marseillais que nous n'avions jamais vus se présentent en nombre, dans l'espoir de recueillir une information, de comprendre ce qui s'est passé. La vue de ces visages défaits est pathétique. Plusieurs militantes, effondrées, sanglotent. Je ne sais que dire, éperdu moi-même, je cherche des mots de réconfort qui ne convainquent, je dois bien le reconnaître, personne.

Je me résous à prendre la parole pour apaiser ces centaines de gens ; des mots très simples :

— Mes chers amis, une seule chose est sûre pour notre avenir immédiat : il y aura des élections législatives. C'est un des rares points sur lesquels François Mitterrand a été très clair. Souvenez-vous ce soir qu'en ce monde et surtout en matière politique, rien n'est jamais fini. Nous allons avoir d'autres combats à mener et nous les mènerons courageusement.

Que dire d'autre ? Tard dans la soirée, je me rends au ***Méridional.*** Le diagnostic de mes amis journalistes est net : Giscard a perdu à cause de la désunion de la majorité. Pour éviter un désastre, il leur semble que l'UDF et le RPR doivent impérativement recoller les morceaux.

C'est aussi mon avis. Deux ans plus tard, je persiste à croire que l'union est notre seule voie.

# Chapitre 15

## *Le temps des mystificateurs*

Il y a une manière très française d'accrocher une idée ou un événement à une date sans millésime. L'année semble avoir été balayée pour indiquer la portée intemporelle de cet événement ; très rares sont les gens qui la mentionnent : « le 6 juin » (1958 ?), « le 13 mai » (1968 ?), « le coup du 16 mai », « la nuit du 4 août », « le 4 septembre », « le 2 décembre » (1804, 1805 ou 1851 ?).

Le « 10 mai » a pris rang, à mon corps défendant, parmi ces dates magiques pleines de sous-entendus. Sans doute, la seule vue des socialistes empiégés dans les rets d'un pouvoir qu'ils ont d'autant plus désiré qu'ils étaient incapables de l'assumer, rend chaque jour dérisoire leur prétention de faire commencer l'histoire de France au 10 mai 1981. Il n'empêche que ce dimanche ne fut pas un dimanche comme les autres et que, de quelque manière qu'il se rattrape, le pays en gardera la marque.

J'ai beaucoup pensé aux causes de notre défaite. Je crois avoir lu sur ce sujet l'essentiel de ce qui a été publié jusqu'à présent, et qui me satisfait d'ailleurs rarement. Je me méfie de ces grandes explications définitives qui se bardent de scientificité pour mieux nous vendre des idées que trois mots de conversation au café du coin nous auraient permis de trouver plus simplement, et plus clairement.

Il y a eu les querelles au sein de la majorité, c'est vrai, mais si c'était là l'unique raison, il faudrait que l'on m'explique pourquoi des haines infiniment plus féroces dans les chefferies de gauche sont devenues un atout pour François Mitterrand.

Il y a la crise économique. Incontestable. Il est de fait que, depuis 1974, la plupart des gouvernements européens ont connu les affres de la défaite. Mais la liaison n'est pas simple. D'abord il faudrait se demander pourquoi le phénomène s'est produit en 1981 plutôt qu'en 1978. Surtout, il faudrait savoir pourquoi et comment le socialisme a réussi à paraître non seulement un rempart contre la crise mais encore un moyen d'en sortir...

On a évoqué la politique de Giscard cherchant à gagner des voix au centre-gauche et sacrifiant pour cela, sans les gagner, son électorat classique. J'ai rencontré assez de ces gens qui sont restés bloqués jusqu'au bout dans leur refus de voter pour Giscard. Mais, là aussi, on confond la cause et le résultat. Ce qui me semble important, c'est de savoir pourquoi ces gens ont pu arriver à voter Mitterrand, contre leur intérêt le plus évident.

Je crois que si, comme Giscard en évoquait la possibilité de façon prémonitoire une semaine avant le 10 mai, « la majorité s'est battue elle-même », il reste à dire ce qui a rendu un tel événement — sur lequel (presque) personne n'aurait misé un liard six mois auparavant — possible.

A mon avis, la raison est beaucoup plus psychologique qu'économique : le socialisme avait su se rendre attrayant ou, du moins, détruire les mauvaises opinions que l'on avait de lui. On le vit bien, du reste, dans les événements qui suivirent l'élection même de François Mitterrand. On pourrait admettre que, avec un environnement moins défavorable, des partenaires dans la majorité jouant à fond la discipline républicaine, une meilleure campagne électorale et quelques autres ingrédients, le rapport de force se fût inversé et que, une fois encore, Giscard eût franchi l'obstacle. En ce sens, le 10 mai n'était pas inéluctable, n'était pas inscrit dans l'Histoire de toute éternité ; il peut donc être considéré comme un accident.

En revanche, ce qui a suivi montre que les Français n'avaient plus peur du socialisme, que cette doctrine, déraisonnable entre toutes ne leur inspirait plus de répulsion, leur devenait acceptable. En effet, si le 10 mai n'avait correspondu qu'à un accès de mauvaise humeur, il aurait dû y avoir un mouvement de panique, de reflux massif. On ne vit rien de tout cela, au contraire. Beaucoup de nos électeurs eux-mêmes, lorsqu'ils n'étaient pas activement engagés dans la vie militante, manifestèrent une bienveillante neutralité à l'égard du nouveau pouvoir.

Je vois à cela deux raisons. L'une tient au Parti socialiste lui-même. Pendant dix ans, ce parti s'est régénéré, a réussi à se « refaire » une santé et, plus invraisemblable que tout, à donner un contenu « positif » au mot « socialiste ». C'était un défi, dans la mesure où l'expression camouflait pas mal de crimes, beaucoup de misère, et d'innombrables échecs. Je dirai plus loin, traitant de ce qu'il faut désormais appeler l'échec historique du socialisme en France, ce que valait cette mystification mais, pour l'heure, nous n'étions qu'au soir du 10 mai. Le parti socialiste ramassait les fruits de sa pénétration méthodique dans la fonction publique, dans le clergé, dans le corps enseignant, dans le monde culturel, dans la vie associative. Il récoltait aussi les bénéfices des innombrables villes qui formaient son apanage de ses nombreux départements. Dans bien des domaines, le parti socialiste était au pouvoir bien avant le 10 mai.

J'ai déjà dit sommairement au fil de ce récit ce qu'il en était à Marseille. Mais il en allait de même dans la France entière, où les représentants du parti socialiste jouissaient d'une indulgence admirable. Pour eux l'intérêt était double, ils bénéficiaient de tous les avantages et criaient qui à la tyrannie, qui à la répression. Pendant ce temps, ce qu'ils disaient devenait, peu à peu, familier aux Français. On trouve chez Lewis Caroll un personnage qui affirme : « Ce que j'ai dit trois fois est vrai. » C'est une sorte de héros socialiste. Les socialistes allèrent répétant qu'ils feraient beaucoup mieux, que la crise disparaîtrait, que la vie serait plus facile, etc. Nous revivions la légende rhénane du joueur de flûte. Comme personne ne se donnait le mal de démontrer l'absurdité radicale de ces idées, une majorité de Français finit par y adhérer dans une sorte de gigantesque : « Après tout, pourquoi pas ? nous verrons bien... » Lorsque

Valéry Giscard d'Estaing, quelques jours seulement avant le second tour, prit à parti les téléspectateurs en leur lisant des passages du Projet Socialiste, il était trop tard. Les Français ne voulaient plus qu'on brise leur rêve. A partir de ce moment-là, seule l'expérience pouvait le faire.

Quand j'établis le compte de tous les éléments défavorables qui, avec plus ou moins de vigueur, nous ont conduits directement au 10 mai, je suis encore surpris qu'il se soit trouvé près de 15 millions de Français pour voter Giscard. La crise, la désunion de la majorité, l'usure du pouvoir, nos erreurs de comportement à l'égard des socialistes, les innombrables promesses démagogiques de François Mitterrand, tout cela — et bien d'autres choses encore — forme un faisceau qui aurait dû conduire à un rejet catégorique. Ce ne fut pas le cas. Les socialistes ont beaucoup épilogué sur le « sursaut » du peuple français qui l'aurait conduit à une adhésion massive au socialisme. C'est une erreur d'appréciation dont ils devaient rapidement se rendre compte.

La nuit était bien avancée quand je rentrai dans ma maison de Mazargues. C'est une fois seul que je commençai à penser aux conséquences de ce scrutin malheureux sur les prochaines législatives.

Paradoxalement, Giscard avait progressé sur Marseille-ville, passant de 44 % à 44,07 %. Dans ma circonscription, il ne perdait qu'un point, ce qui lui laissait 52 %. Ces deux points supérieurs à la barre fatidique ne m'assuraient nullement que je serais réélu ; ils m'indiquaient tout au plus que je ne serais pas obligatoirement battu.

Le lendemain, de bonne heure, j'étais à ma permanence. Les trois lignes téléphoniques furent bloquées sans interruption. Tous les appels traduisaient un seul vœu, un seul cri, un seul espoir : l'union. La défaite, nous savions à qui nous la devions. Mais il n'était plus question d'aller désunis et querelleurs devant les électeurs. Si nous voulions sauver ce qui pouvait l'être, notre chance se trouvait dans l'unité. Comme c'est encore le cas aujourd'hui.

Etait-ce une réaction propre à Marseille ? Aucunement :

le 12, à Paris, je constatai en rencontrant mes collègues députés que la volonté d'union était le cri unanime du pays. Les dés étaient jetés, nous irions à la bataille avec le RPR et d'ailleurs, je ne vois pas avec qui d'autre nous aurions pu y aller.

Le tout était de savoir comment. La réunion du groupe UDF, à laquelle j'étais venu participer, devait régler cette question. J'ai lu par la suite sur cette réunion bien des inepties : les députés UDF auraient « lâché Giscard », se seraient « précipités dans les bras du RPR », etc. La vérité est beaucoup plus simple.

La salle dans laquelle j'entrai me réservait une surprise : je ne m'étais jamais rendu compte que notre groupe parlementaire fût aussi nombreux. C'est que cette fois, personne ne manquait à l'appel. Le relatif silence aussi : l'atmosphère était, comme on le comprendra aisément, très tendue. Les parlementaires présents avaient tous fait leurs comptes ; il y a dans la science électorale une part importante de mathématiques. Dans certaines circonscriptions, François Mitterrand atteignait 60 %. De quoi entretenir de sérieux doutes sur les chances de réélection des députés qui s'y présenteraient.

Certains ministres, que l'autorité de la fonction qu'ils exerçaient encore pour quelques jours incitaient à parler plus haut que les autres, commentaient les événements. D'aucuns n'hésitaient pas à faire dès maintenant le procès de quelques erreurs commises pendant le septennat qui venait de s'achever, en des sens tout à fait différents puisqu'on entendait aussi bien : « Nous n'avons pas été assez à gauche » que « Nous n'avons pas été assez à droite »...

Il y en eut aussi, en nombre très réduit je dois dire, qui accusèrent le RPR de n'avoir pas « joué le jeu ». Le silence leur fut imposé assez rapidement, car l'urgence de la situation s'accommodait mal des déversements de fiel.

Certains députés comme Paul Granet ou Henri Colombier souhaitaient des primaires « à la loyale », c'est-à-dire avec l'obligation non seulement de signer un accord impératif de désistement envers le candidat arrivé en tête mais aussi, pendant la campagne, de n'attaquer que les adversaires socialistes ou communistes. C'était fort clair — et tout à fait admissible dans le principe — pourtant la majorité n'en voulut pas ainsi. Je faisais partie de cette majorité pour deux raisons simples. La première était que, devant le traumatisme que représentait un Président de la République socialiste, il fallait présenter un front uni qui éviterait de se perdre dans les problèmes insolubles de « positionnement », « d'électorat critique à conquérir » et autres soucis de cuisine électorale n'intéressant pas — très légitimement — un électeur sur cent. Il me semblait qu'un candidat unique marquait très nettement que nous ne nous battions que pour défendre l'essentiel. J'ai toujours été — je l'espère du moins — assez lucide pour me rendre compte que la plupart de nos électeurs ne font pas la plus petite différence entre l'UDF et le RPR et qu'il était donc vain, à un moment où le pays était confronté à un défi historique de première grandeur, de venir leur demander de « choisir » entre des étiquettes. Et puis, j'avais, en faveur de l'unité de candidature, une seconde raison. Elle me paraissait un symbole pour l'avenir. Au fond de moi, je n'avais pas beaucoup d'illusions : je savais que nous perdrions la majorité même si, je le reconnais volontiers, je ne pensais pas que l'inflation parlementaire socialiste serait aussi importante. Il fallait donc préparer l'avenir, oublier les querelles qui avaient pu nous diviser, et songer d'ores et déjà à ce que serait notre action dans l'opposition.

C'est ce vœu que nous avons transmis à notre président de groupe, Roger Chinaud, qui fut chargé d'être notre porte-parole et notre négociateur. Je dois dire qu'il s'acquitta admirablement de cette tâche ingrate, eu égard aux conditions du moment. J'en éprouve même quelques remords car je crains que le temps passé à nous défendre ne lui ait fait perdre la poignée de voix qui lui manqua pour être réélu dans le XVIII^e^ arrondissement de Paris. Il dut, en effet, commencer sa campagne avec un peu de retard. Retard qu'il n'a pas pu rattraper et qui lui a peut-être coûté cher.

Rassuré sur la position de mon parti à l'égard de nos

alliés, je repartis pour Marseille séance tenante. Je ne devais revenir qu'un jour, la semaine suivante, à Paris où, par précaution, j'avais fait vider mon bureau. Devant l'évidente incapacité des partis à nous assurer quelque support logistique que ce soit — je décidai d'une campagne 100 % marseillaise. Pendant un mois, Paris n'a plus existé dans mon esprit. D'abord nous avions perdu le soutien gouvernemental. Ensuite les partis qui formaient l'UDF étaient décapités. Les structures n'avaient jamais été très fortes, mais devant l'épreuve elles révélaient tragiquement leur faiblesse. Enfin la démoralisation y était évidente, quoique parfois masquée. Nous avancions comme un boxeur groggy. Au fond de nous, nous savions que nous avions raison, que le septennat écoulé n'avait pas été la période de régression que décrivaient stupidement les socialistes et les communistes. Nous savions qu'il fallait un contrepoids à l'Assemblée nationale car donner tous les pouvoirs à un parti qui se considère comme investi de la mission historique de « changer la société » ne pouvait déboucher que sur des catastrophes. Nous savions tout cela, mais il était très difficile de le faire passer. Quand je relis les documents que nous présentions aux électeurs, je n'en rougis pas, loin de là : nous avions à peu près tout prévu de ce qui allait se passer. Ce n'était pas très difficile, d'ailleurs : les socialistes avaient eu l'obligeance de tout écrire noir sur blanc. Il suffisait de lire, et de dire. C'est ce dernier point qui n'allait pas sans quelque difficulté. Les socialistes racontaient n'importe quoi et tout le monde les croyait. Je ne pense pas avoir connu de situation plus déprimante de toute ma vie.

De plus, comme un malheur n'arrive jamais seul, je n'étais pas plus tôt rentré à Marseille que j'apprenais la mort de mon vieil ami, Jean Fraissinet. J'ai dit tout ce qui me liait à lui. Son décès, à cet instant, outre la peine qu'il me causait, me parut un symbole. Nous étions vraiment tout seuls, mon équipe et moi-même, pour endiguer la vague déferlante du socialisme sur Marseille.

# Chapitre 16

## *Une réélection au finish*

Une élection ne ressemble jamais à une autre. L'hypothèse qui pesait sur celle-ci la rendait singulière entre toutes celles que j'avais connues. Une certaine gravité régnait dans notre équipe, comme quand on joue son va-tout.

Une bonne partie de la population me fit part, dès le début, de sa sympathie. Elle témoignait pour tout ce que j'avais accompli et je dois en toute modestie reconnaître que je n'avais pas honte de mon bilan. J'avais présenté ou signé 21 propositions de loi, posé 23 questions orales et 153 questions écrites, j'étais intervenu inlassablement lors des votes du budget en faveur de l'éducation, de l'environnement, de l'intérieur, de la jeunesse et des sports, des transports, de l'agriculture, de l'enseignement libre, des problèmes ponctuels concernant Marseille.

Les Marseillais n'oubliaient pas non plus les 15 000 interventions faites sur le plan local pour les aider à trouver du travail, un logement, résoudre leurs problèmes administratifs, les 147 dossiers que j'avais transmis au Médiateur, mes contacts réguliers avec les associations, les comités d'intérêt de quartiers. « Nos actes nous suivent », disait Henry Bordeaux ; me suivraient-ils assez loin ?

Nous nous étions repliés sur nos petits locaux du 229 de l'avenue du Prado. L'efficacité devait primer. Nous n'aurions pas de trop de toutes nos énergies, car il me fallait aussi aider les candidats de notre bord qui se battaient dans des conditions épouvantables, comme Bernard Jacquier à Aubagne pour ne citer que lui.

Puisque nous n'avions plus d'axe national de campagne, comme en 1978 où l'étiquette « Giscard » jouait beaucoup, le bon sens nous poussait à privilégier la personnalité du candidat et à marquer que nous étions unis dans ce que l'on n'appelait pas encore l'opposition. Ce n'était pas facile, dois-je le dire ? Car une des leçons que l'on peut tirer de l'évolution politique récente est, justement, que le candidat se trouve de plus en plus « porté » par son courant national. Le « notable » qui réussit à bloquer sur son nom une situation politique nationale qui lui est contraire existe de moins en moins. Cela peut encore s'imaginer pour les municipales, voire les cantonales, et encore, bien rarement. Cela n'existe plus pour les législatives.

Le parti socialiste, après quelques hésitations, décida de renouveler son investiture à mon adversaire malheureux de 1978, Charles Emile Loo. Certains estimèrent que le PS me faisait un beau cadeau, dans la mesure où l'image de Loo était dégradée dans l'opinion publique et qu'il présentait moins de risques qu'un candidat plus jeune, capable de mieux profiter de la « vague rose ». C'est possible. Pour ma part, je persiste à penser que, grâce à ses moyens financiers, à son implantation systématique, à son réseau municipal, il était mon rival le plus sérieux. Les chiffres ne permettent pas de trancher entre les deux hypothèses.

Mais l'axe de campagne qui était bon pour moi ne l'était pas pour lui. Tout au contraire de ce que je faisais, il avait intérêt à profiter de l'élan national qui permit à tant de socialistes, inconnus la veille, d'entrer au Parlement. On se souvient de ces affiches officielles, qui reprenaient le graphisme de la « force tranquille » et s'affirmaient « pour le changement » ou je ne sais quoi d'autre. Avec de semblables procédés, les socialistes marseillais allaient s'emparer de trois circonscriptions communistes jugées inexpugnables. Charles Emile Loo, en revanche, commit l'erreur fatale de trop personnaliser sa propre campagne.

Nuit et jour, les Jeunes giscardiens collaient mes affiches, réussissaient des acrobaties pour les mettre le plus possible hors de portée de l'adversaire, qui inlassablement s'acharnait sur elles, les souillait ou les arrachait. Le climat était détestable. Chaque jour charriait son lot de calomnies. Les socialistes, gorgés d'une victoire que le suffrage universel leur avait refusée pendant vingt-trois ans, vivaient dans un état de surexcitation et rivalisaient d'insolence.

Je me multipliais, j'étais au Roy d'Espagne, aux Goudes, à la Rouvière, à Notre-Dame du Mont, à Saint-Giniez, à La Panouse, au Rouet, au Redon... faisant face au déferlement des hordes socialistes, au découragement de mes électeurs, aux appels à l'aide de mes amis candidats qui manquaient de moyens. J'étais même en butte aux persécutions d'un fou qui m'envoyait des lettres anonymes, menaçant de tuer mon père si je maintenais ma candidature.

Qui plus est, si l'union UDF-RPR s'était bien réalisée sur mon nom, je n'étais pas le seul candidat contre mon challenger socialiste. Il y avait le communiste de service mais aussi un candidat d'extrême droite, un écologiste et, chose extraordinaire, un « jobertiste », mon ancien compétiteur RPR aux législatives de 1978, qui estimait avoir une revanche à prendre. Ce n'était certes pas le RPR qui l'avait jeté dans la bataille, mais une conception très personnelle de la fidélité politique.

En 1978, j'avais recueilli 53,7 % des voix ; Giscard, au soir du 10 mai, 52,7 % dans ma circonscription. Je rappelle ces chiffres pour la compréhension de ce qui va suivre. Les calculatrices fonctionnaient fort dans notre permanence. Les analyses de mes amis aboutissaient à la conclusion suivante :

— Si tu ne fais pas au moins 47 % au premier tour, c'est fichu.

Je fis 45,6 %.

Je devançais mon concurrent socialiste de près de 8 000 voix. Le communiste subissait un sérieux revers, chutant de 20 à 15 %. Le dissident RPR à casaque jobertiste, soutenu plus ou moins ouvertement par les socialistes, ne totalisait que 1 400 voix et l'écologiste était en chute par rapport à son chiffre de 1978.

Mais je n'avais pas mes 47 %, on me donnait pour battu à Paris et Gaston Defferre, oubliant le minimum de retenue qu'aurait dû lui imposer sa fonction de ministre de l'Intérieur, crut bon d'annoncer à la télévision ma défaite prévisible pour la semaine suivante.

Ils se trompaient tous. J'avais pour moi un paramètre auquel personne ne songeait : les abstentionnistes. Ils étaient très nombreux dans ma circonscription, où la participation atteignait à peine 65 % des inscrits. Or, ces abstentionnistes, je les connaissais. C'était tous ceux qui auraient bien voulu voter pour moi mais qui jugeaient inutile de se battre, pensant que tout était consommé, que les socialistes, de toutes les façons, l'emporteraient. Et puis il y avait ceux qui, plus ou moins consciemment, appliquaient la règle d'or de la Ve République : il faut une majorité présidentielle au président. Ces électeurs pouvaient fort bien avoir voté Giscard et déplorer l'élection de François Mitterrand ; il n'empêche, ils craignaient par-dessus tout la situation très difficile qu'aurait donné une assemblée opposée au Président. Il n'était pas crédible, en effet, que nous puissions nous entendre avec François Mitterrand, avec qui nous n'avions rien en commun. Nous ne le suggérions même pas. Or, comment imaginer le fonctionnement des institutions dans de telles conditions ? Quel programme aurait été appliqué ? Ces Français étaient las des consultations électorales, ils voulaient partir en vacances en paix, quel que soit le résultat, et ils rejoignaient ceux qui n'arrêtaient de nous répéter : « Laissez donc les socialistes faire leur expérience, nous verrons bien après. » S'il n'était guère possible de modifier l'état d'esprit de ces derniers, au moins, pouvions-nous essayer de convaincre les premiers et, peut-être, les seconds. C'est ce à quoi je m'employai pendant cette petite semaine qui me restait pour gagner.

Si nous réussissions une mobilisation intelligente, il ne me paraissait pas utopique de croire, quand même, à la victoire.

Jacques Blanc, déjà réélu, vint me soutenir. Ensemble, avec Hyacinthe Santoni et Joseph Comiti, nous avons arpenté les rues de nos circonscriptions. L'entente était totale. Dans la 1ere circonscription, Hyacinthe Santoni, qui avait obtenu près de 29 % des voix, pouvait compter sans difficulté sur les 23,46 % de mon ami Jean Roussel. Avec les

2 % supplémentaires d'un candidat « divers droite », il avait une marge plus que suffisante pour être élu. J'enviais un peu sa situation. D'autant plus que je n'ignorais pas que certains — me jugeant perdu — avaient déjà pris contact avec les instances du RPR pour établir un nouveau schéma de l'opposition à Marseille.

C'était aussi cela que signifiait mon éventuel échec : la remise en cause de 20 ans de travail, le retour à la case départ dans une ville où les socialistes seraient omniprésents et, pour le courant libéral que je représentais, la dislocation d'une équipe, la fin de notre espoir et de nos idées.

Dans le camp adverse, chez les socialistes, le déchaînement était à son comble. Enivré par la promesse d'une victoire contre moi, *le Provençal* — le quotidien defferriste — consacrait des pages entières à mon concurrent. Son PC électoral, installé dans un local officiel de la mairie, ne désemplissait pas.

Pour répondre à toutes ses attaques mes amis distribuaient des tracts à longueur de journée et se pendaient au téléphone afin de convaincre les indécis. Qui dira la somme de dévouement que représente une campagne ? Qui a pu dire « qu'il n'y avait de militantisme qu'à gauche » ? Il est très clair que certains se sont lancés dans le combat pour moi sans même réfléchir à ce que cela leur coûterait de temps et d'efforts. Une élection, c'est aussi cela, c'est ce temps privilégié où toutes les énergies sont tendues vers un but, où chacun se dépasse. C'est la vue de cette fièvre, ce sont ces innombrables témoignages de soutien, parfois les plus humbles que l'on puisse imaginer, qui me permirent de garder l'espoir.

L'épreuve finale commence le vendredi à minuit, lorsque la campagne doit impérativement s'interrompre, lorsque le dernier papillon a été collé, la dernière réunion tenue. Epreuve pour les nerfs ; si l'on a une nouvelle idée, c'est trop tard. La loi interrompt le tumulte pour favoriser le recueillement nécessaire, les électeurs cuvent les liqueurs fortes des idées dont on les a gorgés, ils peuvent faire la part du faux-semblant et des propositions sérieuses. C'est la trêve pour tout le monde, sauf pour les candidats qui tournent en rond dans leurs permanences ou s'en vont à la campagne pour tromper leur impatience.

Dimanche 21 juin. Dans l'après-midi je fais avec quelques amis la traditionnelle visite des 90 bureaux de vote. Dans l'un d'eux, je tombe nez à nez avec une dame qui n'est autre que la sœur de Charles Emile Loo. Son visage est rayonnant, j'y lis la certitude de la victoire. L'envie maligne me prend de jeter un peu de doute dans cette tranquille assurance. Puis je me dis qu'elle a, si l'on regarde les choses franchement, autant de raisons d'espérer que moi.

Il est 18 heures 30 quand je regagne mon bureau du Prado. On apporte justement le résultat du premier bureau de vote. Roger Renzo, correspondant aux militaires de la cité Besançon. Comme il ne compte que 370 inscrits, le dépouillement a toujours lieu avant celui des autres, où l'on trouve souvent plus de 1 000 électeurs.

C'est un premier test : je totalise 60 % des voix, alors que Giscard n'en a obtenu que 59,75 % un mois plus tôt. Autre bonne surprise, la participation a grimpé de 49,5 % à 57 % depuis dimanche dernier ; mon pari est gagné : les abstentionnistes se sont mobilisés pour moi.

Pas le temps de me faire des cheveux blancs en me demandant s'il en a été ainsi dans les autres quartiers : les résultats commencent à déferler, ils sont bons : tout le secteur Paradis-Périer s'est prononcé en ma faveur et je résiste bien dans les zones traditionnellement acquises aux socialistes et aux communistes. Près de deux abstentionnistes sur trois se sont portés sur mon nom.

Une foule d'amis se masse déjà devant la permanence. De minute en minute croît l'excitation. A 20 heures 05, la liesse éclate dans un bruyant applaudissement : Radio Monte-Carlo vient d'annoncer mon succès. C'était prématuré, car nous n'avions pas encore les résultats définitifs, mais moins intempestif que le pronostic aventureux de Gaston Defferre le dimanche précédent. On m'appelle au téléphone, c'est le préfet Vochel :

— L'ordinateur de la préfecture ne laisse aucun doute, me dit-il, vous avez gagné.

J'apprécie son geste, que rien ne le forçait à accomplir. Il a su montrer son indépendance d'esprit.

Les résultats officiels parviennent enfin. J'ai 50,65 % des voix. Mon adversaire, en bonne logique des chiffres, n'en a donc que 49,35 %.

Mes plus jeunes supporters, fous de joie, envahissent l'avenue du Prado. Nul ne se trompe sur le sens de cette victoire, qui ne m'est pas personnelle mais affirme, quelque 45 jours après l'arrivée de François Mitterrand à l'Elysée, la volonté marseillaise de résister et d'entreprendre la reconquête. Battre le candidat officiel du parti dans le fief du ministre de l'Intérieur a un sens bien précis, surtout au milieu de l'hécatombe des nôtres.

Car le tribut est lourd, très lourd. Dans notre région, quatre ministres du dernier gouvernement ne retrouvent pas leur siège : Pierre Bernard-Reymond, Maurice Charretier, François Delmas, Paul Dijoud. Devaient aussi céder le pas Maurice Arreckx, à Toulon, Fernand Icart, à Nice, Arthur Paecht, à La Seyne. Seuls Louise Moreau, François Léotard et moi-même pouvions assurer la continuité libérale dans cette partie de la France.

Rendez-vous traditionnel au *Méridional.* L'atmosphère est à la joie. Mon succès atténue la détresse causée par les échecs nationaux. Au demeurant, il doit beaucoup aussi au cher journal dont l'équipe, autour de René Merle, m'a aidé avec dévouement dans toute la mesure de ses moyens. C'est ce que j'essaie d'exprimer dans les quelques mots que j'adresse pour remercier publiquement la rédaction.

Je ne cache pas mon émotion ; je retrouve les sentiments du soir des élections de 1978, mais d'une manière différente. Ma joie de ce soir est peut-être plus intérieure, d'une certaine façon moins débordante car, tout en me laissant aller à la satisfaction du moment, je pense à l'avenir difficile qui nous attend.

Nous avons sauvé l'essentiel ; tout le travail reste à faire. Cette réélection n'est pas une récompense ni un aboutissement ; seulement le droit de continuer à se battre.

## Chapitre 17

### *La résistance s'organise*

« Le 10 mai est une frontière que nous avons franchie et qui sépare la nuit de la lumière. » Cette déclaration d'un pompiérisme hugolien faite par Jack Lang — Culture oblige ! — traduit, dans la ligne de la Descente aux Enfers du Panthéon, l'effort du Parti socialiste pour se draper d'une mystique propre à cacher ses insuffisances.

Il y manquait la grandeur d'âme. L'état d'esprit des vainqueurs n'était pas à la magnanimité ou à l'indulgence noble. On n'entendait qu'eux, il n'y en avait que pour eux. Les braves huissiers du Palais-Bourbon contemplaient ébahis cette faune bruissante et barbue qui parlait de refaire le monde — la France en tout cas — comme d'autres annoncent qu'ils vont acheter des cigarettes.

Le souvenir de ces instants me ferait sourire s'il ne signifiait pas, pour notre pays, un immense gâchis.

La rentrée parlementaire se fit dans des conditions très différentes de celles que j'avais connues en 1978. Le groupe UDF, comme le groupe RPR, avait fondu de moitié ; il en était de même du groupe communiste. Le nombre des députés restant constant (491), le PS se trouvait donc à la tête de 300 représentants. C'était trop, même pour une majorité présidentielle.

« On ne change pas la société par décrets » a dit un célèbre sociologue. On pourrait ajouter : ni par des lois, fussent-elles des ordonnances. Comme les socialistes se trompaient à peu près sur tout dans leur diagnostic sur l'état de la France, il y avait peu de chances que les mesures qu'ils envisageaient eussent la moindre possibilité d'être profitables au pays. Mais enfin, à l'époque, ils y croyaient.

Je n'ai jamais varié dans mon opinion sur le socialisme. Sachant qu'il n'y a rien de bon à en attendre, je ne pensais pas être jamais démenti par les faits en m'attendant au pire. Ce qui m'inquiétait, c'était le temps qui s'écoulerait entre la mise en place des mesures nouvelles et le moment où l'opinion s'apercevrait des premières conséquences désastreuses. Pour l'heure, nous n'en étions qu'à subir les divagations et les chimères.

Le discours d'investiture du nouveau président de l'Assemblée, Louis Mermaz, donna le ton : il célébra « les retrouvailles du peuple français avec ses plus hautes traditions démocratiques », comme si nous sortions de 23 années de dictature féroce. Il serait aisé de multiplier les citations montrant où les socialistes avaient placé la barre de leurs illusions. Je garde dans mon bureau les froids comptes rendus du Journal officiel de cette période. Ce sont des documents d'Histoire où les chercheurs trouveront une riche matière et à la fois un réquisitoire contre la vanité et la présomption.

Pour moi, ces journées furent marquées par l'honneur que devaient me causer mes collègues en me choisissant comme président du groupe parlementaire UDF. On met parfois en doute la sincérité des hommes politiques — à tort selon moi... — mais on me fera le crédit de croire que je ne m'attendais pas à une telle promotion. Sous la précédente législature, il n'y avait aucune raison d'y songer : le groupe était magistralement dirigé par Roger Chinaud et, si ce dernier avait cessé d'en assumer la direction, bien d'autres que moi auraient pu, dans l'ordre des mérites, briguer sa succession. Passé le 10 mai, je pense qu'on aura compris que mon esprit était totalement dominé par ma campagne à Marseille. J'étais si loin d'être assuré de ma réélection que faire le moindre projet d'avenir aurait relevé de la turlupinade. Dès le mardi qui suivit le deuxième tour, nous étions alors le 27 juin 1981, dans la tradition « business as usual », le groupe UDF se réunit.

C'est en arrivant le matin à l'Assemblée que mon voisin de bureau, Henri Baudouin, député de la Manche depuis plus de vingt ans, vint me dire qu'il fallait que j'accepte la présidence du groupe.

— Pourquoi moi ? répondis-je, interloqué.

— Ecoute, je viens de prendre le petit déjeuner à la buvette avec plusieurs de nos amis, Jean Proriol; Pierre Micaux, Francis Perrut, Henry Bayard, Albert Brochard. Ils sont tous d'accord sur ton nom.

Voyant que cela ne suffisait pas encore, il m'en cita d'autres :

— Maurice Dousset est du même avis, comme Jean Brocard, comme les Alsaciens Jean-Paul Fuchs et Germain Gengenwin. Tu vois, tu ne peux pas te défiler.

M'eût-il cité un par un tous les députés de notre groupe avec leur assentiment exprès que cela ne m'eût pas convaincu.

— Quand même, tu te rends compte de ce que tu me demandes ?

— Oui, mais il le faut, répondit-il laconiquement.

Ce n'était pas tout à fait aussi simple. D'abord, sitôt qu'il s'était su battu, Roger Chinaud avait pensé à son remplacement. Il envisageait un ancien ministre. Et, certes, il n'en manquait pas parmi ceux-ci qui auraient été heureux d'assumer cette fonction. On citait couramment le nom de trois d'entre eux.

Une dernière fois, au milieu d'une grande émotion, Roger Chinaud présida la réunion du Groupe. Il fit le point, très sobrement, et précisa que quelques parlementaires, représentant toutes les sensibilités de l'UDF, établiraient des propositions pour la présidence et l'organisation du Groupe.

L'après-midi, Edmond Alphandéry, député du Maine-et-Loire et Pascal Clément, député de la Loire, revinrent à la charge. Je me demandais, en les écoutant disséquer tous les avantages que le Groupe retirerait de ma présidence, si leur amitié pour moi ne les aveuglait pas quelque peu...

Jacques Blanc, secrétaire général du Parti Républicain,

me prit à part pour me dire qu'il souhaitait vivement me voir accepter le poste.

Cependant plusieurs amis parlementaires, tout en ne dissimulant pas qu'ils souhaitaient me voir élu, me mirent en garde contre toutes les difficultés qui m'attendraient si tel devait être le cas. L'UDF sortait meurtrie des derniers événements. A moins d'un acte de foi, nul ne pouvait s'affirmer garant de son avenir. Le Groupe parlementaire, dans ces conditions devrait être la pierre angulaire qui lui permettrait de ne pas se désagréger et, puisque rien n'est jamais définitif en politique, de revenir un jour pour réparer les dégâts causés par le socialisme.

Cependant, le Groupe UDF étant formé de trois tendances, les Républicains, les CDS et les Radicaux, il fallait aussi que ces derniers acceptent mon nom.

Au titre du CDS, Bernard Stasi fit savoir très vite que, puisque les Républicains étaient les plus nombreux, la présidence leur revenait mais qu'ils n'accepteraient pas un ancien ministre. En revanche, un jeune parlementaire leur conviendrait.

Pour le parti radical, André Rossinot, élu de Nancy, fit la même réponse.

D'autres soutiens me parvenaient encore individuellement. Ceux de Charles Millon, de François d'Aubert, de François Léotard.

A Paris, la cause semblait entendue. Mais il restait le plus important : Marseille. J'y retournai rapidement, pour « prendre le pouls » de mon entourage. Comme je m'y attendais un peu, leur réaction fut très négative. Aucun de mes amis ne voulait de cette fonction pour moi. Pour une raison simple : la présidence d'un groupe est une charge écrasante. Ils craignaient qu'elle ne mange mon temps. Or je n'avais été réélu que de justesse. D'autres batailles, les cantonales et surtout les municipales, allaient requérir une énergie de tous les instants. Ils estimaient tout bonnement que je n'avais pas le droit de m'éloigner de Marseille plus que de raison. Au fond, je pensais comme eux. Leurs arguments, je les connaissais d'autant mieux que les mêmes s'étaient présentés à mon esprit dès les premiers instants où j'avais été pressenti. Mais, en réfléchissant, je commençais, non pas à minimiser les motifs de refus, mais à mieux saisir les avantages qu'il y aurait aussi pour Marseille à me voir président. Après tout, Henri Bergasse — dont j'ai déjà longuement évoqué la figure — avait été président du groupe des Indépendants de 1958 à 1962.

Ces contre-arguments ne suffisaient pas encore, cependant et je continuais de pencher pour le refus. Je m'en ouvris au téléphone à Jacques Blanc qui se trouvait alors à La Canourgue, la ville dont il est maire. Il me dit de venir tout de suite le rejoindre en Lozère. Je pris un petit avion, car on ne peut autrement faire l'aller et retour dans la journée, et j'arrivai chez lui. Il décrocha son téléphone et appela Raymond Barre devant moi. Je compris que ce dernier souhaitait que j'accepte. Puis Jacques Blanc me dit que mes motivations personnelles n'avaient rien à faire dans ce débat et que je devais accepter, tout simplement parce que l'avenir du Groupe était en jeu.

Cela me décida, et je retournai à Marseille, décidé cette fois.

De tous les anciens ministres qui postulaient la charge, Christian Bonnet était sûrement celui qui pouvait le mieux y prétendre. Je décidai donc d'aller le voir. J'entrai dans son bureau à l'Assemblée, ou plutôt dans le bureau de son ancien suppléant, Aimé Kerliderck, qu'il occupait en attendant que la grâce socialiste, qui mettait l'Assemblée sens dessus dessous veuille bien nous dire où nous pourrions nous installer. Il y avait placé plusieurs photos de son fils Eric, prématurément disparu alors qu'il achevait ses études de théologie à Rome.

Nous échangeâmes quelques propos sur les élections, sur la lettre de félicitations qu'il m'avait adressée après ma réélection puis, très vite, j'entrai dans le vif du sujet. « Christian, lui dis-je, comme beaucoup de mes collègues, je pense qu'il vaudrait mieux un nouveau pour présider le Groupe, plutôt qu'un ancien ministre car nous ne maîtrisons pas le phénomène de rejet à l'égard de l'ancien gouvernement. Je sais combien c'est injuste, mais c'est ainsi. — Ecoute, me répondit-il, prenons une feuille et notons les aspects positifs et négatifs de nos candidatures respectives. » Lorsque la page fut pleine, il me la tendit en disant :

— C'est légèrement en ta faveur. Si tu veux être le Président de Groupe, tu l'es.

— C'est entendu ; puisque l'unanimité se fait, je serai candidat.

« Au moins, pensai-je, Marseille sera bien représentée dans l'opposition républicaine. Pour la part qui m'en reviendra, cela aidera à modifier l'image détestable de notre ville dans l'opinion publique française. On verra peut-être qu'elle n'est pas la propriété exclusive des socialistes, le fief de la pègre ou la capitale de la pétanque. »

Quelques jours après, les députés, comme c'est l'usage, m'élurent par acclamations président du groupe UDF de l'Assemblée nationale. Le soir même, le préfet Sauzay, directeur de cabinet de Valéry Giscard d'Estaing, me fit savoir que son « patron », éloigné de Paris, lui avait téléphoné pour connaître le choix du Groupe et qu'il s'en réjouissait. Il est vrai que Giscard n'était intervenu en rien dans cette affaire et que je n'avais plus eu de contacts avec lui depuis la veille du second tour des élections où il m'avait appelé pour me souhaiter bonne chance.

# Chapitre 18

## *La confiance ressuscitée*

Dès le début, la session parlementaire s'annonça délirante. La maniaquerie réglementaire et législative des socialistes ne nous laissa aucun repos. Jamais le sens ni le rôle de la loi ne furent pervertis à ce point. Chaque jour arrivaient sur notre bureau des textes inconnus la veille, modifiés trois fois dans la journée, ajournés le lendemain avant d'être repris la semaine suivante.

Il fallut se répartir la tâche pour essayer de jouer convenablement notre rôle, car il était impossible à un seul homme d'assimiler tout ce qui se passait en une journée.

Le mois de juillet fut consacré à la décentralisation ; déjà s'annonçait la grande bataille des nationalisations et l'on pressentait que le budget ménagerait bien des surprises désagréables.

Lors de mon premier discours [1] à l'Assemblée, en tant que président du groupe, le 8 juillet 1981, m'exprimant sur la politique générale que venait de présenter Pierre Mauroy, je ne pus que prendre date. Je rappelais alors les acquis du septennat précédent, ce qui avait été fait, dans tous les domaines, pour aider les Français à franchir le mieux possible la période de mutations que nous étions en train de connaître. Je signalais que les grandes mesures que l'on nous annonçait ne résoudraient rien et j'ajoutais : « Les vieilles incantations idéologiques du siècle dernier ne feront

1. Cf. Annexe 1.

pas disparaître par miracle les maux du monde contemporain. » En relisant ce discours, je m'aperçois que les socialistes ne cessaient de m'interrompre, de la manière puérile qui leur est propre. Presque un an après, le 24 juin 1982, en intervenant sur le programme économique qui signait le Waterloo du gouvernement, je n'étais plus interrompu que par mes propres collègues, qui appuyaient mes déclarations. Comme tout avait changé, en une seule année !

Ce 8 juillet 1981, un petit événement se produisit. Au moment où je succédais à Pierre Mauroy à la tribune de l'Assemblée, Jacques Chirac et Bernard Pons, pris par des engagements antérieurs — je le sus plus tard — quittèrent l'hémicycle. Cela suffit pour que le lendemain, un quotidien parisien titre : « Chirac et Pons ont boudé Gaudin. » Le même jour, vers midi, Jacques Chirac me téléphone : « Monsieur le Président, je viens de prendre connaissance de la presse et je constate que l'on interprète mon absence comme un geste d'hostilité à votre égard. Soyez certain qu'il n'en est rien, mais mon emploi du temps a été quelque peu bouleversé par la longueur du discours de M. Mauroy qui a très largement dépassé le temps de parole qui nous avait été annoncé. J'ai donc dû partir précipitamment. Je tenais à vous le dire personnellement. »

« Monsieur le Premier ministre, lui répondis-je, je comprends cela fort bien et je me doute que vous n'avez rien contre moi puisque vous ne me connaissez même pas. Mais permettez-moi de vous faire remarquer qu'à partir du moment où vous quittiez l'hémicycle alors que j'y parlais pour la première fois en tant que président du Groupe UDF, il était impossible que la presse ne relève pas cette situation et l'interprète de cette manière. » J'entends au bout du fil le rire de Jacques Chirac. « Tenez, me dit-il, pour effacer cela, voulez-vous venir déjeuner à l'Hôtel de Ville avec Claude Labbé... »

Peu après, nous déjeunions ensemble à la Mairie de Paris. Je n'avais jamais discuté avec Jacques Chirac. Je savais déjà que le maire de Paris était un excellent gestionnaire. Mais j'ai compris, dès cette première rencontre, pourquoi l'homme ne laisse personne indifférent : il est déterminé, combatif, résolu.

Nous n'avons pas parlé du passé, mais seulement de l'avenir, de l'avenir de la France et de l'action à mener tant par l'UDF que le RPR. Sur bien des points nos analyses se rejoignent.

L'automne et le début de l'hiver qui suivirent les élections furent sans doute la période la plus dure. La grisaille du temps rejaillissait sur notre moral. Nous voyions une œuvre gigantesque — celle que le travail des Français avait réalisé pendant tant d'années d'efforts — remise en cause, parfois anéantie. Les sondages témoignaient que « l'état de grâce » semblait se maintenir très vivace dans l'opinion. Les socialistes ne s'étaient pas rendu compte du gouffre existant entre leurs mesures et les nécessités réelles du pays.

Dans l'adversité, nombre de parlementaires de l'opposition démontrèrent leurs qualités et leur pugnacité. Le débat des nationalisations fut, à cet égard, un véritable révélateur. Au cours de séances marathon, mes amis Charles Millon, ou François d'Aubert ou Francis Geng — parmi tant d'autres — mirent si bien en difficulté les socialistes, bien que nous soyons ultra-minoritaires, que ceux-ci s'énervèrent. Ils espéraient pouvoir présenter leur texte voté à leurs militants, lors du congrès de Valence. Comme il n'en fut rien, ils se laissèrent aller à de fâcheux excès qui ne nous étonnèrent pas nous-mêmes mais scandalisèrent l'opinion publique.

Le masque tombait : les socialistes apparaissaient tels qu'ils étaient : sectaires, intransigeants, en un mot dangereux. Paul Quilès réclamait des têtes à Valence pendant que, à Paris, André Laignel sortait son désormais célèbre aphorisme : « Vous avez juridiquement tort parce que vous êtes politiquement minoritaires. » Cette façon de se conduire en pays conquis, de nier les principes élémentaires de la démocratie fit un très mauvais effet. Symboliquement peut-être, je date de cette époque le renversement de tendance. Tout d'un coup, on s'aperçut que, des consultations municipales ou cantonales partielles qui se déroulaient un peu partout, se dégageait un trait commun : même dans les fiefs les mieux assurés du parti socialiste, c'était la débandade. Lorsque arriva le 17 janvier, date des élections partielles législatives, on commença de penser que, peut-être, les socialistes allaient sentir le vent du boulet.

Et ce fut le cas. Les trois candidats soutenus par leur parti furent balayés dès le premier tour, tandis que le général de Bénouville l'emportait triomphalement. C'était sans appel. Le soir même, je vis à la télévision Gaston Defferre bredouiller quelques explications confuses et se résigner, en désespoir de cause, à reconnaître que nous « avions emporté un succès ». La semaine suivante, il fallait voir la façon dont les socialistes rasaient les murs. Ils avaient déjà baissé d'un ton.

Mais notre quadruple victoire pouvait apparaître comme un mouvement d'humeur des Français : une sanction contre les socialistes mais rien qui fût en notre faveur. C'était la grande inconnue des élections cantonales qui approchaient. Même si tous les commentateurs étaient d'accord pour dire que « l'état de grâce » était terminé, beaucoup — trop parisiens — saisissaient mal l'exaspération qui prenait le pays à l'égard de la politique menée. A la veille du scrutin, de nombreux journaux — tout en reconnaissant qu'il n'y aurait pas de commune mesure avec ce qui s'était passé en juin — estimaient que la gauche pouvait accroître son empire de 5 ou 10 départements. Elle en perdit 8...

A Marseille, ce fut l'occasion d'une superbe bataille qui nous vit, il faut le reconnaître sans la moindre modestie, l'emporter sur toute la ligne.

Pourtant nous avions quelques handicaps et, notamment, que le maire de Marseille fût ministre de l'Intérieur. Dire qu'il utilisa sa fonction pour ses intérêts de parti serait peu, il en abusa à un tel point que ses propres amis s'en montrèrent étonnés. Oubliant les leçons de morale, de démocratie et de justice qu'il avait largement distribuées durant 23 ans d'opposition, Gaston Defferre créa d'emblée 160 nouveaux cantons, taillés sur mesure pour les candidats socialistes et — plus rarement — communistes.

La volonté de rééquilibrer la représentation urbaine et la représentation rurale n'était pas, en soi, une idée condamnable. Encore aurait-il fallu qu'elle fût menée à bien avec décence. Les Français, d'ordinaire si indifférents aux élections cantonales, comprirent tous qu'il s'agissait, pour de bon, d'un véritable « charcutage ».

A Marseille même, après avoir créé deux nouveaux cantons, l'un pour les communistes et l'autre, en théorie, pour les socialistes, il modifia — sans se donner la fatigue du moindre prétexte — les limites de plusieurs cantons existants et, en particulier, celles du 13e, situé en plein cœur de sa circonscription législative.

Enlevant ici quelques bureaux favorables à l'opposition, ajoutant là des bureaux où les socialistes prédominaient, Gaston Defferre pensait ainsi aborder sans difficultés démesurées l'échéance cantonale. Peut-être même espérait-il conforter la majorité absolue que ses amis détenaient depuis la Libération au Conseil général des Bouches-du-Rhône.

Pour nous, l'éternel problème se posait : fallait-il présenter au premier tour deux candidats ou un seul ? Certains pensaient qu'on pouvait rassembler plus d'électeurs en proposant un UDF et un RPR. Avant le 10 mai, cette théorie avait quelque validité. Mais pour nous, les élus, qui connaissons intimement le cœur de nos électeurs, il était clair que ce ne pouvait être la bonne stratégie.

Aux législatives, j'avais défendu avec énergie la formule de la candidature unique. J'en étais partisan cette fois-ci pour les mêmes raisons. Au surplus, l'hiver avait été pénible, avec son déluge de mauvaises nouvelles, pour les Français qui n'avaient pas voté Mitterrand, et même pour un certain nombre de ceux qui l'avaient fait. Ils avaient pu se rendre compte de ce qu'est vraiment le socialisme en action. Nous devions plus que jamais être en accord avec le sentiment unitaire, les électeurs nous en seraient reconnaissants.

Dans les Bouches-du-Rhône, face aux manipulations socialistes, l'UDF et le RPR furent d'accord très rapidement.

A une exception près : il y eut une primaire dans le 13e canton. S'y présentait Jean Roatta, mon nouveau suppléant[1]. Jean Roatta est un enfant du quartier, où il milite

1. En 1981, Elisabeth Joannon, très occupée par ses multiples activités, m'avait demandé d'en être déchargée.

politiquement depuis 1971, sa candidature avait été accueillie avec une grande sympathie. Il espérait beaucoup être seul contre la gauche ; l'annonce d'un concurrent RPR lui causa une énorme déception.

J'aurais pu, en représailles, mettre un candidat UDF dans le canton du littoral sud contre le RPR désigné en vertu de l'accord général. Je récusai ce genre d'attitude. Certains n'ont pas manqué de dire que c'était parce que moi-même je voulais être candidat unique dans mon canton, pour être élu au premier tour. Cela ne résiste pas une seconde à l'analyse. J'avais fait faire, dès le mois d'octobre, grâce à un questionnaire envoyé à des milliers d'exemplaires au travers de notre petit bulletin « Contact », une étude de ce que les Marseillais souhaitaient. La réponse avait été claire : l'union. Je ne me sentais pas en mesure de trahir cette volonté.

D'ailleurs, je ne voyais pas que des inconvénients à cette primaire. Certes, nous ne l'avions pas souhaitée, mais, précisément, cela permettrait de mesurer le rapport des forces. Après tout, si, avant le 10 mai, l'UDF était devenue — de très loin — la première composante de la majorité (d'alors), rien ne prouvait que la situation n'ait pas évolué depuis. Le RPR, en particulier, misait beaucoup sur une radicalisation et la force de son appareil, qu'il met sans cesse en avant. Mais c'est mal connaître la situation locale. L'UDF à Paris, c'est une chose ; à Marseille, c'en est une autre. Chez nous l'UDF, et spécialement le parti moteur qui l'anime, le Parti républicain, est une machine très puissante.

Quant aux socialistes, rassurés par le nouveau découpage et persuadés que les Marseillais leur resteraient fidèles, ils ne s'occupèrent guère de la campagne électorale. Comme presque toujours chez eux, au moins depuis 1978, ils préféraient s'adonner aux luttes de clans, aux intrigues de palais.

Pour parachever le tout, ils commirent quelques erreurs impardonnables. Dans le 20e canton, contre l'avis de toute la section socialiste, Gaston Defferre écarta le suppléant de Charles Emile Loo pour mettre un ami de Philippe San Marco, son propre suppléant. Dans le 13e canton, le professeur Vigouroux, conseiller général sortant, avait été interdit de candidature par ses propres « amis » pour laisser la place à un petit parent de Roger Hanin, le beau-frère du Président.

Qu'y pouvions-nous si les socialistes étaient assez sots pour décourager leur propre électorat ? Nous n'allions quand même pas nous croiser les bras en attendant ! En bref, Jean Roatta, Guy Teissier, le professeur Jean-François Mattei, qui était ravi de se présenter dans le fief de Guy Hermier, moi-même, nous percevions que nos chances grandissaient. Cela se sent, quand on se promène dans la rue, que les gens vous abordent, vous sourient, paraissent remontés. Le courant « passe », pourrait-on dire.

A cette situation vint s'ajouter un drame terrible qui choqua profondément la population : le suicide de René Lucet. Il apparut très vite que ce « fonceur » avait été sacrifié par le pouvoir socialiste à la CGT, qui voulait sa peau parce qu'il l'empêchait d'agir à sa guise dans les caisses de la Sécurité sociale. Le rôle joué par Nicole Questiaux, dont on devait s'apercevoir à cette occasion qu'elle était, en fait, le cinquième ministre communiste du gouvernement, apparut dans toute sa lumière. Cette sorte d'exécution politique heurta. Le pouvoir socialiste ne réussit pas à bâillonner suffisamment les médias pour dissimuler sa responsabilité. Cela laissa à tous un arrière-goût amer.

Si bien que, au soir du premier tour, je l'emportai avec 72 % des voix. Je fus encore plus satisfait de la victoire de Guy Teissier, dans un canton pourtant taillé spécialement pour le candidat socialiste. Quant à Jean Roatta, il l'emportait avec panache dans la primaire.

Dans la France entière, quel que soit l'effort de Gaston Defferre pour transformer une débâcle en succès, l'évidence s'imposait : le pouvoir socialiste n'avait plus la majorité dans notre pays.

Il restait le second tour.

Les Jeunes Giscardiens, animés par Dominique Tian et Cyril de Gasquet, s'en donnèrent à cœur joie. Ils furent d'une activité débordante, campant littéralement sur le terrain. D'autres militants multipliaient le porte-à-porte, les visites. Nous voulions d'autant plus convaincre que, de leur côté, les socialistes s'étaient jetés en campagne. Gaston Defferre et une cohorte d'élus se précipitèrent, espérant pouvoir redresser la situation. Ils essayèrent même, de façon un peu misérable, d'inciter les électeurs RPR à ne pas voter en faveur de Jean Roatta. Pauvres mesquineries qui firent long feu, Jean fut élu avec 56 % des voix. Sur le littoral sud, le candidat unique de l'opposition, le docteur Mattei, l'emportait contre un neveu de Charles Emile Loo. Notre victoire était donc complète.

Ailleurs, où il ne leur était, en tout état de cause, pas possible de gagner, nos candidats progressaient nettement quand même. Et l'opposition nationale enlevait les deux sièges d'Aix-en-Provence, ainsi que celui de Châteaurenard. Il y avait bien longtemps que nous n'avions été à pareille fête.

Un air frais soufflait le lendemain sur Marseille comme sur la France. Cette élection nous réveillait d'un cauchemar. Les difficultés n'étaient pas aplanies pour autant, mais maintenant on savait une chose : la victoire des socialistes en 1981 avait été fragile et faite de malentendus. Le socialisme ne représentait donc pas pour notre pays le signe d'un destin irrévocable, il pouvait être battu. Ce n'était pas le passage à un état nouveau, à une sorte de quatrième dimension ; tout au plus une vicissitude, une mésaventure, une maladie honteuse mais guérissable.

A Marseille, nous savions maintenant où nous en étions, nous voyions plus clair dans notre situation politique. Defferre non plus n'était pas une fatalité. Une punition peut-être, qui avait en tout cas duré plus que de raison. Mais le rêve insensé que nous n'aurions pas osé faire quelques mois plus tôt rejoignait l'océan du possible : Gaston Defferre pouvait céder la place. Dans notre ville même, le socialisme allait vers son déclin, entraînant vers son crépuscule le maire intangible, inexpugnable, devenu une sorte d'institution, mais les institutions aussi s'écroulent.

Mars 1982, c'était la confiance ressuscitée. La confiance que désormais nous serrons en nos mains, et nous ne la laisserons plus s'envoler.

Mars 1982-mars 1983. Une chance historique se présente à nous. Allons-nous pouvoir la saisir, dès maintenant, sans attendre ?

DEUXIÈME PARTIE

# RÉPONSES A VOS QUESTIONS SUR MARSEILLE

Je tiens à remercier Patrice Duhamel et Roger Henri Poulard, du quotidien *Le Méridional,* pour les questions qu'ils m'ont posées et qui m'ont permis d'apporter des réponses circonstanciées à des problèmes d'actualité à la fois régionale et nationale.

J.-C. G.

## COMMENT RENDRE À MARSEILLE LA SÉCURITÉ À LAQUELLE ELLE ASPIRE ?

Les Marseillais attendront en priorité de la nouvelle municipalité qu'elle s'attache à fournir une solution au problème de l'insécurité.

Réduire l'insécurité, voilà notre objectif prioritaire. Les habitants de notre ville ont le droit de vivre tranquilles, d'envoyer leurs enfants à l'école sans craindre une agression, de laisser leur voiture dans la rue sans risquer un vol. L'insécurité rend certains quartiers dangereux dès la tombée de la nuit, éloigne la population de certains autres. Qui va encore au cinéma sur la Canebière ? Qui souhaite encore acheter un appartement dans le quartier de la Gare, qui fut pourtant, il n'y a pas si longtemps, une zone privilégiée ?

Il faut toutefois être conscient qu'un maire, sauf lorsqu'il occupe en même temps le poste de ministre de l'Intérieur, ne dispose pas de tous les pouvoirs nécessaires pour faire disparaître l'insécurité. Malgré tout, il peut orienter l'action des pouvoirs publics et des forces de police.

Cinq grandes orientations devraient permettre de réduire considérablement l'insécurité à Marseille. Il convient d'abord de modifier une mentalité qui devient trop fréquente. En effet, pour beaucoup, il ne s'agit plus de punir le coupable, mais de le comprendre. Enfance malheureuse, conditions de vie traumatisantes,... tout est bon pour établir des circonstances atténuantes. Dans un tel système, la victime n'existe plus. Tant pis si une famille est brisée. Tant pis si, après une agression, la victime est estropiée pour le reste de ses jours. Il faut que cela cesse et que la justice, M. Badinter en tête, pense aux victimes avant de s'apitoyer sur les coupables. Il faut que les victimes et leurs familles aient droit à une juste réparation.

Deuxième volet, sans doute celui où un maire dispose d'un maximum de pouvoir d'intervention : la prévention. Il faut attaquer le mal à ses racines. La prévention constitue une action majeure contre l'insécurité. Mais son efficacité, qui réclame un vaste effort, n'agit qu'après plusieurs mois, voire plusieurs années. Les statistiques montrent que l'une des plus grandes causes de l'insécurité réside dans les immenses groupes HLM où les relations humaines ont été tuées par la dimension de ces cités qui ne sont plus à l'échelle de l'homme.

Alors, comment ne pas comprendre que les jeunes cèdent à l'attrait des bandes et tombent dans la délinquance ? Où sont les clubs sportifs, les terrains de jeux, les stades, voire les patronages qui donneraient aux jeunes, non seulement un passe-temps, mais aussi une motivation et une espérance ?

Il est temps de proposer à la jeunesse des objectifs qui tiennent compte de ses aspirations. Certes, tout cela demandera probablement des années, mais si l'on veut récolter un jour, il est grand temps de semer !

Parallèlement à la prévention, il faut conduire une répression ferme et dissuasive. N'oublions pas qu'il y a une agression toutes les sept minutes à Marseille. En ouvrant les prisons, M. Badinter a mis en danger les honnêtes gens. Il est temps de réagir. Les policiers n'apprécient pas de voir les voyous qu'ils viennent d'appréhender ressortir libres du Palais de Justice un quart d'heure après. D'ailleurs, multiplier les rondes de police, installer des îlotiers dans tous les quartiers, augmenter les effectifs de CRS... tout cela devient inutile si l'action de la police est entravée par des directives de faiblesse. Depuis le 10 mai 1981, plus un policier ne prend le risque d'arrêter un délinquant maghrébin. Il a trop peur d'être accusé de racisme. A tort ou à raison les Marseillais associent la montée de l'insécurité à celle de l'immigration. En fait, cette image mérite d'être précisée car on risquerait sans cela de tomber dans un cliché raciste.

L'immigration à Marseille ne constitue pas un phénomène récent. En rendre la municipalité socialiste responsable serait un geste de mauvaise foi. Mais la réalité de l'immigration n'est pas restée figée. Au cours des dernières années l'immigré ce n'est plus tant le travailleur débarquant tout seul de son Algérie ou de son Maroc natal, animé d'un seul souci, trouver du travail pour nourrir la famille qui reste au pays. Notre économie avait besoin de ces hommes et nous leur devons une partie du « boom » économique des années 60-70. Il faut avoir le courage de reconnaître que longtemps les travaux les plus durs ont été réservés aux travailleurs immigrés. Mais au fil des années, ces travailleurs, qui dans leur immense majorité respectaient les lois de notre pays, ont fait venir leurs familles. Une autre communauté peu à peu s'est constituée avec d'autres coutumes et une autre manière de vivre. Puis des jeunes sont nés ou ont grandi dans notre ville. La deuxième génération d'immigrés arrive aujourd'hui aux portes de l'âge adulte. Coupée de ses racines profondes, à cheval entre deux cultures, celle de ses parents et celle du monde qui l'entourait, souvent prisonnière de l'univers inhumain des grandes cités, cette génération qui subit de plein fouet les conséquences du chômage, connaît les tentations du refuge de la violence. Incontestablement elle participe à l'augmentation de la petite délinquance qui fait régner sur notre ville ce climat d'insécurité.

On comprend mieux alors l'hostilité de nombreux Marseillais aux immigrés. Et seules des mesures énergiques, tant dans le domaine de la prévention que dans celui de la répression permettront d'éviter que cette situation empire encore. Ce n'est qu'en rendant à Marseille sa sécurité que nous pourrons nous atteler à d'autres tâches comme par exemple la promotion du tourisme. Pour réussir, Marseille a besoin d'améliorer son image de marque, de démontrer que les Marseillais sont capables de faire autre chose que jouer à la pétanque, boire du pastis ou « magouiller » dans les fausses factures.

## COMMENT RÉALISER L'ASSAINISSEMENT DE MARSEILLE ?

L'assainissement et la lutte contre la pollution restent, à Marseille, très en retrait des installations existantes dans les autres grandes villes du littoral méditerranéen. Ainsi, nous rejetons directement dans la mer, sans aucun traitement, les eaux usées de près d'un million d'habitants. En outre, de nombreux quartiers de la ville ne sont pas encore équipés d'un réseau de tout-à-l'égout. A Saint-Henri, à l'Estaque ou aux Baumettes, la municipalité, malgré ses promesses, n'a toujours pas réalisé ces équipements indispensables. De la même manière, on évoque depuis des années la réalisation de la station d'épuration. Depuis quatre ans, le maire de Marseille a confié les études relatives à cette station à la société hollandaise Askoning.

Mais, au-delà de ces études qui traînent, un problème majeur se pose : celui de l'implantation des multiples installations. L'usine devrait être enterrée sous le stade Delors. On aurait très bien pu l'implanter sur le terre-plein de Montfuron. Quant à l'usine de brûlage des boues, elle risque d'être située à la lisière du site classé des calanques. Les nuisances provoquées seront importantes, avec l'abattage d'un secteur boisé, la construction d'une cheminée de plus de trente mètres de haut et le passage quotidien des camions transportant les boues. Cette station suffira-t-elle à faire diminuer la pollution de la rade ou, plus exactement, celle du Littoral-Sud, puisque la zone Nord, du Vieux-Port à l'Estaque, est consacrée aux activités portuaires ?

Au-delà des questions techniques telles que le rejet des effluents traités à une distance suffisante du rivage, d'autres problèmes restent à régler pour atteindre cet objectif.

D'abord l'Huveaune. Parallèlement au recalibrage du lit

de cette rivière, aménagement qui n'a pas progressé depuis les grandes inondations de 1978, il est évident que le Littoral Sud sera toujours pollué tant que l'Huveaune se jettera à la Plage. Certes, une dérivation existe, qui permet d'orienter l'Huveaune dans le grand émissaire. Mais on peut douter de son efficacité lors des crues.

Ce problème de pollution de la rade n'est pas la propriété exclusive de notre ville. Mais nous avons pris dans ce domaine beaucoup de retard et celui-ci contribue à affaiblir puissamment l'attrait touristique de Marseille, attrait déjà limité par d'autres critères.

## COMMENT FAIRE DE MARSEILLE UNE VILLE ATTIRANTE ?

En ce qui concerne le tourisme, plusieurs problèmes sont liés. D'abord l'image de marque de Marseille, très dégradée à cause de l'insécurité. On ne va pas dans une ville où une agression survient toutes les sept minutes. On ne va pas passer des vacances dans une ville où l'équipement hôtelier se révèle insuffisant, où les campings sont réduits et limités. On ne va pas se baigner dans une rade polluée.

Le tourisme est aussi lié à la qualité de la vie. Tant que la station d'épuration ne sera pas réalisée, on ne pourra pas rendre réellement attractif le littoral Sud. Il est nécessaire aussi de mettre en valeur les sites de Marseille. Par exemple, une revalorisation du site du Vieux-Port s'impose. Or, rien n'est fait... Pour le touriste qui arrive par l'autoroute à la Porte d'Aix, l'impression est désastreuse. Notre ville se révèle sale, triste, inhospitalière.

Toutes les études sont convergentes. Les touristes passent de moins en moins de temps à Marseille. D'ailleurs l'autoroute qui conduit directement à Montpellier et à Aix-en-Provence les incite à éviter notre ville. Si l'on ajoute à cela que la circulation devient de plus en plus difficile et que pour aller de la Pointe-Rouge à la Porte d'Aix, soit moins de dix kilomètres, il faut, à 8 heures du matin ou à 7 heures du soir, plus d'une heure on comprendra que les touristes ne soient pas très nombreux dans une cité où la municipalité ne fait rien pour les attirer ! Ce problème de circulation concerne d'ailleurs tous les Marseillais. On peut espérer que la deuxième ligne du métro permettra d'améliorer cette situation, mais on peut se demander pourquoi elle se terminera au Parc Dromel alors qu'au cours de ces dernières années, la municipalité a implanté des milliers de logements dans le secteur de Bonneveine.

Enfin, pourquoi ne pas aménager le tunnel Carenage-Prado ? Sa nécessité devient de plus en plus évidente dans une ville où le flux quotidien de la circulation s'effectue suivant un axe Sud-Nord le matin et Nord-Sud le soir.

Il faut regretter aussi que la municipalité n'ait pas été capable d'attirer les investisseurs. Depuis la chute du négoce avec l'Afrique du Nord, le tissu économique de notre cité, notamment dans le domaine de l'industrie légère s'est appauvri. Certes l'Off-Shore avec les remarquables succès de la Comex occupe encore une situation privilégiée sur le marché international, mais la réparation navale reste loin de son niveau de 1976 et beaucoup d'entreprises installées dans notre ville connaissent de grandes difficultés. Il serait malhonnête d'en attribuer l'entière responsabilité à la municipalité de Gaston Deferre. Mais il est certain que la pression fiscale existant à Marseille incite plutôt les entreprises à s'installer ailleurs. Ainsi le Marché d'Intérêt National des Arnavaux est très sérieusement concurrencé par celui d'Aubagne où les taxes sont moins élevées. On peut formuler les mêmes remarques à propos des zones industrielles de La Valentine et de La Soude, où les prix des terrains restent très élevés.

Marseille pourrait s'affirmer dans un rôle de place de commerce international. Mais pour atteindre cet objectif il faudrait une véritable collaboration entre la Mairie et la Chambre de commerce. Ainsi le Centre de commerce international dont la chambre de commerce et d'industrie soulignait l'impérieux besoin a mis près de dix ans à voir le jour. Il semble souhaitable que les chambres de commerce participent à la réflexion régionale. D'ailleurs il faut aller encore plus loin et, dans une période où l'économie prend une importance capitale, il faut que des responsables socio-économiques entrent dans les Conseils municipaux et dans les Conseils régionaux.

Pour ma part, aussi bien aux municipales qu'aux futures régionales — dont le Gouvernement se refuse à fixer la date —, je demanderai à des hommes participant à la vie économique, connaissant bien les problèmes et les difficultés de ce secteur, de participer aux listes que je formerai.

Pour assumer son rôle de capitale méditerranéenne, de grande place de commerce international, notre ville a besoin de toutes ses énergies. Or, tout au long de ces dernières années, la mairie n'a jamais réellement répondu aux espérances des responsables sociaux-professionnels. On ne peut pas donner à une cité tout le rayonnement qu'elle peut espérer si la base de toute action repose sur la lutte des classes et si les forces vives de la cité sont d'abord considérées comme des ennemis.

## PEUT-ON PENSER « MARSEILLE » SANS PENSER « RÉGION » ?

On ne peut plus aujourd'hui limiter à une commune, si vaste soit-elle, l'effort économique que l'avenir prochain rend indispensable. Certes, des terrains peuvent être aménagés en zone industrielle au nord-ouest de Marseille. Mais cet aménagement doit s'inscrire dans le cadre d'une politique économique régionale. On ne peut plus dissocier l'activité économique de Marseille de tout le contexte qui l'entoure. Le développement du Port de Fos, d'ailleurs géré par le Port autonome de Marseille, le carnet de commande des chantiers navals de La Ciotat, la poursuite de l'exploitation du bassin minier de Gardanne avec la réalisation de la cinquième centrale thermique, l'extension de l'aéroport de Marignane, la solution des difficultés croissantes de la Solmer, sont des éléments essentiels de la santé de l'économie marseillaise. Il n'est plus possible de gérer avec efficacité une ville comme Marseille si on limite sa vision à la frontière de la commune.

Le poids de Marseille déséquilibre un peu notre région, d'autant que notre ville n'occupe pas une position géographique centrale. Nice a longtemps refusé de participer aux activités de notre région. Aujourd'hui ce problème est résolu et les élus niçois, qui d'ailleurs siègent tous dans le groupe que j'ai l'honneur de présider, sont parmi les plus assidus. Mais la vie de la région se limite pour l'heure à une répartition des crédits. Cela est vrai pour Nice, pour Avignon ou Briançon. La structure régionale, même si elle est devenue une réalité, n'a pas encore trouvé sa véritable finalité.

On peut d'ailleurs reprocher aux socialistes cette absence de véritables projets qui concerneraient toute notre région. On pourrait, par exemple, aller plus loin dans le domaine de l'aquaculture, accélérer la mise en chantier de l'autoroute du val de Durance pour avoir enfin une véritable liaison avec l'Italie industrielle, désenclaver le haut-pays varois, coordonner le développement des structures touristiques de la région, associer les chambres de commerce à un véritable effort économique, promouvoir une véritable revalorisation de la forêt méditerranéenne... Or, pour l'heure, rien de tout cela n'est fait. Les socialistes, à la Région comme au Conseil général, ou à la mairie de Marseille, se contentent de gérer, médiocrement, le quotidien.

## COMMENT RENDRE VIE À L'ÉCONOMIE RÉGIONALE ?

Il existe une tradition économique marseillaise. Depuis plus de deux mille ans, notre ville a toujours été tournée vers le négoce et les activités maritimes. L'économie marseillaise n'a jamais réellement concerné la production mais beaucoup plus la transaction. Même des secteurs typiquement marseillais comme la savonnerie ou l'huilerie n'étaient, en fait, que des sous-produits de notre commerce avec l'Afrique. Privée de ressources naturelles importantes, l'économie provençale s'est orientée vers le secteur tertiaire et les services ont pris rapidement une importance disproportionnée par rapport à l'industrie. Le renforcement de l'appareil productif régional exige à la fois la recherche d'activités nouvelles et le développement des points forts traditionnels.

De ces impératifs se dégagent trois axes majeurs.

D'abord celui de l'agro-alimentaire. La production maraîchère de notre région atteint un niveau très performant. Par contre, il faut aller plus loin dans les domaines du conditionnement et de la transformation. Cette orientation concerne aussi la viticulture. La qualité s'affirme très satisfaisante. Il faut le faire savoir. On peut également envisager un véritable développement de l'aquaculture. Actuellement, celle-ci reste au stade du balbutiement.

Deuxième axe : le tourisme. Si notre région demeure la zone touristique la plus attractive de France, l'activité touristique s'y avère très inégalement répartie. Il convient donc d'améliorer ce qui existe, mais aussi d'augmenter les structures légères d'accueil, notamment dans les grandes villes. L'arrière-pays mérite lui aussi d'être mis en valeur.

Troisième axe, sans doute le plus difficile : promouvoir des activités nouvelles situées dans ces créneaux d'avenir et aider les industries de pointe qui existent déjà, à progresser. L'informatique, l'audio-visuel, le solaire, comme l'off-shore ou le recyclage des débris végétaux pourraient trouver en Provence une zone favorable à une grande expansion. Il faut donc favoriser l'investissement, garantir non seulement la liberté d'entreprendre mais aussi celle du travail, aider les entreprises qui s'installent, orienter l'enseignement vers les besoins de l'économie régionale, débloquer le crédit et rendre toute sa dynamique à l'initiative privée.

Certes, il s'agit là d'un programme ambitieux exigeant un effort conjoint de l'Etat, des collectivités locales et des communes. Mais il s'agit surtout d'un changement de mentalité et de l'expression d'une volonté qui n'existe pas aujourd'hui. Pourtant, il n'y a pas d'autre voie pour tenter d'améliorer, dans notre région, la situation de l'emploi. Nous ne parviendrons pas à créer, d'ici à 1990, les

50 000 emplois nécessaires dans la Région Provence-Alpes-Côte d'Azur en nous contentant d'enfler démesurément le secteur public qui, déjà, est saturé.

## COMMENT RELANCER LES TRAVAUX PUBLICS DANS LA RÉGION PROVENCE-ALPES-CÔTE D'AZUR ?

En 1981, le volume des travaux publics réalisés dans notre région a diminué de 2 %, la régression des effectifs ouvriers a atteint 5 %. Cette diminution d'activité résulte plus d'un contexte particulier que d'une saturation des besoins. En effet, cette réduction apparaît comme conjoncturelle et non pas liée à un niveau satisfaisant des équipements publics. Ainsi, l'autoroute du val de Durance ou l'autoroute Nord-Littoral de Marseille restent, malgré leur impérieuse nécessité, encore à l'état de projet.

Le vrai problème, au-delà des difficultés engendrées par une crise dont plus personne aujourd'hui ne nie la réalité, semble être une absence à la fois de volonté et de cohérence. Le Conseil régional, les conseils généraux et les communes, qui sont les principaux investisseurs dans le Bâtiment et les Travaux publics, pourraient associer leurs efforts pour entreprendre des actions intéressant l'ensemble de la région provençale. Ils joueraient ainsi, vis-à-vis de l'Etat, un rôle d'incitation. Mais les membres de ces assemblées, pour des raisons le plus souvent électorales et démagogiques, préfèrent se livrer à un véritable « saupoudrage » qui ne favorise pas, bien entendu, une véritable relance des Travaux Publics.

Certes, l'action des collectivités locales ne suffirait pas à retrouver un niveau suffisant mais elle traduirait une volonté qui pourrait amorcer une véritable relance. Cette action pourrait se compléter en desserrant l'étau administratif qui emprisonne l'initiative privée. Par exemple, le plan d'occupation des sols entrave considérablement l'activité immobilière dans toutes les communes. On peut formuler la même remarque à propos de la loi Quilliot. Enfermant le marché immobilier dans des contraintes très rigides en augmentant démesurément les droits des locataires ce texte a influé, dans des proportions inquiétantes, sur la situation de l'immobilier. Les inquiétudes légitimes des propriétaires se traduisent même par une réduction de l'offre dans le domaine locatif... Tout cela montre bien le rôle de l'Etat et des collectivités dans un secteur qui dépend pour 60 à 80 % des crédits publics.

La mise en place du Fonds spécial de grands travaux, qui permettra le financement du prolongement de la deuxième ligne du métro et la poursuite des travaux de l'Autoroute Nord-Littoral ne pourra suffire, à elle seule, à infléchir la tendance. Celle-ci résulte certes d'un contexte plus vaste, mais un effort conjoint de l'Etat et des collectivités publiques pourrait permettre de l'enrayer.

Enfin, il paraît anormal que les communes, le Conseil général, le Conseil régional ou même l'Etat confient des travaux à des entreprises extérieures à notre région sans même consulter les entreprises provençales, comme ce fut le cas par exemple des travaux d'étude de la station d'épuration de Marseille, confié par la municipalité socialiste à la société hollandaise Askoning. Ce n'est pas avec des options semblables que nous parviendrons à relancer les travaux publics dans la région Provence-Alpes-Côte d'Azur.

## COMMENT VENIR À BOUT DES INCENDIES DE FORÊT ?

Après les grands incendies qui ont ravagé notre région en 1979, l'Assemblée nationale avait constitué une commission d'enquête parlementaire dont j'ai été le rapporteur. Durant près de six mois, nous avons étudié non seulement les causes des incendies de forêts mais aussi les remèdes susceptibles d'être apportés à ce fléau. Au-delà des moyens de lutte, qui ont été considérablement renforcés, on ne pourra parvenir à une véritable sauvegarde du patrimoine forestier méditerranéen que par une action à long terme.

Pourquoi ? D'abord parce que cette forêt connaît des conditions très particulières : prédominance des essences résineuses, inaccessibilité de nombreux sites, influence d'un climat sec et venteux, afflux saisonnier d'une énorme population de vacanciers, inexistence d'exploitations forestières, absence de points d'eau, et enfin relative désertification des zones sensibles.

On ne peut modifier qu'après de longs efforts de tels éléments. Par exemple : développer l'implantation de feuillus exige plus de dix ans, ouvrir des routes dans les zones inaccessibles ne se fait pas du jour au lendemain, tout comme promouvoir une réelle exploitation. Toutefois, je crains que l'effort que nous avions engagé dans ces domaines ne soit aujourd'hui bien ralenti et que seule soit poursuivie l'amélioration des moyens de lutte. Certes, il s'agit là d'un élément essentiel mais il vaut mieux prévenir que guérir et dans ce domaine difficile, il n'existe pas de remèdes miracles, même si les « canadair » ont fait la preuve de leur efficacité.

Pour atteindre un véritable résultat, il faut engager, en associant au maximum l'initiative privée, une vaste action de mise en valeur de la forêt méditerranéenne, en s'inspirant peut-être des structures existant dans les Landes où ce problème a été pratiquement surmonté.

## LES ÉLECTIONS MUNICIPALES DE 1983 SERONT-ELLES TRÈS POLITISÉES ?

L'élection municipale présente, par rapport aux autres scrutins une spécificité différente. Dans une cité qui comme la nôtre, compte plus de 500 000 électeurs inscrits, l'aspect politique reste prépondérant. Mais la personnalité des candidats, le désir de renouveau et les problèmes de la vie quotidienne interviendront fortement dans ce scrutin.

Le combat politique constituera la toile de fond de l'élection car les municipales permettront aux Français de sanctionner un gouvernement qui les a profondément déçus. Mais il paraît évident que les Marseillais reprocheront plus à Gaston Defferre la montée de l'insécurité dans la ville que son alliance avec les communistes.

Pour nous, ce combat municipal repose donc sur plusieurs motivations. D'abord, nous ne pouvons accepter la dégradation accélérée de notre cité. Il faut y mettre un terme. Changer de municipalité, ce serait rendre aux Marseillais l'espoir d'une ville enfin plus propre, plus sûre, plus humaine. Ensuite nous pensons que la politique socialo-communiste sera mauvaise pour notre ville et ses habitants, comme elle est mauvaise pour la France et les Français.

## LE « CHARCUTAGE » ÉLECTORAL DE MARSEILLE EST-IL MORTEL POUR L'OPPOSITION ?

Le nouveau statut municipal traduit bien l'embarras du gouvernement socialiste. D'abord il lui fallait respecter, sinon sur la forme, du moins dans le fond, la proposition 47 du candidat Mitterrand. On sait en effet que ces 110 propositions, depuis le 10 mai, ont pris valeur de « table de la loi ». Ensuite, les socialistes ne pouvaient ignorer la volonté, maintes fois réaffirmée, de leurs partenaires communistes d'instaurer la proportionnelle. Enfin, par quel autre moyen pouvaient-ils ébranler le monopole de l'opposition à Paris et à Lyon, sans compter que ce nouveau scrutin pouvait leur permettre de masquer un éventuel recul lors des prochaines municipales ? Mais, *a contrario* la proportionnelle risquait d'affaiblir sérieusement certaines forteresses socialistes, comme à Marseille, Lille ou Grenoble. En outre, appliquée intégralement, elle présentait le risque d'inciter les communistes à faire « bande à part ». Alors, prenant en compte ces impératifs et ces contraintes, le ministre de l'Intérieur a élaboré un texte hybride où le scrutin majoritaire reste dominant, avec introduction d'une dose minime de proportionnelle.

Parmi les parlementaires UDF, j'étais favorable à la mise en œuvre de la proportionnelle. D'ailleurs, avant le 10 mai, j'avais proposé à Valéry Giscard d'Estaing une réforme du scrutin municipal. Celui-ci n'était pas opposé sur le fond à une telle réforme. Elle lui aurait permis d'aller plus loin dans la décrispation qu'il recherchait. Mais il était aussi très conscient des obstacles que ce projet rencontrerait, notamment au sein de sa majorité. Pour ma part, je souhaitais limiter ce scrutin aux villes de plus de cent mille habitants, afin de permettre à tous les citoyens d'être représentés dans le conseil municipal de leur ville.

Pour avoir abordé cette question plusieurs fois, notamment avec les Conseillers de l'Elysée, je compris que l'on ne parlerait de rien avant l'élection présidentielle. En effet, le scrutin proportionnel, s'il me paraît le plus adapté aux municipales, ne présente pas les mêmes avantages pour les élections législatives. Il est vrai que l'actuel scrutin constitue l'une des bases essentielles de la Vᵉ République. Je comprenais donc que le RPR, craignant une extension de la proportionnelle aux législatives, marque son hostilité à un tel projet. Si l'on peut reprocher au parti socialiste et au ministre de l'Intérieur de n'avoir pas su choisir entre deux systèmes et sans doute d'avoir cumulé les inconvénients de l'un et de l'autre, par contre on ne peut leur reprocher aucune hésitation en ce qui concerne le statut des grandes villes.

Là, l'objectif se dessine clairement : rogner le plus possible sur les pouvoirs des maires de Paris et de Lyon. Le nouveau pouvoir, sachant bien que jamais les socialo-communistes ne pourraient obtenir ces deux villes grâce au suffrage universel, a tenté de gagner par des textes ce que le bulletin de vote leur refusait. Ainsi, dans un premier temps, Gaston Defferre a tenté d'instaurer vingt mairies de plein exercice à Paris. Cela correspondait à un véritable éclatement de la ville. Face à la réaction de Chirac, de l'opposition unie et des Parisiens, le pouvoir a fait marche arrière. Pour masquer cette reculade, le Premier ministre a obligé Gaston

Defferre à étendre ce projet à Marseille et à Lyon. Il paraît d'ailleurs que leur affrontement en Conseil des ministres a été brutal. L'argumentation de M. Mauroy a d'ailleurs dû convaincre le président de la République et le maire de Marseille a dû céder.

Même dans sa forme actuelle, ce projet a de quoi inquiéter un maire en place. Que l'on en juge : instauration de Conseils d'arrondissement élus, dotés de pouvoirs certes limités mais dont l'absence de précision fait craindre une extension ; un échelon administratif supplémentaire et obligatoire ; de nouvelles dépenses... A terme, ce nouveau statut débouchera immanquablement sur une pression fiscale accrue pour les habitants de la commune, sur une complexité administrative plus grande, notamment pour des actes élémentaires comme les demandes de permis de construire, de subventions ou d'admission dans les crèches, et surtout sur des risques de conflits entre le maire de la commune et les maires d'arrondissement lorsqu'ils n'auront pas la même coloration politique.

Mais alors, pourrait-on rétorquer, Gaston Defferre devra concéder à Marseille ce que Jacques Chirac et Francis Collomb devront donner à Paris et à Lyon ? Pas du tout, car ce que le ministre de l'Intérieur donne d'une main, le maire de Marseille le reprend de l'autre. Comment ? Par un découpage électoral qui constitue en fait un véritable détournement de la démocratie. Marseille, comme Paris et Lyon, est divisée en arrondissements. A Paris comme à Lyon, les électeurs voteront par arrondissement. Paris sera divisé en 20 secteurs, correspondant chacun à 1 arrondissement. Il en sera de même pour Lyon, où chacun des 9 arrondissements représentera un secteur.

Ce découpage, à Paris et à Lyon, semble logique et cohérent. La ville de Marseille est divisée en 16 arrondissements. En conservant la même logique, on aurait donc dans notre ville 16 secteurs. Il faut croire que le sens de la démocratie du ministre de l'Intérieur s'altère en descendant la vallée du Rhône... En effet, le découpage de Marseille n'obéit qu'à un seul critère : l'addition des voix communo-socialistes. Il faut savoir que Gaston Defferre ne peut plus gagner à Marseille sans l'aide des communistes. Alors, il a découpé notre ville en 6 secteurs. Mais ces secteurs sont étranges. Ils regroupent tantôt 4 arrondissements, tantôt 3, 2, voire 1 seul. Leur population électorale s'étage entre 138 000 électeurs et 41 000. Enfin, le nombre de sièges à pourvoir varie suivant certes la population mais aussi suivant la coloration politique. Ainsi dans le 6e secteur, favorable à la majorité, qui s'étend sur les 15 et 16 arrondissements, il faut 4 300 électeurs pour faire un élu. Dans le 4e secteur, les 6e et 8e arrondissements, il en faudra plus de 5 600. Bien entendu, ce secteur s'affirme favorable à l'opposition. Il faut encore ajouter à cela que, profitant de toutes les astuces du texte, Gaston Defferre a retenu un nombre impair d'élus dans les secteurs favorables aux socialistes (le projet prévoit que la liste arrivée en tête obtient la moitié des sièges à pourvoir, arrondie à l'entier supérieur) et un nombre pair dans les secteurs favorables à l'opposition.

Il s'agit là d'une petite tricherie mesquine qui traduit pleinement les craintes actuelles du maire de Marseille. La justice aurait voulu que Marseille soit divisée en 16 secteurs correspondant chacun à un arrondissement. Le ministre de l'Intérieur a préféré se livrer à un « dépeçage » bassement électoral. Sur le papier, cette manœuvre sordide doit rendre impossible notre victoire. Pourtant, il faut se souvenir qu'en 1982, le ministre de l'Intérieur avait agi de la même manière en charcutant les cantons. A Marseille, il avait apporté un soin tout particulier au « ciselage » des 13e et 20e Canton B. Dans ces deux cantons, l'UDF a gagné. Il n'est pas impossible qu'une telle manœuvre, perçue d'ailleurs par tout le corps électoral, se retourne, comme aux cantonales, contre son auteur. Tous ceux qui connaissent bien Marseille, savent que dans notre ville, si l'on peut s'imposer par la force ou par l'intelligence, la tricherie, elle, ne paie pas et provoque souvent un effet « boomerang ». Or le découpage de M. Defferre correspond à une tricherie qu'il faut dénoncer et combattre. Beaucoup ont voulu voir dans cette « magouille » la fin de nos espérances. Certains se sont empressés de le « claironner ».

La réalité me paraît un peu différente. Ce découpage, et il

a été conçu pour cela, ne nous facilite pas la tâche. Mais une élection municipale correspond à un tout. Quand un vent souffle, il souffle partout, quelles que soient les astuces du découpage. Si nous devons battre Gaston Defferre, nous le battrons parce que les Marseillais se seront détournés de lui et cela aussi bien dans les quartiers populaires que dans les secteurs huppés. En outre, si les observateurs politiques font régulièrement état de la « guerre de succession » qui déchire le PS à Marseille, des multiples « affaires » qui ternissent son image, des problèmes d'insécurité, de saleté, d'immigration qui inquiètent les Marseillais, bien peu se livrent à une analyse précise des derniers scrutins électoraux.

Que nous montrent ceux-ci ? Depuis les municipales de 1977, le PS, lentement, mais sûrement, s'est effrité. Au 1^er^ tour des élections présidentielles, François Mitterrand a été devancé non seulement par Georges Marchais, mais aussi par Valéry Giscard d'Estaing. Au second tour, celui-ci a progressé dans notre ville par rapport à 1974. Même en juin 1981, au plus fort de la « vague rose » le PS n'a pas réussi à reprendre les deux circonscriptions gagnées par l'actuelle opposition en 1978.

Certes, on peut toujours affirmer que l'image de Gaston Defferre dépasse les clivages politiques. C'est sans doute vrai. Mais par rapport aux élections municipales antérieures, deux nouveaux éléments sont aujourd'hui à prendre en compte.

En 1983, pour la première fois depuis trente ans, Gaston Defferre, présidera une liste socialo-communiste. La bourgeoisie marseillaise qui, longtemps, lui avait fait confiance en tant que « meilleur rempart contre le communisme » risque bien de lui retirer massivement cette confiance.

Le deuxième élément résulte du 10 mai. Durant des années, la seule image que les Marseillais percevaient de Gaston Defferre, était celle d'un maire bon gestionnaire et préoccupé essentiellement de sa ville. Cette image d'ailleurs résultait en grande partie de la gestion socialo-centriste. Depuis l'élection de François Mitterrand, les Marseillais ont découvert une autre image de leur maire : celle du ministre de l'Intérieur, violent, agressif, acharné à imposer à tous sa volonté, tout en étant incapable de résoudre les problèmes posés par l'insécurité et l'immigration. Il suffit de dialoguer avec les Marseillais pour prendre conscience de l'importance de ces nouveaux facteurs. Par exemple, comment croire un ministre qui affirme que « la décentralisation sera la grande affaire du septennat » et qui, en même temps repousse indéfiniment les élections régionales ?

Avec le recul, on perçoit mieux que pour les socialistes, la décentralisation visait essentiellement à récupérer tout le pouvoir local. Après les résultats des élections cantonales, prenant conscience du fait que ce nouveau pouvoir local pourrait revenir à l'opposition, le Gouvernement a reculé. Pour nous la véritable décentralisation reste donc à mettre en œuvre.

Second port d'Europe après Amsterdam, accès essentiel de la France sur la Méditerranée, Marseille a beaucoup souffert et souffre encore de la centralisation qui caractérise la vie administrative, économique et politique de notre pays. Mais il ne suffit pas de rebaptiser l'Hôtel de la Préfecture en Hôtel du Département ou les préfets en commissaires de la République, pour parvenir à déplacer les instances décisionnelles. La décentralisation reste un besoin auquel les socialo-communistes n'ont pas répondu.

Lorsque l'opposition retrouvera, avec la confiance des Français, la direction des affaires de ce pays, il faudra qu'elle ait la volonté d'ouvrir à nouveau ce dossier pour élaborer une véritable réforme répondant à l'attente de tous ceux qui, avec Gabriel Domenech, pensent que « Paris ça suffit ».

TROISIÈME PARTIE

# RÉPONSES A VOS QUESTIONS SUR LA FRANCE

## LE PARTI COMMUNISTE EST-IL UN PARTI COMME LES AUTRES ? RESTERA-T-IL AU GOUVERNEMENT ?

Je vis et je lutte dans une ville où l'emprise communiste est très forte. Marchais, je le rappelle, était en tête au soir du premier tour des présidentielles. Il ne devançait Giscard que d'une poignée de voix, mais il le devançait quand même. C'est dire que les communistes, je les connais bien. Avec leurs défauts, qui sont innombrables, et leurs qualités militantes, qui sont bien connues. La question de savoir si le parti communiste est « un parti comme les autres » me semble un peu rhétorique. Elle a suscité une abondante littérature et, sur l'analyse que le parti communiste avait « changé », qu'il était devenu « un parti comme les autres » François Mitterrand a fondé sa stratégie de l'Union de la gauche.

A dire vrai, pour moi, il est très clair que le parti communiste n'est pas un parti comme les autres. Son idéologie, son appareil partisan, ses méthodes, sa conception de la société, ses liens avec l'Union soviétique en font, de toute évidence, un parti différent. La façon dont il a mis en coupe réglée l'administration et tous les centres de pouvoir où il pouvait s'infiltrer depuis le 10 mai le démontre à l'envi.

Le critère électoral n'est pas un bon critère pour le parti

communiste. Après le 10 mai, on le disait « brisé », « cassé » et c'est tout juste si on ne prévoyait pas sa disparition prochaine. Fadaises que tout cela ! L'appareil militant, lui, était intact. La CGT dans les entreprises, le Parti au gouvernement, ont vite fait de corriger le manque à gagner électoral. Il suffit de constater l'importance que les communistes ont prise à la télévision pour comprendre « comment ça fonctionne ». Après l'abominable attentat de la rue des Rosiers, j'ai longuement parlé avec des représentants de la communauté juive de Marseille. Beaucoup m'ont confié le malaise qu'ils avaient ressenti à écouter la télévision présenter l'opération israélienne « paix en Galilée », destinée à sauver le Liban, de la même façon que *l'Humanité.* C'était assez troublant, en effet. Je ne suis pas sûr que les communistes ne réussissent, un jour, à contrôler toute l'information télévisée.

Je crois que tout cela nécessite de notre part une vigilance encore accrue. Cela ne veut naturellement pas dire que chaque communiste est un ennemi et qu'il faille se retrancher derrière des barricades plutôt que de lui parler. Comme dit excellemment Philippe Robrieux dans son *Histoire du parti communiste français :* « Les communistes sont des gens comme les autres, mais qui militent dans un parti qui n'est pas comme les autres. » Cela me paraît situer très bien l'attitude que nous devons avoir à leur égard.

## QUE PENSEZ-VOUS DE L'EXPÉRIENCE SOCIALISTE ?

Si elle ne nous coûtait pas si cher, l'expérience socialiste serait très bénéfique pour nous : elle déblaie le terrain des illusions et des erreurs. Elle nous indique ce que nous sommes et ce à quoi nous croyons, ainsi que ce que nous défendrons à n'importe quel prix. Elle nous montre ce que vaut l'aune du socialisme lorsqu'il est en action. Avant, comme l'a dit Valéry Giscard d'Estaing, il y avait une « hypothèque » sur notre action. Nous étions, en quelque sorte, « surveillés », c'est-à-dire qu'il nous fallait supporter des gens qui, quoi que nous fassions, allaient disant partout que c'était mal, que ce n'était pas cela qu'il fallait faire et que si, eux, étaient au pouvoir, nous verrions alors ce qui se passerait. Eh bien, depuis, nous voyons. Par rapport à ce qui nous avait été promis, ce n'est pas très convaincant. En revanche, par rapport à ce que j'ai toujours pensé qu'était le socialisme, je dois dire que c'est une confirmation éclatante.

Les socialistes du XIXe étaient plus conséquents que nos actuels petits maîtres. Ils abhorraient le capitalisme, l'économie de marché et tout ce qui s'y rapportait. Ils ne prétendaient donc ni s'en accommoder, ni « faire avec » pour faire mieux. Nul n'a jamais très bien su ce qu'ils proposaient à la place mais, au moins, le choix était clair. Aujourd'hui, il n'en est plus de même. Comme les fariboles marxistes sur la paupérisation absolue, sur la baisse tendancielle du taux de profit, tout comme sur la lutte des classes, n'ont pas vu l'ombre d'une réalisation, il a bien fallu réviser ses jugements. Qui plus est, tout le XXe siècle est marqué par une abondante législation sociale qui, contrairement à ce que tout le monde croit, n'est absolument pas l'œuvre des socialistes mais celle des libéraux. Cela a commencé en 1884, avec la loi autorisant les syndicats, dans laquelle la gauche voyait « une loi de police », selon Jules Guesde, et sur laquelle, pourtant, les syndicats ne cessent de vivre. C'est vrai du repos hebdomadaire, de la journée de huit heures, des allocations familiales, des assurances sociales obligatoires, de la première loi sur les conventions collectives, du SMIG (ancêtre du SMIC) et de l'échelle mobile, sans compter toute l'œuvre sociale de la Ve République dont le premier effet a été que, chaque année, le pouvoir d'achat s'est accru. On n'en finirait pas de détailler tout ce qui a pu être réalisé. En revanche, depuis que la gauche est au pouvoir, nous avons vu plusieurs lois, dites sociales, qui ont surtout consisté à faire la part belle à la CGT et, pour le reste, une organisation méthodique de la régression sociale.

Je sais bien qu'on nous répond souvent : « Vos prédictions d'avant le 10 mai ne se sont guère réalisées. » Si l'on entend par là qu'elles ne se sont pas réalisées dans le mois qui suivait l'arrivée des socialistes au pouvoir, je l'accorde bien volontiers. Il y a, par bonheur, des forces si solides dans notre pays que les socialistes ne pouvaient tout mettre à bas en un seul jour. Les Français ont continué de travailler et de vivre comme ils l'entendaient. Mais, à la façon du poète, nous serions tenté de dire que « le vase était brisé ». Le 10 mai, en effet, a cassé la volonté nationale. L'énergie, et pas seulement celle des chefs d'entreprise, s'est trouvée, en quelque sorte, sans objet.

Plus encore, les socialistes au pouvoir ont commencé à mettre en pratique leur système traditionnel : contrôle, mise sous tutelle, étatisation, politisation, réglementation, planification, j'en passe. Car il faut bien comprendre qu'il n'y a pas plus de « socialisme à la française » que de « troisième voie » ou d' « économie mixte », contrairement à ce que l'on cherche à nous faire accroire. Dans l'opposition, les socialistes intervenaient sans cesse en prétendant avoir des dossiers bourrés d'idées neuves. Cela impressionnait beaucoup mais, en fait, comme l'escarcelle du diable, ces dossiers ne contenaient pas des pièces d'or mais des feuilles mortes. Arrivés au pouvoir, les socialistes n'ont donc fait que mettre en œuvre une politique qui a échoué partout ailleurs, sans la moindre originalité. Or, il faut savoir ce qu'une telle politique signifie. Elle frappe d'abord les plus démunis, les moins nantis de la société. Bien sûr, elle se présente comme une politique destinée à lutter contre les inégalités, contre les privilèges. Mais, en fait, elle ne cesse d'en créer. Le socialisme est injuste pour ceux-là mêmes qui ont voté pour lui. Il y a là une raison très simple : la politique socialiste étatique ne cesse d'interférer dans les mécanismes de l'économie de marché, dans la vie des entreprises. C'est cela qui crée la pénurie.

Prenons quelques exemples, pour être concret. Dans les dernières décennies, est-ce l'Etat qui a inventé tout ce qui fait le progrès de chaque jour : les appareils électroménagers, les machines à laver ou la télévision, que sais-je encore ? Non, bien sûr ! Et ces engins, luxueux au départ, sont devenus des biens de consommation courante. Aujourd'hui, c'est le magnétoscope qui, d'objet cher hier encore, était en passe de devenir très bon marché. Que fait le gouvernement socialiste. Il s'empresse de le taxer, puis d'en décourager les importations. Ce faisant, il ne spolie pas ceux qui ont déjà pu s'en acheter, mais ceux qui allaient le faire, c'est-à-dire ceux qui attendaient que cela baisse, parce qu'ils n'avaient pas les moyens de s'en acheter auparavant. C'est à de semblables faits que l'on constate que le socialisme est antisocial, comme il est antisocial en faisant voter une loi Quilliot sur le logement, laquelle crée immédiatement la pénurie et pénalise *ipso facto* les plus humbles, ceux qui ont le plus de difficultés à se loger. Le socialisme est antisocial, injuste quand il multiplie les catégories différentes de citoyens, les syndiqués et les autres, les enfants dans les écoles publiques et les autres, les assistés et les autres, les familles nombreuses (pénalisées) et les autres, les travailleurs exposés au chômage et les autres, etc.

Les socialistes sont incapables de comprendre la dynamique de l'économie de marché qui, elle, ne cesse d'innover et de résoudre les difficultés qui se présentent à elle. On le constate dans la façon dont ils traitent le problème du chômage. Pour eux, il faut répartir les emplois qui existent, secouer le cocotier (en faisant partir des travailleurs expérimentés à la retraite). Pour nous, il est plus simple de ne pas surcharger les entreprises d'impôts et de règlements contre-productifs : cela permet de créer des emplois.

## L'EXPÉRIENCE DE GAUCHE EST-ELLE UNE PURGE NÉCESSAIRE ?

Sûrement, mais avec de considérables risques. Le socialisme, ou on en sort à temps, ou on n'en sort pas. Certes, l'expérience socialiste actuelle a l'immense avantage de mettre à nu les mécanismes qui la régissent. C'est très révélateur. On me pardonnera cette réminiscence de ma classe de philosophie mais, pour moi, le socialisme, c'est l'échec « ontologique ». Par définition, il ne peut pas y avoir de socialisme qui réussisse ou alors, comme en Allemagne, ce n'est pas du socialisme. D'un autre côté, je connais certes des régimes libéraux qui ont complètement échoué, pour mille et mille raisons, mais il y en a qui réussissent, et c'est même la majorité. Dès lors, on pourrait, en pensant à la phrase désormais célèbre « le socialisme ça ne marche pas » dire « le libéralisme, j'ai essayé, et ça marche ». Mais, quoiqu'il y ait d'innombrables exemples de l'échec socialiste, quoique l'on ait pu aisément démontrer sur le papier que « ça ne marcherait pas » l'esprit humain est ainsi fait qu'il veut « essayer ». En ce sens, il est certain que l'expérience socialiste a levé une hypothèque.

Seulement, nous le payons très cher. Plus grave encore, je crains que nous n'ayons chaque jour plus de mal à remonter la pente. A l'étranger, la France perd des points. Les autres pays en profitent. D'une part, à côté des échecs criants du socialisme, il y a les nouvelles habitudes, les nouvelles façons de penser qu'ils imposent aux Français, notamment par la télévision, par leur mise en coupe réglée de l'Etat, qu'ils contrôlent du haut en bas. J'ai été très surpris de voir comment, en juin dernier, les socialistes ont réussi à faire passer leur politique d'austérité — qui était due uniquement aux résultats calamiteux de leur gestion lamentable — pour un exercice d'intérêt national. C'est tout de même formidable, quand on y songe ! Et tout le monde a marché. Même dans nos rangs, certains ont dit : « Après tout, les socialistes, vous voyez, ils changent... » Mais ils ne changeaient pas du tout ! Ils étaient simplement obligés de répartir la pénurie qu'ils avaient créée. Ils n'avaient d'ailleurs aucun moyen de faire autrement : ils ne risquaient pas de répartir la richesse...

Heureusement, dans les démocraties, il y a la sanction du suffrage universel. C'est lui qui permet les sursauts. C'est notre seule chance d'arrêter les frais un jour, car les socialistes, eux, ne changeront jamais. Je sais bien que le temps semble long jusqu'en 1986 — date des législatives — mais qu'y pouvons-nous ? C'est la loi de la République. Cela n'empêche pas que, chaque jour, sur le terrain, grâce à nos équipes militantes, nous puissions agir, intervenir et, peut-être parfois, limiter les dégâts.

## QUELS REPROCHES ESSENTIELS ADRESSEZ-VOUS À LA GAUCHE QUI NOUS GOUVERNE ?

Seigneur ! Il y a tant de choses à reprocher aux socialistes... Disons que sur l'incompétence, le sectarisme, l'esprit de parti, la volonté de coloniser l'Etat, beaucoup à déjà été dit. D'excellents ouvrages ont même été publiés. Je pense, en particulier, au petit livre de Jean-François Revel, *La Grâce de l'Etat* ou, dans le domaine de la culture, au brillant pamphlet de Patrice de Plunkett *La Culture en veston rose.* Sur les dangers d'une dérive totalitaire, le court ouvrage de Raymond Tournoux *France, ton café fout le camp* met bien les idées en place. Je ne redirai donc pas ce qui a été dit parfaitement ailleurs. Outre leur intérêt documentaire, ces livres ont l'avantage d'être courts et très bien écrits. Ils se lisent très facilement. Cela nous change, avouons-le, des livres socialistes, pesants, lourds et passablement fumeux.

Pour ma part, en tant que libéral, je ferai une critique de fond à l'expérience de gauche en France, qui paraîtra peut-être bien théorique à certains, mais qui ne me semble pas avoir été assez soulignée. C'est que nous avons hérité de la gauche la plus étatique, la plus bureaucratique, la plus fonctionnarisée que l'on puisse imaginer. A l'heure même où, partout en Europe, il s'affirmait clairement que ce que l'on a appelé « l'Etat providence » était en crise, est arrivée au pouvoir une gauche faisant passer toutes ses réformes par ce que certains nomment « l'appareil d'Etat ». L'arrivée de la gauche au pouvoir n'a, il faut le souligner, suscité aucun enthousiasme populaire. Une fois éclaté l'orage de la Bastille, chacun est rentré se coucher car il fallait bien travailler le lendemain. Dès lors, les intellectuels et les technocrates socialistes ont dû mener leur expérience non pas en fonction de ce que les Français exprimaient —

puisqu'ils n'exprimaient rien — mais en fonction de ce qu'ils croyaient être les besoins, les aspirations des Français. Comme ils ne les connaissaient pas, ils ont simplement puisé dans leur fonds culturel, c'est-à-dire dans leurs théories marxistes ou assimilées, soixante-huitardes vaguement remises au goût du jour. Quelqu'un avait défini le Projet socialiste, rédigé par Jean-Pierre Chevènement, comme un « pot pourri communo-gauchiste ». C'est bien le projet socialiste qui est en train de s'appliquer, mais il se met en œuvre sans même le spontanéisme gauchiste des masses. C'est d'ailleurs une indication intéressante sur les changements de la société française. Tout passe donc par l'Etat.

A l'heure où les Français sont accablés d'impôts, et où ce que l'on appelle les « prélèvements obligatoires », c'est-à-dire ce que l'Etat prélève sur votre travail atteint près de la moitié de votre salaire (ce dont on se rend fort mal compte) je ne trouve pas heureux de mener un train de réformes qui ne fait qu'alourdir cette charge déjà exorbitante.

En bref, je reproche donc à la coalition socialo-communiste de s'être lancée inconsidérément dans un train de réformes qui était exactement l'inverse de ce qu'il fallait faire, l'inverse de la réponse à donner aux maux qui assaillent notre société. Cela me fait un peu penser au mot de ce dirigeant étranger disant : « L'an passé nous étions au bord de l'abîme, cette année nous avons fait un grand pas en avant. »

### APRÈS L'EXPÉRIENCE SOCIALISTE, FAUDRA-T-IL SIMPLEMENT FERMER LA PARENTHÈSE ?

D'abord, socialiste ou non, la société évolue. Le propre de l'action politique, c'est de s'adapter au cheminement de l'histoire. En conséquence, il n'est pas possible de « fermer la parenthèse » purement et simplement. Il faudra bien que nous tenions compte des changements intervenus, des modifications subies ou désirées par les Français.

Ensuite, se pose la question de savoir ce qui devra être gardé des réformes et des changements imposés par les socialistes et les communistes. Il ne faut pas se faire d'illusion. Les communistes, en particulier, ont d'ores et déjà profité de leur présence au pouvoir pour se tailler des forteresses d'où aucun vote populaire ne pourra les expulser. Il sera extrêmement difficile de revenir sur certaines rentes, sur certaines situations acquises. Toutefois, toujours et partout, un principe nous guidera : nous ne nous contenterons pas d'être les honnêtes gérants des « acquis immortels » du socialisme. Rien ne serait plus catastrophique. Il faut bien se rendre compte que, si les Français nous font de nouveau confiance, ce sera pour infléchir considérablement le cours de tout ce qui aura été fait. Ils ne nous éliront pas pour faire du socialisme sans les socialistes. C'est pourquoi, dans le domaine scolaire, il faudra instituer le pluralisme, non seulement en préservant l'école privée, mais en instaurant ce pluralisme au sein même de l'école publique. C'est pourquoi il faudra restaurer les sécurités sociales — c'est-à-dire le libre choix de sa protection sociale — et non plus se contenter d'une sécurité sociale étatique et ingérable. C'est pourquoi il faudra déréglementer l'économie française pour permettre aux entreprises de se développer et de créer des emplois. C'est pourquoi il faudra édicter des règles qui interdisent les empiétements de l'Etat dans le domaine de l'économie et de la vie quotidienne des citoyens. C'est pourquoi il faudra supprimer les impôts contre-productifs, captateurs, vexatoires, et qui — en définitive — coûtent plus qu'ils ne rapportent. C'est pourquoi il faudra briser ce carcan de l'Etat sur la culture, qui brime la création en l'anémiant. Partout, il faudra pouvoir respirer, ouvrir nos fenêtres sur le monde, après le renfermement que nous aura fait subir l'expérience socialiste. C'est cela, l'alternative libérale. Il n'y a donc pas à étudier une par une les mesures prises par les socialistes pour dire : « Conserve-t-on ou ne conserve-t-on pas ? » Non, tout sera jugé sur pièces, le moment venu. Mais comme l'a dit Giscard : « Rien n'est définitif, tout ce qui est mauvais peut toujours être changé. » Nous agirons en fonction de ces principes, voilà ce que les Français doivent savoir.

### CROYEZ-VOUS À L'HYPOTHÈSE D'UN GOUVERNEMENT D'UNION NATIONALE ?

La formule est belle, mais justement parce qu'elle est belle, il faut s'en méfier et voir ce qu'elle recouvre. Nous ne sommes pas en guerre, l'unité nationale n'est pas menacée, il n'y a — au jour où j'écris ces lignes — aucun trouble particulier dans les rues. Dès lors, que signifie l'hypothèse d'un gouvernement d'union nationale ? Tout simplement que François Mitterrand, atterré par les résultats lamentables de ce qu'il a initié, ferait appel à des personnalités de l'opposition républicaine pour venir réparer les dégâts. Cela me semble hautement fantaisiste, et je voudrais dissuader les rêveurs de fixer leur esprit sur de telles songeries.

D'abord, je ne crois pas que les socialistes fassent jamais appel à nous. C'est mal les connaître que de les en croire capables. Et c'est mal connaître François Mitterrand. Pour ma part, je ne lui ai jamais fait l'insulte de croire que sa conversion au socialisme, pour tardive qu'elle ait été, n'ait pas été sincère. Socialiste il l'est, avec ce que cela signifie de rage à accomplir un projet historique à quelque coût que ce soit. A mon avis, les socialistes, le premier d'entre eux y compris, préféreront avaler mille couleuvres du parti communiste, jusqu'à leur laisser le pays entier entre les mains, plutôt que de composer avec nous.

Je sais bien que dans son discours dit « de Figeac », François Mitterrand a fait appel à l'unité nationale, à toutes les forces du pays. Justement, cela ne signifie absolument pas qu'il ait fait appel, en quoi que ce soit, aux dirigeants politiques de l'opposition. Il a simplement essayé de séduire ceux qui restent, avec beaucoup de raisons, dubitatifs devant les résultats lamentables de plusieurs mois de gestion socialiste. C'est de bonne guerre, mais cela ne va pas très loin. Chercher à attirer dans son camp les récalcitrants, c'est faire œuvre de pêcheur de voix, cela n'a rien à voir avec l'union nationale.

Admettons toutefois, par hypothèse d'école, que François Mitterrand cherche à faire appel à des personnalités de l'opposition. Je ne sais quel écho il rencontrerait — aucun de ma part, en tout cas, je tiens à le dire très nettement — mais je suis forcé de constater que le piège serait grossier. En effet, si un tel appel était lancé, cela signifierait que la situation serait devenue intenable et le pays ingouvernable. Soit, mais qui en porterait la responsabilité ? Ce ne serait là que le simple effet des erreurs socialistes. Eh bien, qu'ils en subissent les conséquences ! Qu'ils réparent les pots cassés eux-mêmes, nous verrons bien s'ils y parviennent ! Quant à ceux qui se laisseraient prendre à ce chant de sirène, ils commettraient une grave forfaiture. D'abord ils serviraient de caution aux errements de la gauche. Ensuite ils casseraient la dynamique de l'opposition républicaine, qui a besoin d'être forte, unie, et représentative d'une majorité de Français.

## L'OPPOSITION EST-ELLE CRÉDIBLE LORSQU'ELLE PROPOSE DE RÉDUIRE LES INÉGALITÉS ET D'ALLER VERS PLUS DE JUSTICE SOCIALE ?

Je reconnais que, à l'heure actuelle, l'opposition — en digne héritière de la majorité qu'elle était hier — s'est complètement fait piéger par les mots et, bien souvent, n'apparaît que comme le défenseur d'intérêts catégoriels. Pendant des années, les socialistes se sont employés à marteler l'idée que la France était le pays le plus inégalitaire d'Europe, ce qui est faux et ne veut rigoureusement rien dire. D'abord parce que toute comparaison est impossible. On ne compare pas une alouette et un cheval. Ensuite parce que tout le débat sur les inégalités est faussé par la fraude idéologique qu'y introduisent les socialistes.

En effet, les socialistes appellent « privilégié » quelqu'un qui, par son travail, gagne convenablement sa vie. Peu importe qu'il ait dû travailler dur pour obtenir des diplômes, faire des heures supplémentaires pour gravir les échelons : c'est un privilégié. En revanche, les socialistes ne considèrent nullement comme des privilèges ou comme des situations inégalitaires les avantages qu'eux-mêmes ils acquièrent sur le dos des contribuables. Dans ces conditions, quiconque défend le droit à une juste rétribution de son travail devient un adepte d'une politique inégalitaire. Je crois que l'opposition républicaine n'aura vraiment gagné que lorsqu'elle aura réussi à convaincre que c'est la politique socialiste, quoi qu'elle fasse, qui crée des inégalités et des injustices.

Je n'aime pas trop le mot de « justice sociale » car je ne sais trop ce que cela veut dire. La justice sociale, est-ce augmenter le SMIC de 3 % ou 5 % ? On ne sait jamais. En revanche, je crois de toutes mes forces au progrès social, et cela, je l'ai déjà dit, implique pour exister une politique libérale.

### LE LIBÉRALISME NE S'EST-IL PAS CONTENTÉ DE GÉRER, SANS FAIRE ASSEZ DE PLACE AU RÊVE ?

Je crois qu'il y a là une confusion assez répandue, en effet. Il faut d'abord reconnaître nos torts. Il est parfaitement exact que, trop souvent, lorsque nous étions au pouvoir, une bonne gestion nous paraissait le fin du fin de la politique. Après le 10 mai, j'ai assez sévèrement critiqué cette attitude qui me semble, en effet, avoir pesé lourd dans la balance de notre défaite. Toutefois, après tout ce que j'ai vu en quelques mois de ce que l'on n'ose pas appeler une « gestion » socialiste, j'en viens à me dire que, surtout dans la période de tourmente économique que nous connaissions, ce n'était déjà pas si mal de réaliser une « bonne gestion ».

Au demeurant, je ne vois pas ce qu'il y a d'infamant à bien gérer. Au contraire, chaque jour nous apporte la confirmation que, seule une gestion rigoureuse, sans démagogie, des affaires de l'Etat peut assurer le progrès social auquel les Français aspirent légitimement. Cela étant dit, il faudrait un volume entier pour analyser les raisons qui firent que ces « trente glorieuses », pour reprendre l'expression de Jean Fourastié, n'ont pas suscité un très grand enthousiasme, voire même ont conduit à une certaine résignation morose. Après tout, cela ne date pas d'hier. Ne parlait-on pas déjà de « sinistrose » sous Georges Pompidou ?

Alors, le rêve, dans tout cela ? Il faut un peu se méfier. Le rêve, en politique, c'est la langue d'Esope, la pire ou la meilleure des choses. Si le rêve nous permet de tendre vers un but, de dépasser notre cadre quotidien, de nous dépasser, alors c'est fort bien. Mais il y a le rêve « illusion », « songe-creux ». Après tout, qu'ont fait les socialistes en 1981, sinon vendre du rêve ? Je veux bien que cela les ait menés au pouvoir, mais lorsque l'on voit ce qui a suivi, on se demande si la fin justifie un tel moyen !

## QU'EST-CE QUE L'UDF ? QUE REPRÉSENTE-T-ELLE AUJOURD'HUI ?

Il faut d'abord savoir à quel niveau nous nous situons. Les théoriciens — je ne les aime guère, mais ils sont parfois utiles — ont coutume de symboliser l'intérêt des Français pour la politique par des cercles concentriques. Au centre, il y a le « noyau dur », ceux qui sont passionnés par la vie politique, soit parce qu'ils y sont directement impliqués dans leur vie quotidienne, soit parce qu'ils lisent chaque jour, avec la plus extrême attention, la page politique des journaux, et que la moindre évolution, la moindre prise de position les captive.

Soyons lucides, ces Français sont fort peu nombreux, et c'est sans doute très bien ainsi. On imagine mal une nation où le débat politique serait constant et incessant. Passé ce « noyau dur » il y a les Français « informés » qui situent les grands clivages politiques, les différences entre les partis, les enjeux que cela représente. C'est déjà fort bien. Et puis, toujours selon cette image des cercles concentriques, il y a ceux qui, de plus en plus éloignés de ce fameux « noyau dur », ne connaissent qu'une seule différence réelle à leurs yeux, c'est la fracture droite/gauche. Au-delà de ces cercles, il y a ces Français pour qui la vie politique ne représente rien. C'est la frange, d'ailleurs minime, de ceux qui ne sont jamais allés voter.

Il me semble que tous ces Français ont parfaitement le droit d'avoir l'attitude qui est la leur, quelle qu'elle soit. Je ne peux regarder qu'avec horreur les pratiques de certains régimes qui cherchent à « conscientiser » les masses, à rendre la politique obligatoire pour tous, à l'usine, à la maison, pendant les loisirs. La devise même des gauchistes de 1968, si souvent reprise par les jeunes socialistes du congrès d'Epinay (ce sont souvent les mêmes) qui affirme : « tout est politique », me fait frémir. Alain répondait ironiquement : « Si tout est rose, rien n'est rose. Si tout est politique, rien n'est politique. » J'irai plus loin que lui : si tout est politique, alors nous sommes en plein totalitarisme. Il n'y a plus aucune liberté dans la vie privée. A partir du moment où le moindre acte est politique, alors plus rien n'empêche l'intrusion du parti ni, bien évidemment, l'embrigadement qui en résulte.

Il me semble que l'on doit avoir présent à l'esprit ce cadre de référence lorsqu'il s'agit de parler de l'UDF, ou de notre action partisane. Je veux dire par là que, pour une immense majorité de Français, les différences entre le RPR et l'UDF sont déjà très ténues. Par conséquent, ce qui sépare les différents courants ne peut même pas leur apparaître. En revanche, dès que l'on se rapproche du « noyau dur », alors ces différences s'exacerbent et deviennent, je dirais, vitales.

S'il faut reprendre les différences, globalement, notons d'abord que, sur l'essentiel, rien ne peut séparer le RPR de l'UDF dans leur opposition au socialisme et au communisme. Il y a tout bonnement chez ceux-ci une conception de la vie en société, des rapports entre les Français, des raisons qui font la force et la richesse d'une nation qui ne peut rien avoir de commun avec nous.

C'est là l'essentiel, mais cela ne gomme pas les différences qui peuvent exister entre les composantes de l'opposition républicaine. Le RPR est l'héritier d'une tradition qui aime bien faire intervenir l'Etat dans les rouages de l'économie. Les nationalisations, la planification, le contrôle des prix et beaucoup d'autres scories de l'interventionnisme étatique sont des legs du gaullisme. Je sais bien que le RPR s'efforce de changer. Les jeunes, comme Philippe Seguin ou Alain Juppé, se rendent compte que la solution à la crise que nous vivons ne passe pas par des mesures de « socialisme de droite », mais par un profond désengagement de l'Etat de tous les domaines où il n'a pas à être. Mais je voudrais être sûr que le RPR pourra se dégager de sa gangue étatique.

En tout cas, si je n'en suis pas certain, je le souhaite ardemment, car, demain, c'est avec le RPR que nous gouvernerons. Et je ne souhaite pas que ce soit pour faire du crypto-socialisme ou, pour reprendre l'expression d'Alain Griotteray, pour « gérer les acquis du socialisme », c'est-à-dire éviter de remettre en cause ce que les socialistes auront fait pendant leur passage au pouvoir.

Pour en venir à l'UDF, je dirai d'abord qu'elle me paraît correspondre à un incontestable courant de la population française. Valéry Giscard d'Estaing avait fort bien noté, dans son discours de Verdun-sur-le-Doubs, que la France était divisée en quatre familles politiques. Le RPR, l'UDF, le parti socialiste et le parti communiste. Le nombre des voix peut évoluer mais, profondément, je suis convaincu qu'aucun de ces courants ne pourra disparaître. Certains peuvent le déplorer, mais c'est ainsi. On en a la preuve dans la persistance de l'UDF après l'échec de Valéry Giscard d'Estaing. Tout le monde annonçait la disparition de notre mouvement. Il n'en a rien été, parce qu'il correspond à un besoin sociologique. Il y a des gens qui ne sont pas socialistes et qui, pour autant, ne se reconnaissent pas dans le RPR. L'étude des sondages depuis le 10 mai le confirme : il n'y a pas plus d'effondrement UDF que de raz de marée RPR au sein de l'opposition républicaine.

Certes, je ne suis pas aveugle au point de ne pas voir que la situation politique actuelle favorise le RPR, mais constatant que, dans quelque élection que ce soit, ils ne pourront jamais rien faire sans nous (ni nous sans eux), je ne suis pas très inquiet. Au demeurant, personne ne doit oublier que la seule sanction réelle est celle du suffrage universel. Nous n'y échapperons pas.

Alors, l'UDF ? Ce que j'ai dit du parti républicain me semble pouvoir lui être appliqué. L'UDF est l'héritière du courant libéral de notre pays. Elle incarne toutes les valeurs que défend le parti républicain, valeurs auxquelles s'adjoignent celles du courant démocrate-chrétien représenté par le CDS. Je me suis longuement attardé pour dire pourquoi, de toutes les fibres de mon être, j'étais un indépendant, un républicain indépendant. Je n'appartiens donc pas au courant démocrate-chrétien mais j'en reconnais, le premier, toute la valeur et l'intérêt. C'est un courant important dans l'histoire de France qui a inspiré, il ne faut pas l'oublier, une très considérable législation sociale. Je pense, en particulier, à toutes les lois sur la famille.

Quel peut être, dans ces conditions, l'avenir de l'UDF ? Je suis pleinement confiant de ce côté-là. Il reste à trouver, sans doute, de meilleures structures et à éviter tout ce qui pourrait exacerber les sensibilités. Je ne parle pas des conflits d'hommes, qui sont, par définition, inadmissibles puisqu'ils pénalisent les électeurs. Animer une confédération de partis, ce qu'est l'UDF, n'est pas aisé. Mais j'espère que chaque parti composant l'UDF saura comprendre que l'on ne peut faire cavalier seul. En tout cas j'aiderai Jean Lecanuet, pour lequel j'ai la plus grande estime, et Michel Pinton à poursuivre une action qu'ils ont su maintenir dans les moments les plus difficiles.

## LE LIBÉRALISME SOCIAL RECOUVRE-T-IL L'ENSEMBLE DES SENSIBILITÉS DE L'UDF ?

Je ne suis pas trop partisan d'accoler quelque adjectif que ce soit au mot « libéral ». Il y a le socialisme et, en face, comme seule alternative possible, le libéralisme, voilà tout. Un jour, Giscard, en remettant le prix « Tocqueville », avait déclaré : « Je suis un libéral inguérissable. » Comme c'est également mon cas, j'avais trouvé cette phrase excellente. J'avoue que je ne vois pas Giscard, ni personne d'autre, dire : « Je suis un libéral social inguérissable. »

De toutes les façons, le libéralisme est social, par définition. C'est le socialisme qui ne l'est pas, comme chaque jour nous en apporte la preuve. Si l'on veut réellement préciser notre pensée, je crois que l'on peut, comme l'a fait Hervé de Charette dans *Le Manifeste républicain,* parler du « progrès libéral » en signalant que c'est le « progrès pour tous » mais pour le reste, je crois que c'est multiplier les concessions à l'adversaire et tomber dans le piège des mots.

Alors, le libéralisme est-il la référence de l'ensemble des sensibilités de l'UDF ? A mon avis, cela ne se discute pas, même si nos amis n'emploient pas le terme. Encore une fois, le CDS qui est héritier du christianisme social et de la démocratie chrétienne, situe son action dans une dimension de la société et des rapports humains marquée par un sentiment religieux. Mais il n'y a là nulle incompatibilité avec les principes libéraux. Au contraire, me semble-t-il. Ce qui se passe au sein de l'opposition républicaine, c'est que certains n'osent pas se dire libéraux parce qu'ils sentent peser sur eux cette espèce de « légende noire » qu'ont tissée les marxistes pour discréditer le libéralisme. Dès qu'on évoque le mot libéralisme, certains pensent aussitôt aux enfants travaillant dans les mines, au patronat « exploiteur », aux ouvriers mis au chômage par la machine et à toutes les images que le XIXe siècle charrie dans son histoire. C'est évidemment absurde.

Le libéralisme est une méthode de progrès social qui apparaît à la Renaissance, et sans doute avant. C'est lui qui a fait ce que Louis Rougier nomme « le génie de l'Occident », c'est-à-dire cette volonté permanente de se dépasser, de ne pas se contenter du présent, de ne pas regarder vers le passé comme si c'était un âge d'or perdu. En ce sens, je ne vois pas ce qui pourrait diviser les diverses « sensibilités » de l'UDF ni même de l'opposition. Qu'y puis-je si, pendant vingt-trois ans, nous avons assuré une élévation considérable du niveau de vie et qu'il aura fallu à peine un an de socialisme pour tout remettre en cause ?

Maintenant, je ne fais pas de nominalisme. Il ne suffit pas de se proclamer libéral pour l'être vraiment et on peut très bien récuser l'étiquette, tout en ayant les idées et la volonté qu'elle recouvre. Peu importe. La frontière ne passe évidemment pas là. Elle passe entre les dirigistes, les étatiques, ceux qui ne font pas confiance aux capacités individuelles des Français, ceux qui n'aiment pas qu'ils soient trop responsables de leur destin, ceux qui préfèrent les contrôler, les assujettir. Ils peuvent être de droite ou de gauche — il se trouve que, de nos jours, ils sont surtout de gauche — ce sont eux que je combats.

## LA PHILOSOPHIE POLITIQUE DE L'UDF DOIT-ELLE ÊTRE REVUE ET CORRIGÉE (ET COMMENT ?) ?

Après le 10 mai j'ai vu beaucoup de mes amis se plonger dans des analyses « sociologiques » pour déterminer quelles avaient été les causes de notre échec et quels étaient les mouvements de fond du peuple français. Ils espéraient ainsi, après les avoir déterminés, pouvoir s'y conformer et, de cette manière, capter l'attention des Français. Il y a quelque chose de dérisoire et de navrant dans cette façon de concevoir la politique à la manière du « je suis leur chef, donc je les suis ». J'indique que, au demeurant, cette « méthode » est sans doute le plus sûr garant de l'échec.

Les grandes expériences politiques contemporaines, celles qui infléchissent le destin d'une nation, nous montrent que c'est l'inverse qu'il faut faire. Le président Reagan, Margaret Thatcher, mais aussi François Mitterrand, sans parler des grands exemples historiques comme de Gaulle ou Churchill, témoignent d'une autre façon d'agir. De semblables dirigeants ne se sont pas épuisés à courir après leurs électeurs. Ils ont affirmé hautement quelques idées simples auxquelles ils croyaient et, par la force de leur conviction, ils ont réussi à convaincre les citoyens de se joindre à eux. Cela ne préjuge en rien de la valeur de leurs idées — les exemples que je cite sont, pour certains, fort loin de recueillir mon assentiment — mais cela me semble être la seule manière admissible d'envisager le combat politique.

De la même façon je trouve lamentable l'affirmation selon laquelle il nous faudrait « définir une doctrine », « avoir un nouveau projet » et autres billevesées que nous avons entendues, *ad nauseam,* depuis le 10 mai. Cela me paraît lamentable parce que, affirmer cela c'est reconnaître que l'on ne savait pas pourquoi on se battait avant la victoire socialiste et que l'on ne sait toujours pas pourquoi nous serions contre eux, sinon par rejet « spontané ». Tel n'est pas mon cas. J'ai toujours su ce que je défendais, ce que je voulais promouvoir, et ce à quoi je m'opposais. Que ces choix et ces refus se modifient, s'infléchissent, en fonction du cours de l'histoire et de la soudaineté des événements, c'est une évidence. Mais il y a, dans ce que je crois, une permanence que rien ne peut altérer, parce que, si je m'apercevais demain que les valeurs auxquelles j'adhère sont fausses ou inutiles pour mon pays, alors j'arrêterais immédiatement la politique. Comment pourrais-je me battre pour des idées auxquelles je ne croirais pas ?

Je ne pense donc pas qu'il faille créer de toutes pièces un nième projet sorti tout armé de la réflexion d'un énarque. En ce sens, il n'y a pas à « revoir » ou « corriger » la philosophie politique de l'UDF. En revanche, ce qui me paraît urgent, c'est d'en (re)découvrir la richesse et les implications pour aujourd'hui. L'UDF, c'est le courant libéral en France, avec l'apport chrétien que représente le

CDS, dont j'ai souligné à maintes reprises tout ce que cela signifiait de richesse.

Il faut donc approfondir sans cesse ce que signifie le libéralisme, et la valeur des solutions libérales pour la France que nous aimons. Pour ma part, j'estime que le doute méthodique que nous devons avoir à l'égard de l'action de l'Etat dans les domaines qui ne sont pas les siens, la foi que j'ai dans la propriété privée comme défense de la liberté du citoyen, la certitude qui est la mienne que la liberté d'entreprendre est le plus sûr moyen d'assurer le progrès social, que la famille et l'autonomie de la vie privée doivent toujours et sans cesse être défendues, en un mot que seul le libéralisme est social, cette philosophie-là, je n'ai pas à la redécouvrir. Elle a toujours été la mienne, et elle le demeurera toujours. Je souhaite simplement qu'elle soit celle de tous ceux qui se reconnaissent dans l'UDF et, plus généralement, qu'elle soit celle de l'opposition tout entière.

## QUE REPRÉSENTE POUR VOUS ET POUR LA FRANCE LE PARTI RÉPUBLICAIN ?

J'ai quelquefois le sentiment de ne pas avoir choisi mon parti plus que je n'ai choisi ma famille. Je me félicite autant d'appartenir à l'un qu'à l'autre et je me sens bien dans les deux.

Le parti républicain est un parti nouveau — en ce sens qu'il a été fondé en 1977 — mais très ancien puisqu'il est l'héritier de la tradition politique libérale qui, même minoritaire, n'a cessé de féconder l'histoire de notre pays. Aujourd'hui encore, je suis surpris de voir combien ce que nous proposons est original, neuf, en accord avec le cours de la société française, et je m'étonne sans cesse de la perversion du débat politique qui fait d'un socialiste ou d'un communiste un homme de progrès.

Analytiquement et historiquement, le progrès c'est nous.

Quand je regarde le parti républicain, les idées dont il est porteur, les hommes et les femmes qui l'animent, je suis plutôt rassuré pour notre avenir et celui du pays. Tout peut être encore sauvé. Et pourtant ! Au soir du 10 mai 1981, je me suis vraiment demandé comment nous pourrions survivre à la défaite. Car le drame des partis, sous la Vᵉ République, est d'avoir toujours été maintenus dans des structures faibles. Il y a à cela plusieurs raisons qui se recoupent. D'abord le dédain originel pour les partis que professait le général de Gaulle. Dans la mesure où il tenait sa légitimité d'un lien historique avec la France et qu'il pensait que le « régime des partis » était à peu près la pire chose qui puisse s'abattre sur une nation il avait entre autres buts, en arrivant au pouvoir — le désir de limiter la puissance partisane. Il est évident que le général n'a jamais été « l'homme de l'UDR » et qu'il lui préférait le concept, plus vague mais plus large, de « l'armée de ceux qui me soutiennent », ce qui est, en effet, beaucoup plus qu'un parti. Et la coutume s'est maintenue chez les présidents de la République — jusqu'à François Mitterrand non compris — de ne pas vouloir dépendre d'un parti puissant, afin de ne pas avoir d'intercesseur entre les Français, tous les Français, et eux. C'est une conception tout à fait noble et qui témoigne de la très haute idée que se faisaient les présidents de leur fonction, mais qui révèle bien des inconvénients lorsque, du jour au lendemain, on se retrouve dans l'opposition.

Ce jour-là, nous étions nus. Les socialistes et les communistes n'ont jamais eu à se soucier de leurs multiples échecs électoraux : ils avaient colonisé à leur profit une partie de l'administration, des municipalités, des syndicats, d'innombrables centres culturels, etc. A chaque fois, ils se refermaient sur leurs places fortes et ils attendaient que viennent des jours meilleurs. Mais nous, nous n'avions aucune place forte. Rien. Dans les quelques villes importantes ou les rares départements que dirigeaient nos amis, bien faible était le soutien que nous pouvions attendre. La plupart, obsédés par la hantise de la « bonne gestion » auraient considéré comme une atteinte grave à leur intégrité le seul fait de mettre une salle à la disposition de leur parti. Quant aux ressources financières, les « subventions du patronat » les « caisses noires » et autres fariboles dont nous chargent nos adversaires, je pense qu'un stage de 3 jours dans n'importe quel parti de l'actuelle opposition, effectué par une personne de bonne foi, suffirait à en faire justice. Si ce n'est pas la franche misère, du moins cela s'apparente souvent à ce que l'on appelait pudiquement, autrefois, « la gêne », c'est-à-dire les fins de mois qui commencent le 15. Non, nous ne sommes pas riches et lorsque je passe devant le somptueux siège du parti socialiste, rue de Solférino, je me dis que l'argent et les privilèges ne sont décidément pas là où on le croit.

La situation était d'autant plus dramatique qu'il nous fallait résister par tous les moyens à un pouvoir devenu tentaculaire, régnant sur les médias, les syndicats, l'enseignement, l'administration qu'il pouvait contrôler de haut en bas, et ceci sans évoquer le premier de ses pouvoirs, c'est-à-dire le pouvoir politique.

J'étais d'autant plus à même de saisir la différence que j'avais travaillé pendant trois ans en tant que secrétaire général adjoint de mon parti [1]. A Marseille, nous savions ne devoir compter que sur nous-mêmes, c'est pourquoi nous avions construit localement un parti fort. Mais à Paris... Sans compter que nous devions cohabiter, au sein de l'UDF, avec d'autres partis qui, très légitimement, revendiquent leur autonomie et leur spécificité, comme nous le faisons pour nous.

Jacques Blanc assurait la marche du navire. Ce n'était pas sans mérite. Il n'est jamais facile d'être le « parti du président » puisque celui-ci, par définition, fait la politique de la France, ce qui impose certaines contraintes.

En plus Jacques Blanc a eu l'immense mérite de tenir bon pendant la tempête, c'est-à-dire après le 10 mai. Je crois que tous les militants lui en ont su gré. Mais pour autant, il était

1. Charge que j'avais en commun avec Marcel Lucotte, l'excellent sénateur maire d'Autun, et Hervé de Charette, dont le talent intellectuel devait servir en particulier lors de notre manifeste.

le premier à penser que « à période nouvelle, hommes nouveaux » il lui fallait un remplaçant. C'est pour cela que nous avons choisi notre ami Léotard pour lui succéder. C'était la certitude d'un renouvellement, sans rupture.

Quant à moi, mon meilleur souvenir de la période du parti républicain « d'avant le 10 mai » restera sans aucun doute la semaine de l'université politique de septembre 1980 aux Embiez, une petite île près de Six-Fours. J'avais éprouvé là cette extraordinaire qualité des militants républicains qui, au milieu de toutes les conditions réunies pour le farniente le plus complet, ne décrochaient pas de leurs pupitres de travail. Dans mon discours d'accueil, j'avais dit à l'assistance : « Vous êtes dans une terre de reconquête » et j'égrenais fièrement nos récents succès. Quelques mois après, tout le travail était à refaire. C'est ce que nous refîmes.

C'est ce qui fait de cette première année d'existence sous un régime socialiste une belle histoire pour les républicains. Une histoire dont ils se souviendront. D'abord, nous nous sommes comptés et nous avons vu que nous étions plus nombreux, ensuite nous avons étudié ce qui nous rassemblait et nous avons compris que c'était un lien indissoluble. Les giscardiens m'ont toujours semblé se caractériser par cet amour immodéré de la liberté et la volonté de s'adresser à l'intelligence des Français. Cela ne marche pas toujours, je le reconnais... Il reste que l'on tient là l'essence du libéralisme, comme nous l'avons affirmé dans notre document de synthèse, *Progrès et Liberté,* que nous avons mis en chantier dès octobre 1981.

On me dira : « Ce n'est pas là l'essentiel; ce qui compte c'est de résister sur le terrain. » Je ne le crois pas. Avant de se battre, il faut savoir pourquoi on se bat. Certes, certains peuvent se contenter — et se contenteront longtemps — d'une réponse « en creux » : les exactions du socialisme leur suffisent comme motifs. Intuitivement, ils refusent la société vers laquelle on veut les mener malgré eux. Mais d'autres veulent comprendre « ce qui se passe » et ce que nous avons à défendre tout comme à proposer. Depuis le 10 mai, on entend dire partout que « nous n'avons pas d'idées », que « nous n'avons rien à proposer » et que d'ailleurs « les sept années passées ont amplement prouvé que nous ne savions que gérer ». A la limite, les socialistes nous dénient jusqu'à ce dernier point, pourtant bien évident, surtout depuis qu'ils sont au pouvoir.

En fait, tous ces reproches sont inexacts. D'abord, il serait facile de noter qu'il ne suffit pas « d'avoir des idées », encore faut-il qu'elles soient bonnes. Les socialistes sont arrivés au pouvoir avec quelques notions dans leur besace, on voit le lamentable résultat que cela donne. Ensuite, le libéralisme se défie comme de la peste des projets dits « de société » qui ne sont guère que des machines d'embrigadement. A partir du moment où l'on croit que les hommes sont libres, qu'ils sont responsables, qu'ils n'ont pas à être assujettis à un Etat totalitaire, on ne peut qu'indiquer de grandes directions, mais ces directions sont de véritables solives, on peut construire dessus.

Et c'est pour cela que je me sens bien au parti républicain : j'y côtoie des hommes et des femmes d'expérience, des gens plus jeunes et décidés à se battre, et on y agite des idées qui me plaisent, parce qu'elles ont de tout temps été les miennes. Il m'a toujours semblé que les socialistes n'avaient d'autre idée que de bâtir un Etat tentaculaire, un peu monstrueux, qui pompe les forces de la Nation et les annihile : nous y sommes. Et cela ne fera qu'empirer. La plupart de nos maux ne proviennent pas d'ailleurs. Les entreprises débordées de charges ne peuvent plus investir et donc ne peuvent plus embaucher. Les citoyens sont découragés par la multitude des taxes et la lourdeur des impôts qu'il leur incombe de payer. La volonté nationale est cassée. Partout, de par le trop-plein de législation et de réglementation socialiste ou socialisante, les Français sont anesthésiés. Et, selon un phénomène bien connu, se développent des inégalités et des privilèges. C'est-à-dire que tout le fondement de la politique socialiste disparaît. Partout où elle passe, naît l'injustice. On crée deux catégories de salariés, les syndiqués (aux bons syndicats) et les autres, les citoyens assistés et ceux qui ne le sont pas, les travailleurs qui risquent le chômage et les autres. Il y a deux catégories de familles, les familles nombreuses (pénalisées) et les autres, deux catégories d'imposés, ceux pour qui l'impôt est confiscatoire et ceux pour qui il n'est « que » trop lourd. A tous les échelons et dans tous les lieux de la société, l'Etat marxiste développe ses injustices, ses inégalités malsaines.

Devant les excès de l'Etat socialiste il devient évident que, pour préparer l'après-socialisme, il faut adopter des solutions libérales, c'est-à-dire des solutions qui tranchent avec la politique qui se fait, des solutions qui ne soient pas de la soupe social-démocrate, ni non plus une sorte de dirigisme technocratique. Si l'on fait confiance à l'entreprise privée, c'est parce qu'elle seule crée la richesse et les emplois. Si nous voulons que les travailleurs indépendants et les professions libérales ne soient pas « socialisés » c'est que, tout comme pour les agriculteurs, nous pensons qu'une société a besoin de différents statuts de travail. Aujourd'hui, 80 % des gens sont salariés. Soit. Cela présente un inconvénient : où est la liberté du choix ?

Et puis, c'est vrai que nous voulons moins d'Etat. Quand je dis ça, on me répond que je suis contre les fonctionnaires, ce qui est absurde. Il est évident que la première victime de la mainmise socialiste sur l'administration française est l'administration elle-même. D'abord parce qu'elle est politisée à outrance contre son gré, ensuite parce que les créations pléthoriques de fonctionnaires « de seconde zone » nuisent à l'homogénéité du corps même de la Fonction publique. L'administration a, en particulier ces dix dernières années, fait beaucoup d'efforts pour s'adapter aux contraintes nouvelles, il fallait continuer ce mouvement, permettre une pénétration plus facile entre le secteur privé et le secteur public. Tout comme dans la Sécurité sociale : nous voulons, nous, libéraux, redonner leur sens aux sécurités sociales, à la mutuelle, à l'assurance, à la liberté du citoyen de choisir le système qu'il pense lui convenir. Pourquoi toujours l'uniformité ?

Certains disent : « Oui, c'est très bien, mais pourquoi ne l'avez-vous pas fait avant ? » Ce procès est souvent injuste, car nous avons fait énormément de choses, mais, comme l'a fort bien expliqué Giscard lui-même, il était très difficile d'agir avec l'hypothèque socialiste contre nous. Maintenant que l'on sait, en pratique, que « le socialisme, ça ne marche pas » nous serons beaucoup plus libres pour explorer d'autres voies.

C'est ce que dit notre *Manifeste* en affirmant que, « devenu obèse au fil des ans, l'Etat français a besoin d'une sérieuse cure d'amaigrissement », et en ajoutant plus loin que nous proposerons aux Français « un programme en vue de réduire le champ des interventions de l'Etat fondé sur les principes suivants : " déréglementer " aussi largement que possible les activités du secteur privé, réduire et simplifier les interventions économiques de la puissance publique, accroître de façon décisive l'indépendance des entreprises publiques à l'égard de l'Etat et de l'administration, et d'une manière plus large, débureaucratiser notre système économique et social. »

Je crois que le moment est venu et je constate avec plaisir combien l'unanimité est en train de se faire dans l'opposition à ce sujet. Lorsque nos amis RPR du Club 89 parlent de « dévolution républicaine » en évoquant le large mouvement de dénationalisation qu'il faudra peut-être selon Jacques Chirac faire adopter par ordonnances, je ne vois pas ce qu'il y a de différent avec notre idée de capitalisme populaire qui vise à donner aux salariés des entreprises nationalisées les actions que l'Etat socialiste a confisquées au cours du sinistre automne 1981. De même il me paraît urgent d'approfondir la phrase clef de Valéry Giscard d'Estaing : « Il faut rendre les Français propriétaires de la France » et notamment les rendre propriétaires de leurs logements en particulier dans les HLM où les lois qui leur permettent de les acquérir ne sont pas appliquées, par la faute d'une administration socialiste. J'ai déjà mentionné ce point, parce qu'il me semble fondamental.

Le parti républicain a justement la chance de posséder des parlementaires qui ne cessent d'interroger la doctrine libérale pour savoir ce qu'elle peut apporter aux Français — à tous les Français — aujourd'hui, et concrètement. Je pense, en particulier, à Alain Madelin qui est le meilleur théoricien du parti dans ce domaine. Lors de la rédaction de notre *Manifeste,* il n'a pas cessé de batailler pour que le projet soit de la plus pure eau libérale ; autrement il récusait tout en bloc et proposait son propre travail. J'en ai souvent parlé avec lui, car ces questions m'ont toujours passionné, et il a dû reconnaître que notre *Manifeste* était un bon travail, qu'il ne restait qu'à l'approfondir. C'est ce que nous faisons sans cesse.

# ANNEXES

*Note de l'éditeur*

*Durant les dix-huit mois qui viennent de s'écouler, l'Assemblée nationale a connu une dizaine de grands débats politiques.*
*Jean-Claude Gaudin, président du groupe UDF, a eu l'occasion, à plusieurs reprises, de préciser les critiques de son groupe à l'encontre du gouvernement socialo-communiste et de formuler les propositions de l'Union pour la démocratie française.*
*On trouvera ici les extraits du* Journal officiel *relatant ses interventions.*

## Déclaration de politique générale du gouvernement et débat sur cette déclaration
*(J.O. n° 6 du 9-7-81 DG, p. 55)*

*M. le président.* La parole est à M. Gaudin, premier orateur inscrit.

*M. Jean-Claude Gaudin.* Monsieur le président, monsieur le Premier ministre, mes chers collègues, après une longue période électorale, la France et les Français ont choisi.

Le suffrage universel, s'exprimant en deux occasions, les élections présidentielles et les élections législatives, a placé à la présidence de la République le candidat que nous ne soutenions pas et rempli cet hémicycle d'une majorité de députés socialistes. *(Applaudissements sur les bancs des socialistes.)*

Nous prenons acte de ces résultats qui montrent bien que la France reste une grande démocratie dans un monde où la démocratie devient de plus en plus rare.

Au terme de cette double consultation, nous constatons que le parti socialiste dispose pratiquement de tous les moyens pour assurer sa réussite.

Jamais, dans l'histoire de nos Républiques, une formation politique n'a réuni autant de pouvoirs : le pouvoir exécutif, le pouvoir législatif, une part essentielle du pouvoir local, une part non négligeable du pouvoir syndical et culturel et le soutien inconditionnel du parti communiste, artisan lui aussi du 10 mai et du 21 juin.

Seul le Sénat vous échappe.

*Un député socialiste.* Pas pour longtemps !

*M. Jean-Claude Gaudin.* J'y reviendrai d'ailleurs à propos de la place que vous disiez vouloir réserver à la nouvelle opposition.

Cette concentration de pouvoirs jamais connue jusqu'à présent...

*M. Alain Bonnet.* C'est le peuple qui l'a voulue !

*M. Jean-Claude Gaudin.* ... comporte, à notre avis, de nombreux risques pour notre pays. Elle en présente un également pour le parti socialiste. Jamais, comme le déclarait dimanche l'un des membres du secrétariat national du parti socialiste, jamais gouvernement de la V^e République n'aura eu autant de chances.

*M. Pierre Forgues.* C'est la volonté populaire !

*M. Jean-Claude Gaudin.* C'est vrai, mais j'ajouterai que jamais aucun parti n'aura porté d'aussi lourdes responsabilités.

*M. Pierre Forgues.* Nous les assumerons !

*M. Jean-Claude Gaudin.* S'il y a échec, il vous incombera entièrement. *(Applaudissements sur les bancs de l'union pour la démocratie française et du rassemblement pour la République.)*

Pendant deux mois, six mois, un an, vous allez tenter de faire croire au pays que vos difficultés proviennent de l'héritage que vous avez reçu.

*Plusieurs députés socialistes.* C'est vrai !

*M. Jean-Claude Gaudin.* Mais on peut éternellement gouverner en incriminant le passé. Il vous faudra bien, à un moment donné, assumer vos choix, vos réalisations et les orientations que vous aurez prises.

Aussi, dès le début de cette législature, permettez-moi, au nom du groupe UDF, de prendre rendez-vous pour l'avenir devant l'ensemble des représentants de la nation. *(Applaudissements sur les bancs de l'union pour la démocratie française.)*

Vous serez seuls, à l'heure de ce bilan, à porter la responsabilité de votre politique et les Français, qui aujourd'hui vous ont donné les pleins pouvoirs, vous jugeront alors, j'en suis sûr, sans complaisance.

*M. Roland Beix.* Ils vous ont jugés ?

*M. Jean-Claude Gaudin.* L' « état de grâce » et surtout les vacances passées, il vous faudra cesser d'œuvrer dans le manichéisme, car il est bien vrai qu'à vous lire, à vous entendre, la France sortirait d'une période noire. *(Protestations sur les bancs des socialistes et des communistes.)*

Tout cela, monsieur le Premier ministre, ce ne sont que des mots. Il vous faudra quitter l'illusion, car gouverner, et vous le savez parfaitement maintenant, c'est tout autre chose.

La « République des professeurs »... *(Protestations sur les bancs des socialistes et des communistes. — Applaudissements sur les bancs de l'union pour la démocratie française)* ... pour reprendre une expression de M. le président de l'Assemblée nationale...

*M. Dominique Taddei.* Elle vaut bien la République des P-DG !

*M. Jean-Claude Gaudin.* ... ne réussira pas à faire croire aux Français qu'ils étaient à la fois plongés dans la misère économique et privés de toutes les libertés. *(Applaudissements sur les bancs de l'union pour la démocratie française et sur quelques bancs du rassemblement pour la République.)*

Dans ces deux domaines, où en sommes-nous ?

Depuis bientôt deux mois, parallèlement à quelques mesures sociales ponctuelles, vous ne cessez de tenter d'influencer l'opinion en criant que la France est actuellement dans une situation économique et sociale catastrophique.

*Plusieurs députés socialistes.* C'est vrai !

*M. Jean-Claude Gaudin.* Bien sûr, vous avez réussi à déformer le bilan du dernier septennat. *(Protestations sur les bancs des socialistes et des communistes.)*

Je n'en veux pour preuve que les résultats de l'enquête du centre de recherches, d'études et de documentation sur la consommation. Ils montrent une profonde distorsion entre la perception des faits socio-économiques et leur réalité suivant que l'on s'adresse à nos compatriotes individuellement ou collectivement.

Ainsi, collectivement, c'est vrai, deux Français sur trois ont le sentiment qu'au cours des sept dernières années leur niveau de vie s'est détérioré. Mais, à l'inverse, individuellement, deux sur trois considèrent que, durant cette même période, leur situation personnelle s'est améliorée.

En fait, entre décembre 1973 et décembre 1980, le niveau de vie des Français a progressé de 22 p. 100. *(Exclamations sur les bancs des socialistes.)*

Ce décalage entre le perçu et le réel illustre bien la façon dont, depuis de nombreuses années, l'opposition, devenue aujourd'hui majorité, grâce à des supports de presse présents *(vives protestations sur les bancs des socialistes)* a réussi à déformer les résultats d'une politique qui tentait courageusement d'apporter des solutions aux problèmes du pays, dans le cadre de contraintes extrêmement rudes.

*M. Philippe Marchand et M. Roland Beix.* Et Hersant ?

*M. Jean-Claude Gaudin.* Il n'y a pas que M. Hersant. Il y en a d'autres !

Ces résultats, face à une crise mondiale dont vous découvrez mieux sans doute, monsieur le Premier ministre, toute la force, ces résultats, dis-je, quels sont-ils ? D'abord, d'avoir largement, au cours des cinq dernières années, contribué au rétablissement de nos grands équilibres tout en opérant une restructuration profonde de notre appareil productif...

*Un député socialiste.* Et les canards boiteux ?

*M. Jean-Claude Gaudin.* ... restructuration rendue indispensable par la crise.

Cet effort, long et pénible pour tous les Français, a permis à notre pays de surmonter les effets du premier choc pétrolier.

Nous aurions pu, dans les mois qui viennent, maîtriser les conséquences du second.

*M. Jean Valroff.* Pardi !

*M. Jean-Claude Gaudin.* Tout cela, nous l'avons fait en préservant une croissance moyenne de 3 p. 100 entre 1977 et 1979.

Autre aspect fondamental de cette politique : l'option énergétique. Sur les quatre premiers mois de 1981, 34 p. 100 de notre électricité avaient une origine nucléaire, 36 p. 100 provenaient du charbon et de l'hydraulique et 30 p. 100 d'énergies importées. Si cette action est poursuivie, comme nous espérons que vous aurez la sagesse de faire en sorte qu'elle le soit, elle permettra à notre pays de se dégager de la contrainte pétrolière dont vous mesurez sans doute mieux aujourd'hui, monsieur le Premier ministre, tout le poids.

Sur le plan monétaire, le taux de base bancaire, sensiblement égal à celui de nos partenaires européens se situait à un niveau inférieur à celui des Etats-Unis. *(Applaudissements sur les bancs de l'union pour la démocratie française.)*

*M. Dominique Taddei.* Hier, on rasait gratis !

*M. Jean-Claude Gaudin.* La situation des finances publiques, en l'absence de collectif budgétaire, était surtout marquée par un déficit de 48 milliards de francs, soit 1,5 p. 100 du PIB. Ce déficit atteint le double — vous le savez — en République fédérale d'Allemagne.

En ce qui concerne la Sécurité sociale, je rappelle que les comptes ont pu être rééquilibrés en 1980, puisqu'on a connu un excédent de 8,6 milliards cette année-là.

En dépit des effets du second choc pétrolier de 1979, la balance de notre commerce extérieur faisait apparaître une tendance au redressement et, surtout, la situation du franc se caractérisait par une stabilité de cours à l'intérieur du SME. Le 8 mai, les avoirs officiels de change s'élevaient à 363 401 millions de francs. *(Très bien ! très bien, sur plusieurs bancs de l'union pour la démocratie française et du rassemblement pour la République.)*

Enfin, la hausse des prix, comme le taux de chômage, s'inscrivait dans la moyenne enregistrée dans l'ensemble de la Communauté économique européenne.

Voilà les chiffres essentiels d'une politique que vous avez tant décriée.

Lorsque vous commentez l'évolution enregistrée au cours des derniers mois, vous vous bornez à affirmer que la dégradation a été rapide.

Que faites-vous de l'incertitude liée au contexte électoral, incertitude qui a lourdement pesé sur l'activité économique ?

*Un député socialiste.* Vous voulez supprimer les élections, bravo !

*M. Jean-Claude Gaudin.* La baisse spectaculaire du franc au lendemain de l'élection et les mesures drastiques que vous avez dû adopter montrent sans équivoque la perte de confiance enregistrée chez nos principaux partenaires.

*Un député socialiste.* Chez les spéculateurs !

*M. Jean-Claude Gaudin.* Bientôt, sans doute, découvrirons-nous un langage surprenant de la part du Gouvernement, car il sera certainement question des conséquences dépressives du second choc pétrolier et de la hausse des taux d'intérêt dans le monde.

Pourtant, ces choses, vous sembliez les ignorer il y a quelques semaines à peine. *(Très bien ! très bien ! sur plusieurs bancs de l'union pour la démocratie française.)*

Pour les prochains mois, l'avenir de notre économie est préoccupant : baisse du PIB marchand, de l'indice mensuel de la production industrielle, diminution de l'investissement productif privé et surtout augmentation du chômage.

Face à de telles perspectives, vous vous trouvez confronté à plusieurs impératifs difficilement compatibles.

Croyez-vous réellement possible d'augmenter le pouvoir d'achat de certaines catégories sociales, de créer des emplois dans la fonction publique pour combattre le chômage et de contenir simultanément le déficit des finances publiques dans des proportions compatibles avec une politique monétaire « rigoureuse » et le maintien des grands équilibres ?

Prenez garde, monsieur le Premier ministre, que l'ensemble de vos mesures ne porte un préjudice irréparable à l'économie française !

Quels sont en effet les remèdes que vous proposez à la France et que vous commencez à mettre en place ?

En matière d'emploi, vous découvrez les mérites et les vertus des pactes nationaux. *(Applaudissements sur les bancs de l'union pour la démocratie française et sur plusieurs bancs du rassemblement pour la République.)*

Cette découverte mérite d'être soulignée car, il n'y a pas si longtemps, vous proclamiez qu'il s'agissait là d'une invention machiavélique du patronat.

*M. Jacques Blanc.* Très bien !

*M. Jean-Claude Gaudin.* A cela vous addtionnez, ou plutôt vous additionnerez, d'ici à la fin de l'année, 56 000 emplois dans le secteur public, pour un coût de 800 millions de francs, auxquels s'ajouteraient 120 000 créations nouvelles en 1982. Mais, à l'évidence, cela ne permettra pas d'apporter une solution au problème de l'emploi.

Il y a, par ailleurs, la masse des liquidités que vous venez d'injecter dans l'économie par le biais des récentes mesures sociales. Nul ne pourrait les critiquer, bien au contraire. Mais leur véritable efficacité exige avant tout la confiance et le dynamisme économique, et ces deux facteurs ont bien diminué depuis votre arrivée au gouvernement.

Quel sera, en effet, le profit pour les bénéficiaires de ces mesures lorsque, de l'aveu même du ministre de l'économie, la hausse des prix sera supérieure à celle de l'an dernier, s'établissant à 14 p. 100, plus probablement à 15 p. 100 ou à 16 p. 100 ? *(Applaudissements sur plusieurs bancs de l'union pour la démocratie française.)*

Quels seront leurs effets sur l'emploi lorsque les charges des entreprises vont croître, tandis que leurs marges continueront de diminuer ?

Quelle sera enfin leur efficacité après le tour de vis fiscal que vous promettez aux gros contribuables mais dont nous savons bien qu'à terme il touchera l'ensemble des Français ? *(Applaudissements sur les mêmes bancs.)*

Vous devez savoir que d'autres remèdes — ceux par exemple qui s'inspireraient de la trop fameuse stratégie de « rupture » — ne vous permettraient pas davantage d'améliorer la situation de la France.

Les vieilles incantations idéologiques du siècle dernier ne feront pas disparaître par miracle les maux du monde contemporain. *(Applaudissements sur les bancs de l'union pour la démocratie française et sur plusieurs bancs du rassemblement pour la République.)*

*M. Dominique Taddei.* Le libéralisme avancé !

*M. Jean-Claude Gaudin.* Pourtant, si l'on se fie aux récents propos de M. Mermaz, elles semblent tout à coup revenir au premier plan de l'actualité.

Certains socialistes avaient, à une époque, dénoncé les archaïsmes de toute nature qui pesaient sur leur parti et, surtout, sur leur doctrine. Aujourd'hui, il semble bien, hélas, que le parti de l'archaïsme ait triomphé. *(Applaudissements sur les bancs de l'union pour la démocratie française et du rassemblement pour la République.)*

Pour justifier les nationalisations et, enfin, rassurer l'opinion, certains d'entre vous se prévalent même de l'œuvre accomplie par le général de Gaulle.

*M. Dominique Dupilet.* C'est vous qui l'avez poignardé.

*M. Jean-Claude Gaudin.* Explication, certes, commode mais qui ne saurait résister sérieusement à l'analyse car la situation économique de notre pays à l'heure actuelle ne saurait être sérieusement comparée à celle de la Libération.

On nous dit encore, en changeant de vocabulaire afin de ne pas effrayer : « L'extension du secteur public est un moyen de politique industrielle et non une fin en soi. »

On nous dit toujours : « Lorsque l'ensemble des nationalisations sera fait, le secteur public représentera, en France, 16 p. 100 de la production nationale brute... Il n'y aura pas de nationalisation rampante de l'économie. » Cela mérite que l'on s'y arrête, et la façon dont vous obtenez ce chiffre doit être éclaircie, car nous pensons, à l'inverse, que 50 p. 100 de la production industrielle seraient alors dans les mains du secteur public.

On nous dit enfin : « Il n'y aura pas de spoliation des actionnaires. » Mais l'on se garde bien de nous dire comment se feront l'évaluation des titres et le mode de rémunération.

Il faut maintenant que l'on nous dise clairement quelles options vont prévaloir ; il faut que nous sachions si notre pays demeurera dans une économie de marché et de libertés, à laquelle nous sommes attachés, ou si, comme le souhaitent certains, la stratégie de rupture sera mise en place.

Eh bien, il faut que les partisans de cette stratégie sachent au moins que la nationalisation de l'industrie automobile et de la sidérurgie anglaises n'a pas empêché la faillite et les licenciements massifs. *(Applaudissements sur les bancs de l'union pour la démocratie française et sur plusieurs bancs du rassemblement pour la République.)*

Aujourd'hui — nous l'avons déjà dit — le parti socialiste dispose d'un immense pouvoir.

*M. Dominique Taddei.* Tant mieux !

*M. Dominique Dupilet.* On s'en réjouit !

*M. Jean-Claude Gaudin.* En ce début de législature, nous prenons date pour examiner, le moment venu, son bilan. Oh, rassurez-vous, nous ne serons point de ceux qui exigent tout et tout de suite. Nous savons trop bien que l'effort a besoin de la durée pour réussir.

Mais, lorsque le temps sera venu, nous verrons bien ce dont vous aurez été capables.

*M. Dominique Dupilet.* Le peuple verra !

*M. Jean-Claude Gaudin.* Nous verrons bien si le nombre des chômeurs a diminué.

Nous verrons bien si vous avez réussi à juguler l'inflation.

Nous verrons bien surtout si les Français, en ce printemps 1981, ont eu raison ou tort de vous faire confiance.

Mais il est un domaine où la situation présente est encore plus inquiétante. C'est celui des libertés.

Car, enfin, monsieur le Premier ministre, qu'avons-nous entendu au cours de la campagne électorale ?

Qu'il n'y aurait pas de chasse aux sorcières dans l'audiovisuel, que la liberté de l'enseignement serait préservée et encore beaucoup d'autres choses rassurantes.

Et à quoi assistons-nous ?

Arrêtons-nous un instant sur les titres de la presse écrite :

« Examen de passage pour Copin et Cavada » ; « Le P-DG idéal selon les rédactions » ; « A bas les tsars. »

Dans les chaînes de télévision et à la radio, les assemblées générales succèdent aux assemblées générales ; on procède à des votes d'approbation ou de rejet des responsables et, trop souvent, les anciens sont amenés à disparaître ou à s'expliquer.

Faut-il d'ailleurs incriminer ceux qui se livrent à ce jeu ?

Nous mesurons là l'écart existant entre les promesses et les réalités. Comment, dans ces conditions, faire crédit à la réforme de l'audiovisuel qui nous est annoncée ?

Il en est de même en ce qui concerne la liberté de l'enseignement.

Chaque fois que nous vous interrogions sur ce sujet au cours de la campagne électorale, vous répondiez presque sans ambiguïté : « Pluralisme ».

Chaque fois que nous démontrions que tout, dans votre programme, dans vos écrits, dans plusieurs de vos déclarations, nous faisait craindre la disparition de l'enseignement libre et la réapparition du sectarisme, vous hurliez : « Mensonge ! Manœuvre électorale ! ».

Pourtant, là encore, permettez-moi de citer quelques titres de journaux...

*M. Jean-Pierre Balligand.* De quelle presse ?

*M. Jean-Claude Gaudin.* « Consignes de boycottage », « Les écoliers du privé interdits de diplôme » *(Protestations sur les bancs des socialistes) ;* « L'étrange silence du ministre de l'Education ». *(Applaudissements sur les bancs de l'union pour la démocratie française et du rassemblement pour la République.)*

Voilà où nous en sommes trois semaines après le second tour des législatives.

Vous nous accusez de vouloir ranimer la guerre sociale.

*M. Dominique Dupilet.* Oui. Vous le voulez !

*M. Jean-Claude Gaudin.* Mais l'enseignement libre devrait-il se laisser étouffer sans un cri ?

Car, enfin, ce sont bien vos amis du syndicat national des instituteurs qui ont diffusé dans plusieurs départements, auprès de leurs adhérents, cette consigne impérative : « Il est exclu que nous puissions accepter la participation aux jurys départementaux de personnels de l'enseignement privé sous contrat. »

*Plusieurs députés de l'union pour la démocratie française.* C'est scandaleux !

*M. Jean-Claude Gaudin.* Je cite encore : « Quittez la séance avant l'examen des dossiers émanant des élèves du privé. »

Le Gouvernement a-t-il pris des sanctions ? Je ne le crois pas.

Vous nous dites : « Il n'est pas question de supprimer l'enseignement libre. Tout sera négocié. » Mais que faut-il négocier si l'on ne veut rien changer ?

En fait, c'est une asphyxie progressive que vous allez tenter de mettre en œuvre.

Nous n'accepterons pas que soit porté atteinte à l'une des libertés fondamentales de notre société : la liberté pour les parents de choisir l'école de leurs enfants. *(Applaudissements sur les bancs de l'union pour la démocratie française et du rassemblement pour la République.)*

Nous nous sommes toujours battus contre le sectarisme et l'intolérance. Plus que jamais, nous sommes décidés à mener ce combat. Car comment accepter que, toujours au nom de la liberté, on puisse amnistier certains détenus condamnés pour des délits très graves, même ceux qui ont tiré sur l'ancien ministre de la coopération ?

Comment accepter les exigences des syndicats de police réclamant le départ de certains responsables ?

Comment accepter la mise en cause des recteurs par les syndicats d'enseignants ? *(Protestations sur les bancs des socialistes. — Applaudissements sur les bancs de l'union pour la démocratie française et du rassemblement pour la République.)*

C'est dans ce climat que vous nous proposez d'être ce que vous n'avez jamais été vous-mêmes : une opposition participative.

Eh bien, monsieur le Premier ministre, ne comptez pas sur nous pour vous apporter une quelconque caution !

*M. Jean-Pierre Balligand.* Bravo ! (*Sourires.*)

*M. Jean-Claude Gaudin.* Mais, à la différence de ce que vous avez fait vingt-trois ans durant, notre opposition ne sera ni aveugle ni systématique !

*M. Dominique Taddei.* C'est très mal commencé !

*M. Jean-Claude Gaudin.* Lorsqu'elles existeront, nous saurons reconnaître les bonnes décisions.

Toutefois, permettez-moi de vous dire que ce n'est pas le discours programme que vous venez de nous présenter qui nous entraînera dans cette voix.

Le régime que vous mettez en place s'apparente tout à fait à un socialisme étatique. *(Exclamations et rires sur les bancs des socialistes. — Applaudissements sur les bancs de l'union pour la démocratie française et du rassemblement pour la République)* et la présence de ministres communistes à des postes non négligeables dans votre gouvernement nous indique clairement le chemin que vous entendez suivre !

Qu'il me soit permis de constater toutefois que certains ne s'engagent pas dans ce chemin avec la même ardeur. Ceux-là ont même cru nécessaire d'affirmer que leurs collègues communistes n'auraient pas connaissance de tous les dossiers, que tout ne serait pas abordé en conseil des ministres, et cela sans parler des « garçons de courses ». *(Applaudissements sur les bancs du l'union pour la démocratie française et sur plusieurs bancs du rassemblement pour la République.*

*M. Alain Bonnet.* Vous dites n'importe quoi !

*M. Jean-Claude Gaudin.* On pourrait être tenté de dire que cela est votre affaire, que chacun choisit ses alliances. Mais cela est trop grave pour qu'un silence complice s'étende sur cette question.

La participation de communistes au Gouvernement s'inscrit parfaitement dans la stratégie de rupture que vous avez prônée des années durant. Vous l'avez mise entre parenthèses pendant la campagne électorale.

*M. Jean-Pierre Balligand.* C'est faux !

*M. Jean-Claude Gaudin.* Aujourd'hui, elle resurgit. Quel doit être l'étonnement des électeurs qui vous ont fait confiance au nom de la social-démocratie ! *(Exclamations sur les bancs des socialistes. — Applaudissements sur les bancs de l'union pour la démocratie française et du rassemblement pour la République.)*

En fait, vous n'avez pas changé depuis que vous avez opté pour un bouleversement complet de notre société.

*M. Dominique Dupilet.* Vous n'avez rien compris !

*M. Jean-Claude Gaudin.* Voilà bien la finalité de votre action puisque M. le président de l'Assemblée nationale déclarait, après avoir fait une très regrettable distinction entre les bons élus socialistes et les autres... *(Applaudissements sur plusieurs bancs de l'union pour la démocratie française et du rassemblement pour la République.)*

*M. Alain Bonnet.* C'est vous qui dites cela !

*M. Jean-Claude Gaudin.* ... « La construction du socialisme demandera énormément de temps... Il va rester pendant des dizaines d'années un très vaste secteur en économie de marché... »

Cela signifie que certains espèrent qu'à l'horizon de l'an 2000, la France aura totalement basculé dans un régime collectiviste. *(Exclamations sur les bancs des socialistes. — Applaudissements sur les bancs de l'union pour la démocratie française.)*

De ce régime, nous ne voulons pas ! *(Applaudissements sur les bancs de l'union pour la démocratie française et du rassemblement pour la République.)* Mais nous serons une opposion constructive *(Exclamations sur les bancs des socialistes)*, une force de proposition.

Les élus du groupe de l'UDF feront tout ce qui est en leur pouvoir pour combattre ce qui pourrait compromettre l'avenir des Français et de la France.

Mais ils présenteront aussi des solutions de sagesse.

*M. Pierre Forgues.* Comme pendant la campagne électorale ?

*M. Jean-Claude Gaudin.* On nous a dit que nos propositions de loi seraient étudiées.

*M. Pierre Forgues.* Elles l'étaient avant ?

*M. Jean-Claude Gaudin.* Nous verrons bien, mais soyez sûr, monsieur le Premier ministre, que nous ne serons ni passifs, ni muets, ni inactifs.

Avec nos collègues et nos amis sénateurs qui, je le souligne solennellement, sont eux aussi des élus de la nation...

*M. Alain Bonnet.* Qui a prétendu le contraire ?

*M. Jean-Claude Gaudin.* ... — et cela malgré les réticences de votre part, qui expliquent votre refus de participer au bureau des commissions permanentes — avec nos amis sénateurs, dis-je, nous emploierons tous les moyens législatifs que la Constitution nous donne, avant que vous ne la réformiez, pour exprimer notre personnalité et défendre les quelque cinq millions de Français que nous représentons ici.

*M. Pierre Forgues.* Les P-DG ?

*M. Jean-Claude Gaudin.* Dans l'immédiat, monsieur le Premier ministre, vous proposez à notre assemblée de délibérer en vingt jours, tout à la fois de l'amnistie, de la suppression de la Cour de sûreté de l'Etat, du projet de loi de finances rectificative et de la réforme régionale.

Pensez-vous vraiment qu'il soit possible d'accomplir du bon travail dans une aussi grande précipitation ?

Pensez-vous vraiment qu'il soit possible que nous puissions traiter en quelques heures un sujet aussi vaste que la réforme régionale ? D'autant que vous affirmez qu'il sera, sur le plan des institutions, la grande affaire du septennat.

L'organisation matérielle de ces débats montrera si, vraiment, la voix des élus peut se faire entendre dans cet hémicycle. Elle nous permettra de tester votre volonté de donner au Parlement la juste part qui doit être la sienne.

Je ne vous rappellerai pas, pour conclure, nos motifs d'inquiétude : vous les connaissez.

Votre politique dans le domaine économique ne peut guère nous laisser d'espérance.

En revanche, j'insiste sur la question des libertés, monsieur le Premier ministre, devant vous qui passez pour un homme de dialogue et de concertation...

*M. Didier Chouat.* Il l'est !

*M. Jean-Claude Gaudin.* ... car nous nous souvenons que vous aviez accepté de recevoir dans votre mairie M. Valéry Giscard d'Estaing ; quelle sera votre attitude face à tous les agissements qui, soyez-en sûr, ne renforcent pas le parti socialiste mais dégradent la démocratie ?

Lorsque les libertés sont menacées...

*M. Alain Bonnet.* Elles l'étaient par vous !

*M. Jean-Claude Gaudin.* ... lorsque l'économie est précaire, le pays s'affaiblit et, nous le savons, un pays qui s'affaiblit n'a bientôt plus les moyens de sa politique étrangère.

*M. Pierre Forgues.* Vous êtes bien placé pour le savoir !

*M. Jean-Claude Gaudin.* Ici et là, nous apercevons des signaux d'alarme : la Communauté européenne ou le Mexique !

*M. Louis Darinot.* Vous faites le bilan du passé ?

*M. Jean-Claude Gaudin.* Dans ce domaine, le groupe de l'UDF ne s'associera jamais à d'éventuels renoncements.

*M. Dominique Taddei.* Sécurité et libertés !

*M. Jean-Claude Gaudin.* Au-delà des péripéties de sa politique intérieure, notre pays doit garder son rayonnement dans le monde.

*M. Didier Chouat.* Qu'est-ce que vous avez fait pendant sept ans ?

*M. Jean-Claude Gaudin.* Ce sera, en tous les cas, l'une des préoccupations essentielles des élus de l'UDF au cours de cette législature, car, soyez-en sûr, monsieur le Premier ministre, là comme ailleurs, seul l'intérêt du pays inspirera notre action. *(Applaudissements sur les bancs de l'union pour la démocratie française et du rassemblement pour la République.)*

## Politique générale
## Motion de censure
## *(J.O. n° 25 du 16-9-81 DG, p. 105)*

*M. le président.* La parole est à M. Gaudin.

*M. Jean-Claude Gaudin.* Mesdames, messieurs, une deuxième fois en moins de quatre mois, l'Assemblée nationale se trouve réunie en session extraordinaire. ***(De nombreux députés socialistes quittent l'hémicycle.)***

Lorsqu'on examine, même sommairement, le calendrier des travaux arrêtés, on ne peut que s'étonner du peu de temps consacré à l'examen des problèmes essentiels qui se posent actuellement aux Français.

On aurait pu penser effectivement que se poursuive autrement que par des mots ou des déclarations le combat déjà engagé contre le chômage et l'inflation par le gouvernement précédent.

Pourtant, monsieur le Premier ministre, il est aisé de constater qu'en réalité vous vous égarez sur des voies secondaires.

En fait, vous voulez abuser l'opinion en lui donnant l'illusion que toute votre activité est consacrée à la recherche de solutions destinées à réduire le chômage et à juguler l'inflation.

*M. Michel Noir.* Monsieur le président, nos collègues socialistes manquent de courtoisie en quittant l'hémicycle. Où sont les « droits de l'opposition » ?

*M. Jean-Claude Gaudin.* L'opinion reste en attente. Comme vous l'avez vous-même affirmé, monsieur le Premier ministre, la gauche sera d'abord jugée sur sa politique économique. Vous avez, là, un rendez-vous historique avec les Français. Jusqu'à ce jour, comme sœur Anne, ils n'ont rien vu venir. ***(Protestations sur les bancs des socialistes.)***

Voilà un peu plus de cent jours que le parti socialiste tient les rênes du pouvoir, de tout le pouvoir. Le temps, certes, n'est point encore venu de porter un jugement définitif sur l'action engagée.

Mais les semaines ont passé et l'on peut discerner les axes prioritaires de votre politique.

Dans l'agitation, dans la précipitation surtout, comme si le temps vous était compté, alors que l'horizon apparaît dégagé de toute grande consultation politique, alors que les institutions vous garantissent la propriété exclusive du pouvoir pour longtemps, vous avez conduit le pays sur les chemins du changement, un changement que vous voulez irréversible, oubliant sans doute que le suffrage universel peut toujours défaire ce qu'il a fait et que l'alternance n'est pas condamnée au sens unique.

Le bilan de ces cent premiers jours permet plusieurs constatations.

*M. Parfait Jans.* Et le bilan de vingt-trois ans de pouvoir ?

*M. Jean-Claude Gaudin.* D'abord, tout ce que votre gouvernement a élaboré, dit ou contredit durant cet été n'a pas répondu aux aspirations majeures des Français.

C'est pour combattre deux fléaux — l'inflation et le chômage — que les Français vous ont portés au pouvoir. Or, dans ces deux domaines, aucune amélioration, même légère, n'a pu être enregistrée. Il existe donc déjà un décalage important entre votre action, vos engagements électoraux et l'espérance du pays.

On peut ensuite observer plusieurs lignes de force qui caractérisent le comportement du nouveau gouvernement.

Durant un quart de siècle, dans l'opposition, vous avez beaucoup parlé, beaucoup écrit, porté des jugements sur tout, construit des programmes organisant notre société dans le moindre détail. Arrivés au pouvoir, vous découvrez que les mots ont peu de prise sur la réalité. Vous découvrez que la crise dont vous aviez toujours nié les effets existe bel et bien. Vous découvrez que la croissance ne se décrète pas en conseil des ministres et que les patrons sont indispensables pour créer des emplois.

Et la France, elle, découvre que, confrontés à l'épreuve des faits, les socialistes n'étaient pas prêts à diriger le pays. *(Exclamations sur les bancs socialistes — Applaudissements sur les bancs de l'union pour la démocratie française et du rassemblement pour la République.)*

Cette absence de préparation, cette immaturité se révèlent pleinement dans votre incapacité à surmonter vos contradictions. *(Protestations sur les bancs des socialistes.)*

Que de discours contradictoires en quelques semaines ! Que d'affirmations d'un jour, démenties le lendemain ! Que de projets annoncés par un ministre, nuancés par un second et démentis par un troisième !

*Un député communiste.* C'est la démocratie !

*M. Jean-Claud Gaudin.* Chacun se souvient de la valse-hésitation sur l'arrêt puis la reprise des expériences nucléaires.

Les Espagnols ne savent plus si la France accueillera les terroristes basques ou bien si elle les refoulera.

Le service militaire doit durer un an si l'on écoute le ministre de la Défense, six mois si l'on entend le groupe parlementaire socialiste.

Les immigrés voteront aux municipales, puis ils ne voteront plus.

On stoppe le programme énergétique nucléaire, puis on redémarre là, mais pas ailleurs. L'un dit que l'usine de La Hague n'est qu'une poubelle, l'autre que c'est une blanchisserie. *(Rires et applaudissements sur les bancs de l'union pour la démocratie française et du rassemblement pour la République.)*

Quelle confusion !

Même M. Mitterrand fait preuve d'une belle incohérence lorsqu'il fait désarmer les avions de combat au salon aéronautique du Bourget et qu'il reprend ensuite les ventes d'armes à la Libye, pourtant grande protectrice du terrorisme mondial. Nous avons, là, une splendide illustration de la maxime évangélique selon saint Matthieu, qui commande à « la main gauche » de M. Mitterrand « d'ignorer ce que fait sa main droite ». *(Rires et applaudissements sur les mêmes bancs.)*

Peut-être y a-t-il des accommodements avec le ciel. Il n'y en a pas avec la balance du commerce extérieur.

Toutes ces contradictions atteignent un tel niveau, monsieur le Premier ministre, que vous avez été obligé de déclarer : « L'opinion ne s'y trompe pas et elle distingue sans peine les décisions en conseil des ministres, les déclarations officielles, des propos qui relèvent de l'animation du débat démocratique ».

En vérité, il est bien improbable que toute cette confusion puisse aider nos concitoyens à voir plus clair dans votre politique. En revanche, vous retrouverez une totale unanimité pour mettre en place l'Etat socialiste.

Vous qui, pourtant, lorsque vous étiez l'opposition, vous montriez si sourcilleux sur l'indépendance des médias et de la fonction publique, dès votre installation, vous n'avez reculé devant aucun excès.

On ne compte plus les journalistes licenciés brutalement, les recteurs rétrogradés, les préfets mutés.

Rapidement et méthodiquement, vous investissez l'appareil de l'Etat en plaçant vos hommes à tous les niveaux. Un seul critère : être socialiste. *(Applaudissements sur les bancs de l'union pour la démocratie française et du rassemblement pour la République.)*

*M. Serge Beltrame.* Vous vous trompez. Et nous n'avons nulle intention de vous copier.

*M. Jean-Claude Gaudin.* Car voilà la clef de voûte, l'objectif final de toute l'action gouvernementale : imposer le socialisme, son dogme et ses symboles.

Vous excelliez dans l'art du culte des symboles lorsque vous étiez dans l'opposition. Vous en faites aujourd'hui une technique de gouvernement.

Il n'existe pas un domaine où vous n'ayez voulu, par des affirmations de principe ou des gestes symboliques, marquer la rupture avec le passé antérieur au 10 mai.

*M. Serge Beltrame.* Heureusement !

*M. Jean-Claude Gaudin.* C'est de cette symbolique du changement que procède votre volonté d'abroger, immédiatement ou à terme, nombre de textes législatifs, comme l'élection des conseils d'université ou les conditions d'entrée et de séjour des immigrés.

Autre exemple d'attachement aux symboles : l'abolition de la peine de mort, où vous refusez aux Français le référendum qu'ils souhaitent et où vous refusez de poser le problème de la peine de remplacement.

Autre trouvaille ces jours-ci : la célébration du 19 mars 1962, devenu date nationale. Voilà un geste bien inutile et aussi bien cruel à l'égard de tous ceux qui ont souffert de cette tragédie nationale. *(Applaudissements sur les bancs de l'union pour la démocratie française et du rassemblement pour la République.)*

En fait, toutes ces abrogations, toutes ces décisions se justifient moins par la volonté de réformer utilement que par celle de justifier vos combats passés, de discréditer le travail de vos prédécesseurs dans tous les domaines et d'ériger le socialisme en religion d'Etat.

Dans cette voie, vous allez toujours plus loin. Les électeurs qui croyaient qu'une fois élu, François Mitterrand se dépêcherait d'oublier le projet socialiste, ont dû bien vite déchanter.

Ils étaient pourtant nombreux, ceux qui nous reprochaient de vouloir faire peur aux Français quand nous exposions le contenu du projet socialiste. Ils doivent être déçus, ceux qui croyaient pouvoir faire une distinction entre les doctrinaires et les modérés, pensant que ces derniers l'emporteraient dans les conseils du Gouvernement.

Or qu'avons-nous vu, aussi bien à l'Assemblée qu'au Gouvernement, sinon un triomphe constant des « maximalistes » ? Ils ont toujours durci les projets du Gouvernement comme, par exemple, lorsqu'ils ont accentué le sectarisme de la loi d'amnistie ou bien encore obtenu les nationalisations à 100 p. 100.

Manque flagrant de préparation, incapacité à surmonter les contradictions, chasse aux sorcières, investissement de l'appareil de l'Etat, culte des symboles, prééminence des maximalistes...

*M. Serge Beltrame.* L'apocalypse selon Gaudin !

*M. Jean-Claude Gaudin.* ... voilà ce qui caractérise l'action socialiste de ces cent premiers jours. *(Applaudissements sur les bancs de l'union pour la démocratie française et du rassemblement pour la République.)*

Les Français espéraient mieux.

M. François Mitterrand, Président de la République, vient d'affirmer : « Aucun chômeur n'est dû à notre politique. »

*M. Jean Valroff.* Exact !

*M. Jean-Claude Gaudin.* Il est facile de répliquer qu'aucun chômeur n'a retrouvé un emploi grâce à votre politique ! *(Applaudissements sur les mêmes bancs.)*

Les chiffres sont là pour le prouver et vous savez bien que la situation économique se dégrade quotidiennement. Tous les indicateurs de conjoncture grimpent vers le rouge.

Le nombre des chômeurs, l'indice des prix, la chute du franc, la baisse de la production industrielle, les fermetures d'entreprises, voilà autant de signes qui indiquent, sans contestation possible, à tous les Français que votre politique économique a raté son départ. *(Nouveaux applaudissements sur les mêmes bancs.)*

Dans l'opposition, vous vous faisiez forts de réduire rapidement et durablement le chômage. Or, depuis le 10 mai, celui-ci n'a cessé de croître. A la fin de l'année, nous dépasserons probablement, hélas, le cap des deux millions de chômeurs.

En juin 1981, on a compté un tiers de faillites de plus que l'année précédente.

Vous ne pourrez pas vous abriter éternellement derrière l'héritage de la précédente gestion, que vous vous attachez à caricaturer sans le moindre souci d'objectivité. *(Mêmes mouvements.)*

Dans les mois qui viennent, tous les Français vont découvrir que la lutte contre la crise, une lutte efficace, est incompatible avec le changement de société, votre objectif prioritaire.

Pour réussir, un gouvernement a besoin de la confiance. Or vous faites tout pour la briser.

Pour réussir, un gouvernement doit agir avec réalisme. Or c'est le dogme qui vous guide.

Pour réussir, un gouvernement doit agir dans la clarté. Or c'est la confusion qui règne.

Vous dites que vous allez terrasser le chômage. Mais vous limitez la relance et vous mettez en accusation ceux qui pourraient créer des emplois.

Vous dites que vous allez relancer l'activité par la consommation. Mais vous multipliez les impôts nouveaux qui grèveront lourdement le pouvoir d'achat.

Vous dites que vous n'augmenterez pas la pression fiscale, mais, en même temps, vous créez un impôt exceptionnel qui frappera plusieurs millions de contribuables.

Vous n'hésitez même pas à pénaliser l'outil de travail. D'ailleurs, vos impôts seront bientôt à l'image de nos sessions parlementaires : il y aura plus d'impôts exceptionnels que d'impôts ordinaires. *(Rires et applaudissements sur les bancs de l'union pour la démocratie française et du rassemblement pour la République.)*

Nous retrouverons cette même incohérence dans votre attitude à l'égard des chefs d'entreprises.

On ne fait pas appel aux chefs d'entreprises en votant une loi d'amnistie discriminatoire à leur égard. *(Applaudissements sur les bancs de l'union pour la démocratie française et du rassemblement pour la République.)*

*M. François d'Aubert.* Très bien !

*M. Jean-Claude Gaudin.* On ne peut être pris au sérieux par des chefs d'entreprises lorsqu'on promet un abaissement des charges et qu'on aggrave en même temps la pression fiscale.

On ne fait pas appel au dynamisme, à la responsabilité et à la créativité en nationalisant, sans nécessité, plus de 50 p. 100 de notre économie.

*M. le Premier ministre.* Oh !

*M. François d'Aubert.* Très bien !

*M. Jean-Claude Gaudin.* Soumis à un véritable régime de douche écossaise, les patrons ne sont guère encouragés à créer des emplois, ces emplois dont nous avons tant besoin.

D'ores et déjà, vous portez dans ce domaine une lourde responsabilité.

N'oubliez pas, monsieur le Premier ministre, que c'est la France encore capitaliste qui, dans un élan de solidarité auquel nous souscrivons pleinement, vient en aide aux Polonais, socialistes malgré eux. *(Applaudissements sur les bancs de l'union pour la démocratie française et du rassemblement pour la République.)*

Pire : en fonctionnarisant une vaste portion du secteur privé, dans son ensemble compétitif et performant, vous engendrerez une sclérose dont l'économie française ne se remettra que très difficilement.

Il n'existe que de rares exemples de sociétés nationalisées faisant preuve d'un dynamisme supérieur à celui des entreprises privées. La compétitivité résulte avant tout d'un climat psychologique.

Si l'économie française n'est plus capable de se battre sur les marchés internationaux, elle perdra vite la place privilégiée qu'elle y occupe encore. Voilà pourquoi nous sommes opposés aux nationalisations. Non pas pour préserver un illusoire grand capital, non pas pour défendre un monopole bien moins réel dans l'économie libérale que dans le collectivisme, mais pour éviter qu'un jour les Français, tous les Français, et surtout les travailleurs, ne supportent les conséquences d'une mesure absolument injustifiable sur le plan économique, et sans doute aussi inconstitutionnelle. *(Applaudissements sur les bancs de l'union pour la démocratie française et du rassemblement pour la République.)*

Et je n'évoque la question des indemnisations que pour poser une question : pourquoi nationaliser à 100 p. 100 alors que 51 p. 100 auraient suffi à l'Etat pour s'assurer le contrôle des entreprises concernées ? Pourquoi ce « maximalisme » qui coûtera cher au contribuable, à tous les contribuables ? Peut-être tout simplement parce que cela est écrit sur les tables de la loi socialiste.

Alors où est l'imagination que vous deviez mettre au travail ?

En fait, vous vous contentez de mettre en œuvre les vieilles incantations marxistes : les nationalisations ; « faire payer les riches ».

Cela ne vous permettra ni de venir à bout du chômage ni de réduire l'inflation.

Par contre, ces vieilles recettes inadaptées à la lutte économique risquent d'écarter la France du peloton de tête des nations industrielles, peloton de tête que vingt ans d'efforts nous avaient permis de rejoindre.

Impuissants contre le chômage, vous ne réussissez pas mieux contre l'inflation.

Après les 1,7 p. 100 de hausse en juillet et les 1,3 p. 100 d'août, celle-ci galope à un rythme annuel de près de 18 p. 100.

Là aussi, vous avez beau évoquer « l'ombre de la gestion précédente », les Français deviennent sceptiques.

Où sont vos promesses d'améliorer substantiellement le pouvoir d'achat des travailleurs ?

Certains ministres, et pas les moins à gauche, commencent à murmurer que l'on ne pourra freiner l'inflation qu'en diminuant le pouvoir d'achat des salariés. Nous voilà bien loin des promesses électorales que vous nous avez prodiguées.

On ne lutte pas contre l'inflation avec des mots.

On ne lutte pas contre l'inflation en acceptant volontairement que le déficit budgétaire atteigne le chiffre alarmant de 100 milliards de francs, voire plus.

Car comment financerez-vous ce déficit auquel il faudra, hélas, additionner les déficits de l'assurance chômage et de la Sécurité Sociale ?

*M. Michel Noir.* Très bonne question. On attend la réponse.

*M. Jean-Claude Gaudin.* Ce n'est pas l'emprunt à 16,75 p. 100, taux qui d'ailleurs révèle bien votre pessimisme à l'égard de votre lutte contre l'inflation, non, ce n'est pas l'emprunt d'Etat qui suffira à combler ce gouffre, même si l'on y ajoute le produit de l'impôt sur la fortune et celui de l'impôt chômage. Alors, il vous faudra faire appel, une fois de plus, aux contribuables, ou bien, solution plus facile mais plus dangereuse, à la « planche à billets ».

Dans ces conditions, quel crédit les Français peuvent-ils accorder aux déclarations du ministre de l'Economie lorsque celui-ci annonce pour l'an prochain une inflation réduite miraculeusement de 8 p. 100 ?

Dans ce domaine aussi, les seuls remèdes efficaces se nomment effort, stabilité, confiance, des mots qu'il est difficile d'intégrer dans votre vocabulaire.

Pourtant, si vous renoncez à ce traitement de choc, la France risque de devenir bientôt l'homme malade non seulement de l'Europe, mais de l'ensemble du monde occidental.

Il faut, là aussi, monsieur le Premier ministre, une autre volonté, et surtout un autre climat de confiance. Mais une confiance réciproque : celle des patrons envers l'Etat, mais aussi et surtout celle de l'Etat envers les patrons.

Reconnaissez avec moi que cette confiance-là est accordée aujourd'hui bien chichement. Elle permettrait pourtant de donner une efficacité certaine aux mesures d'aide aux entreprises que vous venez d'annoncer. Autrement, pourquoi voudriez-vous qu'un patron développe son activité s'il constate que, parallèlement à celle-ci, les charges fiscales augmentent ?

Nous aussi, nous savons que le chômage, avant d'être un fléau économique est avant tout un drame humain. Mais nous craignons que vos projets ne s'avèrent peu efficaces et, surtout, étriqués.

Inefficaces, car si la solidarité nationale s'affirme indispensable, l'assistance généralisée reste une solution artificielle qui peut masquer la réalité, mais qui ne la change pas.

Créer des emplois dans la fonction publique ne répond pas actuellement à un besoin réel. Il vaudrait mieux prospecter de nouveaux marchés extérieurs.

Réduire le temps de travail, oui. Mais malheureusement, cela n'augmente pas le carnet de commandes des entreprises.

La préretraite ? Bien sûr, les travailleurs la méritent ! Mais n'aura-t-elle pas toute son efficacité que lorsque la démographie équilibrera les contingents d'entrée et de sortie ? D'ailleurs il n'y a pas si longtemps, vous étiez vous-mêmes très réservés sur cette possibilité...

Etriqués, car ils négligent la vraie dimension de la crise. Votre vision semble buter contre les limites de l'hexagone.

Notre pays ne peut vivre en autarcie. Nous sommes tributaires d'une situation mondiale. Nous n'avons pas de ressources naturelles d'énergie, la main-d'œuvre étrangère coûte moins cher que la nôtre, nous consommons trop de produits extérieurs.

Alors, portons notre effort sur la reconquête du marché international, redonnons confiance à nos entreprises, imposons la technologie française, par sa qualité.

Hélas ! vous avez choisi d'autres chemins. Je dis hélas, car nous ne souhaitons pas votre échec. Il serait aujourd'hui, par le jeu des institutions de la V$^{e}$ République, l'échec de la nation tout entière.

Nous avons pour notre pays une ambition plus haute que la simple reconquête du pouvoir. Mais nous pressentons que votre échec sera inévitable.

Nous ne voulons pas vous voir conduire la France à la faillite.

Nous ne voulons pas que la société de liberté, de justice et de progrès en laquelle nous croyons soit mutilée.

Enfin, nous ne voulons pas que la France perde sa place dans le monde.

C'est pourquoi, monsieur le Premier ministre, les députés de l'union pour la démocratie française voteront sans hésitation la motion de censure déposée par leurs camarades du rassemblement pour la République. ***(Applaudissements prolongés sur les bancs de l'union pour la démocratie française et du rassemblement pour la République.)***

## Discussion de la motion de censure
*(J.O. n° 40 du 13-10-81 DG, p. 1678)*

*M. le président.* L'ordre du jour appelle la discussion de la motion de censure jointe à la demande d'interpellation de M. Jean-Claude Gaudin et déposée, en application de l'article 49, alinéa 2, de la Constitution, par M. Jean-Claude Gaudin et soixante membres de l'Assemblée[1].

Le texte de cette motion de censure a été communiqué à l'Assemblée dans sa séance du mardi 6 octobre 1981.

Je rappelle les termes de cette motion de censure :

« Considérant que l'augmentation excessive et injustifiée des dépenses publiques prévue par le projet de loi de finances 1982 entraîne un déficit inacceptable de 95 milliards de francs, sans précédent sous la Ve République et qu'elle déstabilise l'équilibre économique de notre pays et risque de remettre en cause notre indépendance nationale, sans pour autant apporter des solutions réelles et durables aux problèmes de l'emploi.

« Considérant que la brutale et dangereuse extension du secteur public, la prise de contrôle de la totalité du système bancaire, l'accroissement de la pression fiscale sur l'ensemble des contribuables, l'atteinte portée à l'outil de travail et le relèvement abusif des contributions indirectes, s'opposent au rétablissement d'un climat de confiance, indispensable pour surmonter les difficultés

1. La présente motion de censure est appuyée par les soixante signatures suivantes : MM. Gaudin, Alphandery, François d'Aubert, Barre, Barrot, Baudouin, Bayard, Bégault, Bigeard, Birraux, Jacques Blanc, Christian Bonnet, Bouvard, Francis Geng, Gengenwin, René Haby, Hamel, François d'Harcourt, Koehl, Ligot, Alain Madelin, Mayoud, Méhaignerie, Mestre, Micaux, Charles Millon, Mme Moreau, MM. Michel d'Ornano, Pernin, Perrut, Proriol, Rigaud, Rossinot, Sautier, Soisson, Stasi, Stirn, Fèvre, Fouchier, Fuchs, Mme Missoffe, M. Couve de Murville, Mme de Hautecloque, MM. Emmanuel Aubert, Miossec.

qui marquent la vie quotidienne des Français et en particulier des plus défavorisés d'entre eux.

« Considérant que la politique budgétaire en opposition totale à celle de nos partenaires occidentaux a entraîné malgré des négations réitérées et récentes, une dévaluation du franc et qu'au-delà d'une relance artificielle limitée et momentanée ce budget ne pourra qu'accélérer l'inflation sans pour autant freiner le chômage compromettant ainsi gravement l'avenir de la France et sa place dans le monde.

« Conformément à l'article 49 alinéa 2 de la Constitution, les députés soussignés demandent à l'Assemblée nationale de voter la présente motion de censure. »

Dans la discussion générale, la parole est à M. Gaudin, auteur de l'interpellation.

*M. Jean-Claude Gaudin.* Monsieur le Premier ministre, mesdames, messieurs les ministres, voilà près de cinq mois que vous êtes, avec le parti socialiste, en charge de la France.

Dès le mois de juillet dernier, nous avons affirmé, à cette même tribune, que nous prenions date pour l'avenir. Aujourd'hui, nous sommes confrontés à un premier rendez-vous. Le projet de loi de finances pour 1982 constitue, en effet, non pas votre premier bilan, monsieur le Premier ministre, mais le cadre dans lequel votre action devra se conduire. Dans les mois à venir, il vous sera impossible d'échapper aux barrières que vous-même avez érigées et qui bornent une voie qui, inévitablement, vous conduira, ou, plus exactement, conduira la France à l'échec : car si les Français ne perçoivent encore pas la logique de votre action, hélas ! ils aperçoivent déjà en revanche l'engrenage dans lequel votre incohérence nous conduit.

Il y a trois semaines, ici même, vous avez déclaré, monsieur le Premier ministre : « Pour que la volonté soit générale, il faut d'abord que la politique économique soit claire ». Voilà une remarque pleine de bon sens, dont on pourrait penser qu'elle sert de fil directeur à la politique que les Français voient, peu à peu, se mettre en place, dans l'agitation et la précipitation. Ils voudraient tous pouvoir comprendre ce que vous faites au fil des jours. Ils vous écoutent, vous et vos ministres, à travers l'importante orchestration des media. Mais peuvent-ils vraiment s'y retrouver, dans ce labyrinthe de contradictions, dans ces déclarations d'un jour, démenties le lendemain, dans ces intentions affirmées que les décisions infirment, dans ces actions engagées, aussitôt répudiées ? En vérité, l'observateur le plus attentionné chercherait en vain la logique de votre action.

Clarté, stabilité, cohérence : tels étaient vos mots d'ordre. Contradictions, instabilité, incohérence, telles sont, en fait, les caractéristiques de votre politique !

*M. Philippe Séguin.* Très juste !

*M. Jean-Claude Gaudin.* Les exemples abondent. Permettez-moi de vous en citer quelques-uns.

Le franc ? Hier, il n'était pas question de le dévaluer ; le franc serait défendu ; c'était une priorité essentielle. Le 5 octobre dernier, le franc est dévalué de 8,5 p. 100 par rapport au deutschemark. Maintenant, on nous explique que ce réaménagement, ce « réajustement » ou, encore, cette « modification concertée » était nécessaire pour permettre à l'économie française de « s'engager résolument dans la voie de la décélération des prix et des revenus », de stimuler les exportations, et constituait une contribution de plus à la relance économique qui est déjà amorcée en France. Voilà un changement bien radical dans un domaine où, pourtant, l'improvisation est toujours désastreuse !

Le budget ? Le 16 septembre dernier, M. Delors explique, devant la commission des finances de notre assemblée, que le niveau élevé du déficit budgétaire se justifie par la stratégie économique de relance et qu'il reste cohérent avec les exigences de la lutte contre l'inflation. Le 5 octobre, nous apprenons que certaines dépenses publiques pourraient être « gelées » dans un fonds de réserve, pour le déblocage duquel la condition serait le ralentissement de la hausse des prix. Un jour, il faut donc dépenser sans compter ; le lendemain, il faut faire des économies : voilà qui n'est pas simple à comprendre, sauf, sans doute, pour un expert socialiste ! *(Rires et applaudissements sur les bancs de l'union pour la démocratie française.)*

Les impôts ? Chacun garde en mémoire les engagements du candidat socialiste et les promesses réitérées du Président de la République : il n'y aura pas d'augmentation de la pression fiscale. Aujourd'hui, les impôts nouveaux et les majorations d'impôts pleuvent en cascade : prélèvement exceptionnel sur les gros revenus, impôt sur le capital, « impôt-chômage », plafonnement du quotient familial, augmentation de la taxe sur l'essence, des droits sur les tabacs et alcools, de la vignette-auto et de la redevance de télévision, taxe sur les frais généraux et même — taxe sans doute la plus importante — sur les « flippers ».

Vous nous dites qu'il s'agit simplement d'opérer des transferts de charges fiscales. Une chose est sûre en tout cas : on voit bien qui paiera davantage, mais pas du tout qui paiera moins. Vous créez des impôts nouveaux, mais vous ne diminuez pas les impôts anciens : de toute évidence, la pression fiscale s'alourdira. D'ailleurs, chaque jour, le nombre des riches se multiplie. De 200 000 au mois de juillet, ils sont passés à deux millions au mois de septembre. Combien seront-ils l'an prochain ? *(Rires sur les bancs de l'union pour la démocratie française.)*

*M. Gilbert Gantier.* Mais vingt millions bien sûr !

*M. Jean-Claude Gaudin.* Les prix ? Hier, vous n'aviez pas de parole assez forte pour rappeler votre attachement inconditionnel à la liberté, à la concurrence, et votre refus du blocage.

Le 6 septembre, à Lille, vous déclariez, monsieur le Premier ministre, que le Gouvernement « tient à la liberté des prix et ne veut pas en rétablir le contrôle ». Déclaration confirmée le lendemain par votre ministre de l'économie qui précisait : « Le blocage des prix n'incitera pas notre économie à repartir, ce n'est pas en cassant le thermomètre que l'on fait baisser la fièvre. » !

*M. Edmond Alphandery.* Ce qui était très vrai !

*M. Jean-Claude Gaudin.* Maintenant, vous avez décidé de casser le thermomètre ! Encore un serment oublié ! *(Applaudissements sur les bancs de l'union pour la démocratie française et sur plusieurs bancs du rassemblement pour la République.)*

La Sécurité sociale ? Mêmes contradictions, mêmes errements dans le dossier.

Hier encore plusieurs de vos ministres, animés d'une générosité louable, mais peu réaliste, soutenaient que les problèmes comptables n'étaient pas prioritaires...

*M. Charles Fèvre.* Quelle légèreté !

*M. Jean-Claude Gaudin.* ... et devaient céder le pas à ce grand mouvement de solidarité que vous entendez promouvoir.

Aujourd'hui les chiffres rappellent leurs exigences. La perspective d'un déficit préoccupant vous impose d'élaborer un plan de redressement, dont l'une des originalités — novatrice ! — consisterait en un relèvement des cotisations, que vous avez tant critiqué dans le passé !

*M. Edmond Alphandery.* Et voilà.

*M. Jean-Claude Gaudin.* L'énergie ? Dans ce domaine que de volte-face ! Nous l'avons démontré au cours du débat qui s'est déroulé la semaine dernière, et je ne m'y étendrai donc pas. Mais peut-être, comme le déclarait Edmond Maire le 6 août dernier, s'agit-il là tout simplement de l'absence d'une politique claire et cohérente.

Le prix de l'essence ? Le 5 septembre dernier, le ministre de l'économie, dans une déclaration à la revue *l'Expansion,* indiquait qu'il n'excluait pas une hausse des impôts indirects, y compris des taxes sur les carburants. Quelques jours après, le 21 septembre très exactement, monsieur le Premier ministre, à *France-Inter,* évoquant la baisse du dollar, vous annonciez que si celle-ci se « confirmait dans la durée, elle aurait des répercussions favorables aux consommateurs sur les prix des produits pétroliers ». *(Rires sur les bancs de l'union pour la démocratie française.)*

Aujourd'hui, on parle d'une augmentation de vingt centimes sur la taxe intérieure des produits pétroliers. Pourtant, monsieur le

Premier ministre, nous n'avons pas entendu parler d'un renversement spectaculaire de la valeur du dollar au cours des dernières semaines !

Les chefs d'entreprise ! Leurs problèmes vous échappent, mais vous êtes sans doute excusable ; on ne saurait passer vingt-trois ans à les combattre, à les accuser de tous les maux pour réussir ensuite en quelques mois à leur donner confiance. Patrons « bons à rien » un jour, patrons « héros » de la relance économique le lendemain ! Qui croire ? *(Rires sur les bancs de l'union pour la démocratie française et du rassemblement pour la République.)* Le ministre de l'économie ? Ou les amendements socialistes adoptés en séance ? Lorsque l'on veut être crédible, on ne peut courir deux lièvres à la fois, car toujours on finit par n'en attraper aucun.

La solidarité ? Autre incohérence, plus intéressante encore car, cette fois-ci, elle est dénoncée par vos fidèles alliés communistes — tout au moins pour l'instant. La solidarité, voilà pourtant un mot que vous avez tenté, abusant l'opinion publique, de confisquer à votre usage exclusif. Voilà pourtant bien un domaine dans lequel vous vous vantiez de faire mieux que les autres. Mais, à cet égard, la lecture du journal *L'Humanité* est instructive...

*M. Laurent Cathala.* Vous commencez à avoir de bonnes lectures !

*M. Jean-Claude Gaudin.* ... et, pour une fois, j'y ai trouvé des éléments de réflexion que je partage.

*M. André Lajoinie.* Ah !

*M. Jean-Claude Gaudin.* Je cite : « Certaines mesures fiscales frappent particulièrement les revenus les plus modestes. »

*M. Edmond Alphandery.* Voilà !

*M. Jean-Claude Gaudin.* « Il en est ainsi des taxes sur l'essence, de la majoration des tarifs, de la vignette automobile, des augmentations des prix des tabacs et des alcools. »

*M. Laurent Cathala.* Que pensez-vous de l'impôt sur la fortune ?

*M. Jean-Claude Gaudin.* Et le président du groupe communiste, quelques jours après, d'ajouter : « Ces recettes apparaissent injustes dans leur répartition et, en frappant les petits, donc le pouvoir d'achat, elles risquent de porter atteinte au but recherché : la relance. »

Ainsi — et ce n'est pas moi qui le dis — selon les calculs du parti communiste, les salariés qui touchent le Smic risquent de voir leurs impôts augmenter de 50 p. 100.

Monsieur le Premier ministre, voilà une bien curieuse conception de la solidarité. *(Applaudissements sur les bancs de l'union pour la démocratie française et du rassemblement pour la République.)*

Voilà quelques exemples.

Comment croire que tout cela peut conduire notre pays à des résultats positifs ?

Dans ce climat de confusion et d'incohérence, votre politique engage la France sur la voie de l'échec. Le budget devrait être le moyen privilégié de la lutte contre les déséquilibres économiques. Vous en faites un élément qui va les aggraver lourdement et pour longtemps.

Les réformes de structures devraient être le moyen privilégié d'améliorer l'efficacité de l'économie ; vous en faites un élément de désordre et d'inefficacité.

Pendant que tous nos concitoyens s'interrogent sur ce que vous faites et voudraient y voir plus clair, vous prenez la responsabilité de deux erreurs capitales.

Et si l'on ne voit pas très bien la logique de ce que vous voulez faire...

*M. Alain Hautecœur.* Vous ne voulez pas voir !

*M. Jean-Claude Gaudin.* ... on voit très bien la logique de ce qui va se passer.

Votre budget est le plus mauvais depuis le début de la Vᵉ République. *(Applaudissements sur les bancs de l'union pour la démocratie française et du rassemblement pour la République.)*

Jamais aucun gouvernement n'a osé...

*M. Laurent Cathala.* Il faut oser !

*M. Jean-Claude Gaudin.* ... présenter près de 26 p. 100 d'augmentation des dépenses publiques.

C'est une décision grave. A un tel rythme, le budget doublerait en trois ans. Rien n'est plus mauvais pour la gestion des finances publiques et pour l'action économique qu'un budget en dents de scie.

Or c'est la physionomie qu'il aura dans l'avenir car il est évident que vous ne pourrez pas répéter plusieurs fois une opération aussi insensée. C'est bien au-dessus de nos moyens ; d'autant que l'aggravation de l'inflation vous obligera demain à une austérité draconienne.

*M. Edmond Alphandery.* Eh oui !

*M. Jean-Claude Gaudin.* Aujourd'hui vous dépensez trop. Demain, vous ne dépenserez pas assez !

*M. Alain Hautecœur.* Nostradamus ! *(Sourires sur les bancs des socialistes.)*

*M. Jean-Claude Gaudin.* Nos partenaires économiques ont parfaitement mesuré la gravité de l'erreur que vous êtes en train de commettre.

Certains l'ont fait d'autant mieux qu'ils avaient eux-mêmes, dans le passé, augmenté de façon excessive leur budget. Ils mesurent maintenant l'inefficacité économique de cette solution et ils ont les plus grandes difficultés pour assainir leurs finances publiques.

C'est précisément le moment que vous choisissez pour vous lancer dans cette voie sans issue.

Vous ne pensiez pas, d'ailleurs, que la sanction serait immédiate. Elle le fut pourtant. Les réalités sont plus puissantes que vos discours. Il aura suffi de l'annonce par M. Fabius, au début du mois d'août, du déficit prévu dans votre budget pour que le franc subisse une attaque très vive sur le marché des changes. Il est vrai que M. Fabius avait choisi pour annoncer la nouvelle le *Herald Tribune,* l'un des deux journaux les plus lus dans les milieux financiers internationaux. Cet article trop bien placé nous a coûté un milliard de dollars.

*M. Alain Hautecœur.* Oh ! n'importe quoi !

*M. Jean-Claude Gaudin.* Ce que je dis est vrai ! Alors, monsieur le Premier ministre, si l'année prochaine vous doublez encore le déficit budgétaire, prenez la précaution de demander à M. Fabius qu'il ne choisisse pas le *Financial Times* pour l'annoncer ! *(Applaudissements et rires sur les bancs de l'union pour la démocratie française et du rassemblement pour la République.)*

*M. Alain Hautecœur.* La censure maintenant !

*M. Jean-Claude Gaudin.* Ainsi, nous économiserons un milliard de dollars !

Et il aura suffi, quelques semaines plus tard, de la confirmation officielle de votre déficit budgétaire pour que le marché des changes sanctionne votre erreur et vous oblige à dévaluer.

*M. Edmond Alphandery.* Eh oui !

*M. Jean-Claude Gaudin.* Ce déficit, vous allez le porter à un niveau qu'aucun gouvernement de la V^e^ République n'avait jamais atteint : 95 milliards de francs. Porter le déficit prévisionnel à près de 100 milliards vous condamne à faire marcher la « planche à billets », c'est-à-dire à faire de l'inflation. Certes vous venez de nous dire que certaines dépenses seraient différées et qu'elles n'auraient lieu que si la hausse des prix se ralentissait.

C'est tout à votre honneur, monsieur le Premier ministre, que d'avoir commencé à reconnaître votre erreur. *(Rires sur les bancs de l'union pour la démocratie française et du rassemblement pour la République.)*

Mais ce changement de cap ne sera probablement pas suffisant pour empêcher le déficit budgétaire d'alimenter l'inflation...

*M. Alain Hautecœur.* Vous n'êtes jamais content !

*M. Jean-Claude Gaudin.* ... surtout si, en cours d'exécution, les 95 milliards deviennent 120 milliards.

Le marché des obligations ne pourra en aucun cas suffire à financer le déficit puisque sa capacité ne dépasse pas 120 milliards de francs.

*M. André Laignel.* Procès d'intention !

*M. Jean-Claude Gaudin.* Financer le déficit par l'emprunt reviendrait donc à assécher complètement le marché financier, c'est-à-dire à priver l'économie de ressources.

*M. André Laignel.* Vous avez dit le contraire.

*M. Jean-Claude Gaudin.* De toute évidence, vous ne pouvez pas procéder ainsi et vous serez donc obligés de recourir à la création monétaire.

*M. André Laignel.* Il n'y croit même pas lui-même !

*M. Jean-Claude Gaudin.* En même temps qu'une politique budgétaire dangereuse, vous mettez en œuvre un programme de nationalisations inutile.

*M. Louis Odru.* C'est vous qui le dites.

*M. Alain Hautecœur.* Ah ! Les choses sérieuses commencent !

*M. Jean-Claude Gaudin.* Dans ce domaine si difficile des réformes de structures, vous agissez avec une précipitation que rien ne justifie et vous légitimez votre démarche par des arguments inconsistants, voire incohérents.

*M. Alain Hautecœur.* En tout cas, les Français l'ont comprise !

*M. Jean-Claude Gaudin.* Vous prétendez que les nationalisations sont une arme anticrise. Argument incohérent, puisque le programme de nationalisations qui est aujourd'hui mis en œuvre a été défini en 1972, à une époque où l'économie était au faîte de sa prospérité et ne connaissait ni crise ni chômage.

*M. André Laignel.* Vous étiez déjà contre.

*M. Jean-Claude Gaudin.* Vous prétendez qu'il s'agit de donner un surcroît de dynasmisme à l'industrie française. Argument incohérent...

*M. Alain Hautecœur.* Pourquoi n'avez-vous pas dénationalisé ?

*M. Jean-Claude Gaudin.* ... puisque les cinq groupes nationalisables constituent d'ores et déjà le fer de lance de cette industrie et qu'ils n'ont pas attendu la nationalisation pour porter les produits français sur tous les marchés du monde.

Vous prétendez qu'il s'agit de permettre la combinaison des effets entraînants du Plan, d'une part, et du bon fonctionnement du marché, d'autre part. Argument inconsistant, puisque vous rappelez en même temps que nationalisation ne veut pas dire étatisation, ce qui signifie que les entreprises nationalisées resteront responsables de leur gestion et fonctionneront comme des entreprises privées. Alors, pourquoi donc nationaliser ?

Vous prétendez que les nouvelles entreprises nationalisées sont mises au service d'une nouvelle politique industrielle. Argument inconsistant, puisque vos ministres sont incapables de répondre à la moindre question sur cette nouvelle politique industrielle autrement — comme M. Le Garrec lors de son audition par la commission spéciale — qu'en nous renvoyant à la lecture des comptes rendus des colloques que le parti socialiste a tenus sur ce sujet.

*M. Alain Hautecœur.* Vous n'étiez pas membre de la commission spéciale !

*M. Jean-Claude Gaudin.* Vous prétendez que la nationalisation des banques a pour objectif de rendre à l'Etat le privilège de battre monnaie et d'infléchir l'activité des banques pour qu'elle soit conforme à l'intérêt de la nation. Argument inconsistant puisque les pouvoirs publics disposent d'ores et déjà de tous les moyens pour contrôler les banques et orienter le crédit. *(Très bien ! sur plusieurs bancs de l'union pour la démocratie française.)*

*M. Laurent Cathala.* Vous, vous êtes les commis des banques !

*M. Jean-Claude Gaudin.* A tous égards, par conséquent, l'absence de justification économique des nationalisations est évidente.

*M. Alain Hautecœur.* Ah !

*M. Jean-Claude Gaudin.* C'est donc une réforme inutile.

Mais ce serait un moindre mal si elle n'était que cela. C'est malheureusement loin d'être le cas, puisque l'inutilité des nationalisations est d'un caractère subsidiaire par rapport aux dangers qu'elles représentent pour l'économie, pour le contribuable et pour la nation tout entière.

Loin de revitaliser l'économie, elles vont la dévitaliser. Loin d'aider la France dans la compétition internationale, elles vont l'isoler. Par conséquent, loin de défendre l'emploi, elles vont amplifier la crise.

A eux seuls, ces dangers seraient, bien entendu, suffisants pour condamner de manière absolue ce projet de nationalisations. Mais il y a plus grave encore, c'est la logique politique dans laquelle s'inscrit ce dernier.

*M. le président.* Monsieur Gaudin, monsieur Joxe demande à vous interrompre, l'autorisez-vous à le faire ?

*Plusieurs députés de l'union pour la démocratie française et du rassemblement pour la République.* Non, non !

*M. Jean-Claude Gaudin.* Non, monsieur le président.

*M. Alain Hautecœur.* Tiens donc ! Les sectaires !

*M. Jean-Claude Gaudin.* J'apprends la tolérance, avec le parti socialiste !... *(Sourires sur les bancs de l'union pour la démocratie française.)*

*M. le président.* Poursuivez donc, monsieur Gaudin.

*M. Alain Hautecœur.* C'est la censure !

*M. Pierre-Charles Krieg.* Un peu de sérieux, monsieur Hautecœur.

*M. le président.* Je vous en prie, mes chers collègues. La parole est à M. Gaudin et à lui seul.

Poursuivez votre propos, monsieur Gaudin.

*M. Jean-Claude Gaudin.* Ce qui compte pour vous, monsieur le Premier ministre, c'est de faire un pas décisif vers un changement irréversible de société.

Peu vous importe que la France s'inspire de méthodes qui aboutissent inévitablement au gaspillage et à la pénurie.

*M. Alain Hautecœur.* Ils ont peur !

*M. Jean-Claude Gaudin.* Seule vous importe la manière dont vous allez vous approprier le pouvoir économique pour concentrer entre vos mains tous les pouvoirs.

*M. Michel Noir.* Exact !

*M. Jean-Claude Gaudin.* C'est de cette logique que procèdent les nationalisations.

Mais vous ne pourrez pas suivre très longtemps ce chemin. Déjà, la dévaluation du franc sonne aujourd'hui comme un premier signal d'alarme. A juste titre, vous avez pendant plusieurs mois affirmé votre détermination à défendre le franc. Mais dans cette bataille, dont l'issue dépendait de la confiance que vous sauriez inspirer à l'extérieur, vous n'avez pas mis toutes les chances de votre côté.

Vous avez multiplié les risques ; vous avez pris le risque de faire une politique de relance, alors que tous les autres pays comprimaient leurs dépenses budgétaires. Vous avez pris le risque d'annoncer des réformes radicales qui ont inquiété nos partenaires économiques. De ce fait, le franc a cristallisé sur lui toute la méfiance que cette nouvelle politique inspirait à l'étranger.

Dès lors, votre détermination à défendre le franc ne pouvait plus être qu'une obstination crispée, coûteuse et vouée à l'échec. Combien cela nous a-t-il coûté ? On parle de 70 milliards de francs. Et combien a coûté à l'économie la politique de taux d'intérêt élevés que vous avez dû maintenir pendant toute cette période ?

*M. Edmond Alphandery.* Très bien !

*M. Jean-Claude Gaudin.* Tous ces efforts coûteux n'ont pas empêché la dévaluation et les conditions dans lesquelles elle s'est produite en ont fait une mauvaise dévaluation. Car il y a les bonnes et les mauvaises dévaluations.

*M. Alain Hautecœur.* Et les bonnes, ce sont les vôtres !

*M. André Laignel.* Eh oui ! celles qui sont faites par vous !

*M. Jean-Claude Gaudin.* Les bonnes sont celles que l'on a voulues, préparées et dont on a choisi le moment. Les mauvaises sont celles que l'on subit et que l'on décide sous la pression et la spéculation, après avoir gaspillé ses réserves de change. *(Applaudissements sur les bancs de l'union pour la démocratie française.)*

*M. André Laignel.* On ne vous croira pas : ou vous a vu à l'œuvre.

*M. Jean-Claude Gaudin.* Ne nous cachons pas derrière les

mots : le réajustement intervenu est une mauvaise dévaluation. Ne nous y trompons pas ; c'est le constat d'un échec.

Si l'on veut que la dévaluation réussisse — et je le souhaite pour mon pays —...

*M. Alain Hautecœur.* Mais oui !...

*M. Jean-Claude Gaudin.* ... il convient que le Gouvernement renonce à un projet de budget extravagant, dans ses recettes comme dans ses dépenses, et qu'il applique une politique des finances publiques en harmonie avec celle de nos partenaires européens.

*M. Alain Hautecœur.* On a vu ce que cela a donné !

*M. Jean-Claude Gaudin.* Faute de suivre cette voie — la seule possible — il faudrait dévaluer à nouveau dans quelques mois et nous verrions réapparaître des dévaluations en cascades que la IVe République a connues.

*M. Albert Brochard.* C'est ce qui va arriver !

*M. Jean-Claude Gaudin.* Monsieur le Premier ministre, votre politique, si vous n'avez pas la lucidité, le courage ou, simplement, le bon sens de la remettre en cause, conduira la France au déclin.

Prenez garde, vous qui êtes si soucieux, avec vos amis, du jugement que l'histoire portera sur vous ; faites attention que ce ne soit pas un échec sans précédent.

Pour l'heure, vous commencez à être les victimes de votre propre illusion alors que, jour après jour, les Français sont de plus en plus nombreux à prendre conscience d'un échec inévitable.

Nous, membres de l'opposition, nous avons le devoir d'éviter la faillite de notre pays. *(Protestations sur les bancs des socialistes et des communistes.)* Nous ne souhaitons pas un jour rebâtir sur un champ de ruines. *(Protestations sur les bancs des socialistes et des communistes. — Applaudissements sur les bancs de l'union pour la démocratie française et du rassemblement pour la République.)*

*M. André Laignel.* Vous n'êtes pas crédible !

*M. Jean-Claude Gaudin.* C'est pourquoi, dans l'unité, les groupes UDF et RPR censurent le Gouvernement. *(Applaudissements sur les bancs de l'union pour la démocratie française et du rassemblement pour la République.)*

## Programme économique
*(J.O. n° 68 du 24-6-82 DG, p. 3795)*

*M. le président.* La parole est à M. Gaudin.

*M. Jean-Claude Gaudin.* Monsieur le Premier ministre, une semaine après les fastes de Versailles, trois jours après les propos rassurants de M. Mitterrand, lors de sa conférence de presse, vous n'avez pas pu dissimuler la réalité aux Français.

Le brouillard derrière lequel vous tentiez de masquer votre incapacité à dominer les problèmes de la France a été brutalement déchiré par les événements.

*M. Robert-André Vivien.* Très bien !

*M. Jean-Claude Gaudin.* Vous avez fait mieux que les pays voisins, dites-vous ! Si c'était vrai, pourquoi dévaluer ? Oui, pourquoi dévaluer quand les pays voisins réévaluent ou maintiennent leur parité ? *(Applaudissements sur les bancs de l'union pour la démocratie française et du rassemblement pour la République.)*

Vous avez fait mieux que les pays voisins. Alors pourquoi un plan d'austérité qui va à la fois saigner nos entreprises et faire baisser le pouvoir d'achat de nos concitoyens ? *(Applaudissements sur les mêmes bancs.)*

Tous vos discours et les brevets d'autosatisfaction qu'au cours des derniers mois vous vous décerniez sans relâche n'ont pas pesé lourd face aux réalités.

Vous avez pu échapper à leur sanction pendant quelques mois en semant l'illusion par des chiffres incomplets et des déclarations optimistes. Mais la monnaie, cette sentinelle avancée, dont vous n'avez pas pu tromper la vigilance, a alerté le pays. Depuis le 4 octobre dernier, en neuf mois, la France n'a cessé de prendre du retard par rapport à l'économie allemande. C'est cela la véritable signification de la dévaluation de 10 p. 100 du franc par rapport au mark.

Et voilà, à vous entendre, ce que vous voudriez que les Français considèrent comme un succès !

*M. Marc Lauriol.* Très bien !

*M. Jean-Claude Gaudin.* Aujourd'hui, pour tous nos compatriotes abusés par vos promesses, le réveil est brutal. M. Delors avait parlé d'électrochoc. L'électrochoc, vous venez de l'administrer aux Français. Pour tous ceux qui avaient cru en juin dernier à la réussite de votre action, comme pour tous ceux qui, dès l'année dernière, dénonçaient les dangers de votre politique — comme je le faisais, à cette tribune, au nom de mes amis du groupe de l'UDF, il y a un an jour pour jour — l'heure est maintenant à la tristesse, à l'inquiétude. L'immense majorité des Français se demande avec anxiété vers quel avenir catastrophique vous entraînez le pays. *(Applaudissements sur les mêmes bancs.)*

« Je remplis mon contrat », déclarait le 3 mai dernier à Guéret M. Mitterrand. Singulière analyse, car les premiers résultats de la gestion socialiste sont bien loin de tenir les promesses du candidat.

Pour la lutte contre le chômage, M. Mitterrand avait promis : « La France ne comptera pas deux millions de chômeurs, je m'y engage. » Et il avait précisé : « Grâce au plan que j'ai développé pendant ma campagne, je serai en mesure de faire recruter dans les secteurs publics et privés un million de jeunes dans l'année qui vient. »

Résultat, un an après : 350 000 chômeurs supplémentaires, et cela malgré les embauches massives dans la fonction publique ; chaque jour depuis un an, mille chômeurs de plus, et le seuil des deux millions est malheureusement franchi. Voilà ce que vous appelez une réussite !

Pour la lutte contre la hausse des prix, vous-même, M. le Premier ministre, aviez déclaré à cette tribune le 8 juillet dernier : « Notre démarche sera conduite dans la rigueur, cela signifie une lutte déterminée contre l'inflation. Nous lutterons contre le chômage sans céder à la facilité et en rétablissant les équilibres économiques. » Résultat : en mars 1981, le rythme de hausse des prix était de 12,5 pour 100. Aujourd'hui, il est de plus de 14 p. 100. Et l'écart entre notre rythme de hausse de prix et celui de nos concurrents est passé de 2,9 p. 100 à 6,2 pour 100.

Voilà sans doute ce que vous appelez « réussir ».

Pour la relance de la production, c'est M. Fabius qui déclarait lui-même, en octobre dernier, lors de la présentation du projet de loi de finances pour 1982 : « Notre stratégie, c'est la stratégie de relance par engagement de l'Etat. Elle se fixe comme objectif de croissance plus de 3 p. 100 en 1982, l'inversion de la courbe du chômage, le ralentissement de l'inflation, bref une croissance maîtrisée... Ce sera une relance réduisant les importations. »

Résultat : la production industrielle est au même niveau qu'il y a un an. L'INSEE a estimé à moins de 0,1 pour 100 l'évolution du produit intérieur pour le premier trimestre de 1982. Et vous en êtes à parler de « relancer la relance » !

L'investissement a fortement régressé. Les exportations ont reculé et simultanément les importations ont « explosé ». Ce qui signifie que les dépenses de relance n'ont profité qu'aux importations, c'est-à-dire à l'emploi dans les pays étrangers. ***(Applaudissements sur les bancs de l'union pour la démocratie française et du rassemblement pour la République.)***

« Des résultats exécrables » : c'est le jugement même du ministre du commerce extérieur sur ce point.

Quant à la reconquête du marché intérieur, ce sont nos voisins qui sont en train de la faire ! Pour la première fois, le taux de pénétration des voitures étrangères dépasse 33 p. 100. Et c'est précisément le moment que choisit « opportunément » la CGT pour déclencher des grèves suicidaires pour notre industrie automobile. ***(Applaudissements sur les mêmes bancs.)***

***M. Charles Miossec.*** Ce sont des fossoyeurs !

***M. Philippe Séguin.*** Des casseurs !

***M. Jean-Claude Gaudin.*** Cela ne l'empêchait pas de faire la grève et de démolir notre industrie automobile ! ***(Applaudissements sur les mêmes bancs. — Protestations sur les bancs des communistes.)***

Et, malgré cela, vous continuez à proclamer avec la même emphase que votre politique est en train de réussir. Mais qui peut encore vous croire ? Vous-même d'ailleurs semblez de moins en moins convaincu puisque, au fil des semaines, vous révisez en baisse votre objectif de croissance. C'était d'abord 3,3 p. 100, puis 3 p. 100, puis 2,5 p. 100. C'est maintenant 2 p. 100 et ce sera probablement 1,5 p. 100. Pourvu que l'année se termine avant qu'on soit tombé à zéro !

***M. Parfait Jans.*** Vous tablez sur l'échec de la France !

***M. Jean-Claude Gaudin.*** On est donc bien obligé de constater qu'au bout d'un an non seulement il n'y a sur aucun point la moindre amélioration, mais qu'il y a dans d'importants domaines des déséquilibres croissants et inquiétants. Depuis quelques jours, avec deux dévaluations en neuf mois — record historique — la France est devenue « la République des dévaluations ». Elle est aussi en train de devenir celle des déficits. ***(Applaudissements sur les bancs de l'union pour la démocratie française et du rassemblement pour la République.)***

Du déficit du budget de l'Etat, une comparaison simple donne toute la mesure : de 1958 à 1981, le montant cumulé des déficits budgétaires a été de 200 milliards en francs 1981. Or 200 milliards, c'est précisément, au minimum, le montant du déficit que vous aurez programmé d'ici au printemps prochain.

D'un côté, 200 milliards de déficit en vingt-trois ans. De l'autre,

200 milliards en vingt-trois mois. Voilà encore une de vos « réussites » ! *(Applaudissements sur les mêmes bancs.)*

Et il paraît, comme vous dites, que votre politique n'a pas encore eu le temps de faire ses preuves ! Alors ça promet ! *(Rires sur les bancs de l'union pour la démocratie française et du rassemblement pour la République.)*

*M. Marc Lauriol.* Heureusement ! Qu'est-ce que ce serait autrement !

*M. Jean-Claude Gaudin.* C'est donc dans ce contexte de « réussite » exceptionnelle que vous avez dévalué le franc et que vous imposez l'austérité socialiste. C'est sans doute cela que vous appelez « gouverner autrement ». A moins qu'il ne s'agisse d'un aspect nouveau de « l'embellie », qui nous aurait échappé.

*M. Alain Madelin et M. Edmond Alphandery.* Très bien !

*M. Jean-Claude Gaudin.* En tout cas, on doit vous donner acte du fait que votre dévaluation n'a nullement été préméditée. *(Rires et applaudissements sur les bancs de l'union pour la démocratie française et du rassemblement pour la République.)*

*M. Marc Lauriol.* C'est vrai !

*M. Jean-Claude Gaudin.* Le 20 mai dernier, à Antenne 2 lors de l'émission *L'heure de vérité,* M. Delors a été parfaitement clair.

*M. Edmond Alphandery.* Où est-il ?

*M. Gabriel Kaspereit.* Il aurait pu venir !

*M. Guy Bêche.* Il travaille.

*M. Jean-Claude Gaudin.* Je le cite : « Nous avons fait un remaniement monétaire qui nous a permis de retrouver les bases d'une compétitivité saine. » Pour une deuxième dévaluation : « Nous verrons à la fin de l'année en fonction des mouvements des monnaies, des hausses réelles des prix, des perspectives de croissance. »

*M. Gabriel Kaspereit.* C'est un plaisantin !

*M. Jean-Claude Gaudin.* Nous ne savons pas qui a pris la décision de dévaluer, mais de toute évidence, ce ne peut être M. Delors. En effet, malgré sa « hantise du déclin », la situation du franc comme il l'a dit lui-même ce soir-là à la télévision, « ne l'empêchait pas de dormir ».

*M. Philippe Séguin.* Quel cynisme !

*M. Gabriel Kaspereit.* Il dit n'importe quoi.

*M. Jean-Claude Gaudin.* Ce ne peut pas être non plus M. Mitterrand car trois jours avant la dévaluation, dans sa conférence de presse, il avait brillamment démontré qu'il n'était nullement informé du péril qui nous guettait.

Il est vrai que ses nombreux voyages à l'étranger et l'ordonnancement des fastes de Versailles l'avaient peut-être quelque peu éloigné de ces problèmes d'intendance. *(Applaudissements sur les bancs de l'union pour la démocratie française et du rassemblement pour la République.)*

*M. Maurice Briand.* Et les diamants ?

*M. Jean-Claude Gaudin.* En réalité, la décision de dévaluer c'est la pression de la défiance internationale qui vous l'a imposée. *(Applaudissements sur les mêmes bancs.)*

*M. Gabriel Kaspereit.* Hélas !

*M. Jean-Claude Gaudin.* Et dans le contexte d'un événement qui vous a pris de court et vous a dépassé, il ne vous restait plus guère qu'une solution à la dimension de votre politique : les lamentations sur l'héritage que nous venons d'entendre une fois de plus. L'héritage, monsieur Jospin, c'est ce qui a permis à l'actuel Gouvernement d'assurer ses fins de mois ! (*Applaudissements sur les bancs de l'union pour la démocratie française et du rassemblement pour la République.*)

L'héritage, ombre portée de la gestion précédente, est l'alibi suprême, le dernier rempart et l'ultime refuge.

Certes, le thème n'est pas nouveau, et c'est d'ailleurs le seul sur lequel socialistes et communistes soient à l'unisson. Mais maintenant que les choses vont plus mal, vous l'adaptez aux circonstances. Le délabrement, dites-vous, était encore pire que prévu.

Et, suivant l'exemple donné par le chef de l'Etat lors de sa dernière conférence de presse, le chœur des pleureuses reprend ses jérémiades. *(Rires sur les bancs de l'union pour la démocratie française et du rassemblement pour la République.)* Spectacle dérisoire et pitoyable que celui d'hommes d'Etat et d'un gouvernement qui, un an après leur entrée en fonction, n'acceptent toujours pas d'être responsables de leurs actes ! *(Applaudissements sur les bancs de l'union pour la démocratie française et du rassemblement pour la République.)*

*M. Jean Foyer.* Ce sont des irresponsables !

*M. Jean-Claude Gaudin.* Dans l'analyse que nous faisions de vos faiblesses et de vos incohérences, nous ne nous sommes trompés que sur un point : nous n'avions pas prévu que vous seriez aussi pitoyables dans l'échec.

Si vraiment vous pensez qu'il y a des éléments nouveaux sur cette question de l'héritage, pourquoi ne pas prolonger la mission de la commission Bloch-Lainé dont parlait tout à l'heure M. Chirac ?

*M. Marc Lauriol.* Et pourquoi ne pas publier ses conclusions ?

*M. Jean-Claude Gaudin.* Pourquoi ne pas lui confier le soin d'examiner les tenants et les aboutissants de la dévaluation du franc et lui demander en même temps de juger l'action que vous avez conduite depuis un an ?

*M. Gabriel Kaspereit.* Exact !

*M. Philippe Séguin.* Chiche !

*M. Marc Lauriol.* Oui, faites-le !

*M. Jean-Claude Gaudin.* Mais nous savons que cette proposition vous répugne. Vous n'aimez pas que l'on parle de la commission Bloch-Lainé, cette commission que vous aviez pourtant vous-même nommée, et qui s'est rendue coupable de crime de « lèse-héritage » en rendant un jugement objectif sur la gestion précédente. *(Applaudissements sur les bancs de l'union, pour la démocratie française et du rassemblement pour la République.)*

Vous n'aimez pas que l'on vous cite le rapport Bloch-Lainé, que vous avez tout fait pour enterrer et que vous avez entouré d'un mur de silence. Mais je vais quand même, moi aussi, et au risque de nous répéter, vous en citer quelques passages.

On peut lire dans ce rapport qu'entre 1970 et 1980, la tenue du franc sur les marchés des changes a été bonne ; que la France a été avec les Etats-Unis le seul pays de l'OCDE dont les besoins de financement des administrations publiques n'ont pas dépassé 2 p. 100 du PIB ; que la politique énergétique de la France a été persévérante et cohérente ; que l'industrie, malgré ses handicaps structurels et la faiblesse des investissements, a su s'adapter ; qu'entre 1964 et 1979, l'industrie française a rattrapé son retard sur son homologue allemande, a dépassé sa concurrente anglaise, a résisté à l'Italie ; que la politique sociale et la lutte contre les inégalités ont enregistré des progrès et des résultats incontestables.

Voilà ce que l'on peut lire dans le rapport Bloch-Lainé. Voilà ce qui vous gêne. Et voilà pourquoi vous n'en parlez pas. *(Applaudissements sur les mêmes bancs.)*

Et si la commission Bloch-Lainé devait aujourd'hui vous noter ? Elle avait d'ailleurs porté un jugement sur le précédent gouvernement en écrivant : « On pouvait hier et on peut demain faire moins bien ou plus mal ! » Eh bien, à propos de votre gestion, elle écrirait certainement qu'on pouvait difficilement faire plus mal. *(Applaudissements sur les mêmes bancs.)*

Avec vos propos sur l'héritage, vous ne trompez personne, sauf peut-être vous-même.

Lisez la presse, et en particulier celle qui a l'habitude de vous être favorable. Tous les commentaires dignes de ce nom reconnaissent que la dévaluation du franc est la conséquence à la fois d'une erreur de prévision et d'un échec économique.

Ce jugement quasi unanime des observateurs n'est pas différent de celui que le groupe UDF avait porté à l'automne dernier sur les effets probables de votre politique.

Nous avons fait valoir le caractère très dangereux, dans le contexte international du moment, des trois paris que vous aviez engagés : le pari d'une relance de la production, le pari d'une relance qui ne déséquilibrerait pas le commerce extérieur et le pari d'une relance qui, au surplus, n'entraînerait pas de dérapage des prix. Un an après, force nous est de constater que ces trois paris, vous les avez perdus.

A cause de ces trois paris perdus, vous êtes contraints, aujourd'hui, de changer radicalement de politique. C'est ce que vous faites effectivement avec vos mesures d'austérité. Mais vous le faites en cachant la vérité.

Vous faites croire aux Français qu'il s'agit purement et simplement de la continuation, sous des modalités nouvelles, de la même politique. Vous parlez de « deuxième étape », comme si la première étape avait été gagnée et comme si vous pouviez passer maintenant à la phase suivante d'un plan à moyen terme.

« Nous poursuivons la même politique, mais en l'intensifiant, en l'approfondissant » disiez-vous ici même, mercredi dernier, monsieur le Premier ministre. A vrai dire, ces explications sur la « deuxième étape » ne sont guère moins pitoyables que vos propos sur l'héritage.

*M. François d'Aubert.* Evidemment !

*M. Jean-Claude Gaudin.* La vérité est que la première étape de votre action a été un échec complet et que, maintenant, vous êtes obligé de retourner à la case de départ, et de le faire, avec des moyens considérablement réduits, ce qui modifie vos orientations précédentes.

Des moyens considérablement réduits, car vous avez déjà dilapidé au moins 60 p. 100 de nos réserves en devises.

*Plusieurs députés de l'union pour la démocratie française et du rassemblement pour la République.* Plus !

*M. Jean-Claude Gaudin.* Vous avez alourdi la dette publique, vous avez porté les déficits des comptes publics au-delà des limites acceptables.

Votre nouvelle politique contredit absolument vos orientations précédentes, car vous voulez aujourd'hui le contraire de ce que vous vouliez hier.

Vous prônez aujourd'hui les économies sociales, alors qu'hier votre stratégie reposait sur la relance sociale.

*M. François d'Aubert.* Très bien !

*M. Jean-Claude Gaudin.* Vous prônez aujourd'hui les économies budgétaires, alors qu'hier vous augmentiez le budget de l'Etat de 27,5 p. 100.

Vous prônez aujourd'hui un effort rigoureux en matière de rémunérations, c'est-à-dire la baisse du pouvoir d'achat, alors qu'hier vous vouliez augmenter le pouvoir d'achat pour relancer l'économie.

Et vous osez quand même prétendre que c'est la deuxième étape de la même politique ! (*Rires et applaudissements sur les bancs de l'union pour la démocratie française et du rassemblement pour la République.)*

*M. Charles Miossec.* C'est risible et affligeant !

*M. Gabriel Kaspereit.* Ce sont des comiques !

*M. Jean-Claude Gaudin.* En réalité, dans la lutte contre la crise que la France mène simultanément et concurremment avec tous ses partenaires économiques, nous avons perdu beaucoup de terrain depuis un an.

Il y a un an, la France avait déjà parcouru un chemin appréciable pour sortir de la crise. (*Rires et exclamations sur les bancs des communistes.*) Elle était parvenue, pour reprendre la métaphore cycliste que vous affectionnez, au milieu de la montée, et elle était dans le peloton de tête, malgré la CGT, en bonne position pour gagner. (*Applaudissements sur les bancs de l'union pour la démocratie française et du rassemblement pour la République. — Exclamations sur les bancs des communistes.*)

*M. Paul Balmigère.* Elle était dans le tunnel !

*M. Jean-Claude Gaudin.* Mais au lieu de continuer l'ascension, vous lui avez fait prendre une descente de traverse en faisant croire aux Français que c'était un raccourci. Aujourd'hui, nous sommes redescendus au bas de la montagne, tandis que les autres ont continué l'escalade. Et si, comme l'a dit M. Mitterrand, il va falloir changer de braquet, c'est parce que nous allons devoir fournir deux fois plus d'efforts pour espérer recoller au peloton. En réalité, nous ne passons pas à l'étape suivante. Nous recommençons l'étape précédente. (*Applaudissements sur les bancs de l'union pour la démocratie française et du rassemblement pour la République.*)

L'austérité que vous mettez en œuvre n'a pas d'autre signification. Cette austérité se traduira mécaniquement par une « inévitable baisse du pouvoir d'achat ». Ce sont là les propres mots employés ici même par M. Pierret, rapporteur général du budget, mercredi dernier. Si elle pouvait être utile à l'économie française, ce serait un moindre mal. Malheureusement, le risque est considérable que votre nouvelle politique, comme la précédente, ne soit vouée à l'échec.

Comment croire, en effet, que vos mesures puissent être les bonnes, dès lors qu'elles contredisent vos propres déclarations, qu'elles contredisent vos promesses et qu'elles contredisent une logique économique que vous dites à chaque instant ne pas vouloir changer ?

La contradiction avec vos propres déclarations est surtout flagrante en ce qui concerne le blocage des prix. Il n'est pas nécessaire de remonter bien loin pour retrouver des propos sévères ou sceptiques sur l'efficacité du contrôle des prix. Le 20 mai dernier, à Antenne 2, M. Delors — qui parle beaucoup —

qualifiait d' « illusion » une telle mesure. Et le 27 mai, devant la commission des finances, il évoquait l'impossibilité de pratiquer simultanément une politique de relance de l'économie et le blocage des prix.

A vrai dire, il faut sur ce point saluer la clairvoyance de M. Delors. Comme lui, nous pensons que le contrôle des prix est une illusion : quand on balaie une pièce, on ne met pas la poussière sous le tapis. Sinon, un jour ou l'autre, elle ressort ! Vous devriez le savoir, vous qui prétendez toujours ne pas avoir de domestiques ! (*Rires et applaudissements sur les bancs de l'union pour la démocratie française et du rassemblement pour la République. — Vives exclamations sur les bancs des communistes.*)

Deuxième faiblesse de vos mesures : elles contredisent vos promesses.

Vous aviez promis aux entrepreneurs, aux artisans et aux commerçants que leurs charges fiscales et sociales n'augmenteraient pas avant le mois de juillet 1983.

*M. Paul Balmigère.* Et le profit capitaliste ? (*Protestations sur les bancs de l'union pour la démocratie française et du rassemblement pour la République.*)

*M. Jean-Claude Gaudin.* Monsieur Balmigère, gardez votre voix, car vous en aurez bien besoin à Béziers !

*Plusieurs députés de l'union pour la démocratie française et du rassemblement pour la République.* Doumeng ! Doumeng !

*M. Jean-Claude Gaudin.* Pourtant, dès juillet 1982, par votre blocage des prix, vous mettez à la charge des commerçants, des artisans et des entrepreneurs l'augmentation de la TVA décidée dans le collectif budgétaire.

Vous aviez promis que l'année 1982 serait l'année de l'investissement. Et pourtant, en empêchant notamment que la hausse du SMIC soit répercutée sur les prix, vous réduisez les résultats des entreprises et vous diminuez à nouveau gravement leurs possibilités d'investissement.

Dans ce contexte, comment pouvez-vous encore prétendre que la relance de l'investissement sera possible ?

Vous aviez promis aux salariés que leur pouvoir d'achat serait augmenté. Et sous l'effet du blocage des salaires, de la hausse probable des cotisations sociales, et de la hausse certaine des impôts, c'est une baisse de leur niveau de vie qu'ils constateront en fin d'année.

Vous aviez promis de garantir le revenu des agriculteurs dont je m'étonne qu'on ne parle pas beaucoup. Pourtant, les nouveaux montants compensatoires qui vont être institués les pénaliseront très lourdement.

Encore une promesse que vous ne pourrez pas tenir ! (*Applau-*

*dissements sur les bancs de l'union pour la démocratie française et du rassemblement pour la République.*)

Enfin, troisième et dernier point de faiblesse de votre nouveau plan d'action, et c'est le plus grave : vous menez maintenant en même temps deux politiques opposées. Vous changez de politique en imposant le blocage des salaires et des prix, mais en affirmant que vos objectifs doctrinaux seront atteints.

Aujourd'hui, comme hier, les mots qui résument le mieux votre politique sont ceux d'incohérence et d'incompétence. (*Applaudissements sur les mêmes bancs.*)

*M. Robert-André Vivien.* Très bien !

*M. Jean-Claude Gaudin.* Et vos affirmations n'y changeront rien !

Quand vous nous dites, avec complaisance, que vous allez nous « montrer comment un gouvernement de gauche peut réduire l'inflation » et que vous pouvez réussir si vous y mettez la même opiniâtreté que dans les deux premiers combats engagés, celui pour la relance et celui pour l'emploi, nous sommes très inquiets.

D'ailleurs, n'est-ce pas l'un de vos plus éminents ministres qui a jugé vos mesures « trop conjoncturelles et pas assez structurelles »...

*M. Philippe Séguin.* Qui est-ce ?

*M. Gabriel Kaspereit.* C'est Rocard !

*M. Jean-Claude Gaudin...* et qui, faisant un parallèle entre la science économique et la médecine d'autrefois, a déclaré que l'on ne savait, pour l'heure, traiter les économies qu'en les saignant et en les anémiant, alors qu'il faudrait au contraire les fortifier ? (*Applaudissements sur les bancs de l'union pour la démocratie française et du rassemblement pour la République.*)

Un an après l'arrivée de la gauche au pouvoir, l'échec, hélas ! est déjà au rendez-vous. « Si j'échoue, a déclaré en septembre dernier M. Mitterrand, je radicaliserai. » Car, contrairement aux apparences, la nouvelle ligne politique du Gouvernement ne va pas dans le sens de la modération. Elle réalise une triple radicalisation économique, socio-politique et verbale, mais ce dernier point est, il est vrai, moins grave.

Radicalisation économique, car les mesures prises vont assécher l'autofinancement des entreprises, donc compromettre leur indépendance. Dans quelques mois, elles seront, comme vous l'avez voulu, entre les mains des banques nationalisées. Un nouveau pas aura ainsi été franchi sur la voie de la socialisation de l'économie française. Mais n'est-ce pas là l'objectif que vous poursuivez sans relâche depuis le 10 mai ?

Radicalisation politico-sociale, car votre système ne peut tenir qu'avec l'accord du parti communiste et de la CGT.

Vous êtes donc obligés de négocier avec ces organisations, et il n'est pas difficile de prévoir que l'accord sur les rémunérations ne pourra se faire qu'au prix d'importantes concessions sur le pouvoir dans les entreprises. N'est-ce pas la suite logique de ce qu'on observe déjà à travers la montée des conflits sociaux?

Radicalisation verbale, enfin, car les propos que vous tenez sont désormais marqués du sceau du cynisme et de la dissimulation (*Protestations sur les bancs des socialistes et des communistes. — Applaudissements sur les bancs de l'union pour la démocratie française et du rassemblement pour la République.*)...

*M. Gabriel Kaspereit.* Mais oui, c'est vrai!

*M. Jean-Claude Gaudin.* ... ce qui, jusqu'à présent, était resté le monopole de la CGT. N'est-ce pas l'origine du décalage croissant que tout le monde observe entre les discours officiels et les réalités économiques ?

Cette radicalisation va à l'opposé des appels à l'unité nationale qu'avait lancés le Président de la République, il y a quelques semaines. Elle va aussi à l'opposé de la nécessaire cohésion sociale qu'il faudrait assurer pour apporter des solutions aux problèmes de la France.

Une politique qui abaisse la France et qui divise les Français, tel est le véritable visage de votre action.

*M. Parfait Jans.* Des discours, des discours, mais pas de proposition! Vous ne savez que démolir!

*M. Jean-Claude Gaudin.* Tout à l'heure, monsieur le Premier ministre, vous disiez qu'il ne fallait pas dramatiser, qu'il ne fallait pas parler d'une politique de sang et de larmes. Si tout cela n'était pas si triste, je vous dirais en souriant qu'en préparant mon intervention me revenait en mémoire un ouvrage de Marcel Pagnol où l'oncle dit à son neveu : ...

« Ce n'est pas que tu es bon à rien, tu es mauvais en tout! » (*Rires et applaudissements sur les bancs de l'union pour la démocratie française et du rassemblement pour la République.*)

Voilà pourquoi, monsieur le Premier ministre, nous vous refuserons notre confiance et voterons la censure. (*M^mes^ et MM. les députés de l'union pour la démocratie française se lèvent et applaudissent longuement. — Vifs applaudissements sur les bancs du rassemblement pour la République.*)

## Election des conseillers municipaux
## J.O. n° 86 du 27.7.82, p. 4826, question préalable

*M. le Président.* M. Gaudin oppose sur ce texte la question préalable. La parole est à M. Gaudin.

*M. Jean-Claude Gaudin.* Monsieur le ministre d'Etat, mes chers collègues, après plusieurs mois de tractations secrètes, certainement fort complexes, après sans doute aussi bien des marchandages, les partis socialiste et communiste, par l'intermédiaire de leurs représentants au Gouvernement, nous proposent aujourd'hui de bouleverser le régime des élections municipales.

Avant de revenir sur les raisons qui poussent ces deux partis à nous soumettre ce texte, je tiens à souligner qu'à aucun moment les parlementaires et les maires de l'opposition ne furent consultés ou informés du contenu de ce projet alors que tous les apparatchiks du parti socialiste comme du parti communiste en connaissent les moindres détails depuis de nombreuses semaines. *(Applaudissements sur les bancs de l'union pour la démocratie française et du rassemblement pour la République.)*

On pourra difficilement aller plus loin dans le mépris des représentants élus de la nation. *(Applaudissements sur les mêmes bancs.)*

Quant aux motivations de la coalition gouvernementale, nous ne les connaissons que trop.

Surestimant probablement son implantation dans le pays, elle veut politiser les élections municipales dans toutes les villes moyennes ou même petites, espérant ainsi infiltrer partout ses hommes et sa doctrine, grâce au système des listes bloquées dont la composition sera imposée par les petits « roitelets » et les grands caciques du parti.

*M. Marc Lauriol.* Féodalité !

*M. Jean-Claude Gaudin.* Cette introduction de la politique politicienne, je dirai même politicarde, dans les conseils municipaux portera un coup fatal au bon fonctionnement et à la sérénité de ces assemblées. En fait, vous continuez à dresser les Français les uns contre les autres. Ce n'est pas là le meilleur chemin pour parvenir à un consensus national qui semble être soudain devenu si cher à M. Mitterrand !

Vous êtes aussi contraints de donner suite, du moins en apparence, aux promesses faites aux uns et aux autres au cours d'une campagne électorale dont les Français peuvent maintenant mesurer toute la démagogie.

Aussi, vous introduisez la proportionnelle sans l'introduire tout en l'introduisant. Ne pouvant mettre en œuvre un système simple et clair, vous élaborez un système confus et compliqué. Mais, n'insistons pas : vos objectifs sont si évidents aux yeux de tous qu'il est inutile de nous y attarder.

Si le groupe UDF oppose la question préalable, s'il demande ainsi à l'Assemblée nationale de décider qu'il n'y a pas lieu de délibérer sur le projet de loi électorale qui nous est présenté aujourd'hui, ce n'est pas pour des motifs de circonstance. ***(Exclamations sur les bancs des socialistes et des communistes.)***

Nous ne craignons pas les effets du projet de loi sur les résultats de mars prochain.

*M. Marc Lauriol.* Certainement !

*M. Jean-Claude Gaudin.* Nous savons bien — les élections cantonales l'ont une fois de plus prouvé — que toutes les lois électorales « trafiquées » se retournent infailliblement contre leurs auteurs.

*M. Marc Lauriol et M. Jacques Toubon.* Très bien !

*M. Jean-Claude Gaudin.* Non, si nous opposons la question préalable, c'est que nous croyons à une certaine conception de la démocratie locale, de la composition des conseils municipaux, de leur vocation et de leur rôle, conception très différente de celle qui a inspiré les auteurs de ce projet de loi.

Jamais, sans doute, cuisine aussi compliquée n'aura été préparée en dehors des électeurs par les permanents de la place du Colonel-Fabien et de la rue de Solferino.

Incertain sur le fond, extraordinairement complexe sur la forme, le résultat est digne, en tous points, d'une certaine loi sur les apparentements qui, en 1951, a atteint le sommet du mépris du suffrage universel. ***(Applaudissements sur les bancs de l'union pour la démocratie française et du rassemblement pour la République.)***

Un quart de proportionelle — une liste réalisant au second tour 49,9 p. 100 des voix n'obtiendra que moins de 25 p. 100 des sièges — ...

*M. Jean-Claude Gaudin.* ... pour pouvoir dire qu'on respecte ces Tables de la Loi que constituent les 110 propositions du candidat Mitterrand.

Trois quarts de scrutin majoritaire — une liste réalisant 50,1 p. 100 obtiendra plus de 75 p. 100 des sièges à pourvoir — afin de ne pas perdre trop de villes, du moins l'"espérez-vous ! Et surtout, des listes bloquées jusque dans les communes de 5 000 habitants, peut-être même de 2 500, ce qui permettra d'imposer partout la loi des états-majors parisiens, ce domaine réservé échappant à la décentralisation si chère à M. Defferre qui donne là, nouvelle incohérence, un contrôle efficace aux jacobins de son parti.

*M. Marc Lauriol et M. Jacques Toubon.* Très bien !

*M. Jean-Claude Gaudin.* Avant d'aller plus loin, je voudrais bien marquer la différence — différence de nature et pas seulement de degré — entre les élections législatives nationales et les élections locales.

Le mode de scrutin pour les élections législatives met en cause le type de République, le régime lui-même. Il est vrai — je vous l'accorde — que l'histoire nous montre parfois que le choix d'un mode de scrutin a pu être lié à des considérations de circonstance.

Mais en ce qui concerne la République que nous voulons, je n'ai pas besoin de vous dire que celle que nous souhaitons, celle à laquelle nous sommes attachés aux groupes UDF et RPR, c'est la Vᵉ République. Je crois d'ailleurs que M. Mitterrand, après l'avoir combattue avec l'énergie que l'on sait, s'y trouve maintenant fort à l'aise.

*M. Marc Lauriol.* Très bien !

*M. Jean-Claude Gaudin.* Aussi, le vrai problème est de savoir quel est le mode de scrutin qui permet le bon fonctionnement de notre constitution — celle de 1958 — l'efficacité de nos institutions et la crédibilité des gouvernements.

Ma réponse est simple ; le scrutin majoritaire. Nous devons donc le conserver pour les élections législatives.

*M. Marc Lauriol.* Très bien !

*M. Jean-Claude Gaudin.* Je vous le dis solennellement : vous mettriez vos institutions en grand danger si vous cédiez à la tentation de remettre en cause le scrutin des législatives. *(Applaudissements sur les bancs de l'union pour la démocratie française et du rassemblement pour la République.)*

Ce scrutin est clair et il est honnête : il évite la coupure entre l'élu et l'électeur et il permet de dégager une majorité pour soutenir une politique. Son abandon conduirait tôt ou tard non seulement à la confusion, à l'immobilisme, à un retour aux jeux stériles de la IVᵉ République, mais aussi à l'abaissement du gouvernement et surtout à l'abaissement de la fonction présidentielle. Les élections législatives doivent donc s'effectuer selon un scrutin uninominal majoritaire à deux tours. Sur cette analyse, nous sommes tout à fait d'accord avec nos partenaires de l'opposition. Pour nous, il s'agit là de l'essentiel.

Au niveau des élections locales, notre vision s'avère toutefois sensiblement différente.

Je pense qu'un scrutin à la proportionnelle intégrale aurait été une bonne chose dans les villes de plus de cent mille habitants. Mais j'y reviendrai dans quelques instants.

J'en viens à l'analyse de la loi électorale préparée par les partis socialiste et communiste.

Ma première observation concernera, bien sûr, le choix ou plutôt l'absence de choix, entre le scrutin majoritaire et le scrutin proportionnel. Cette incapacité à choisir — fruit sans doute de compromis occultes — rend le projet à la fois bancal et incompréhensible pour le corps électoral.

Bancal, parce qu'il mélange les genres dans d'inégales proportions. Il ne repose ni sur la logique du scrutin majoritaire ni sur celle de la proportionnelle. Ainsi, il perd les vertus du premier, la clarté et la rigueur, sans acquérir pour autant les avantages du second, la justice et la représentativité.

Incompréhensible pour le corps électoral : d'abord, parce qu'il est trop compliqué — le profane n'en saisira sûrement pas toutes les subtilités ; ensuite, parce que le petit jeu de « qui perd gagne » permet, entre les deux tours, d'ouvrir la porte à toutes les mystifications du suffrage populaire, à toutes les alliances de circonstance entre adversaires du premier tour, à toutes les combinaisons trompeuses et perfides.

*M. Marc Lauriol.* C'est là que le bât blesse !

*M. Jean-Claude Gaudin.* Ma deuxième observation a trait à la suppression pour les communes de 5 000 — j'espère que l'Assemblée aura la sagesse d'éviter de descendre jusqu'à 2 500 — à 30 000 habitants du droit de choisir librement leurs élus sur une ou plusieurs listes. Je parle là de la suppression du panachage et du vote préférentiel.

Certes, dans les communes avoisinant 30 000 habitants, cette pratique régressait, la quasi-totalité des électeurs votant pour la liste complète. Mais ce n'était pas le cas dans les communes de moyenne importance. D'ailleurs vous me permettrez de reprendre les propos d'un homme éminent, à n'en point douter, qui déclarait ici même le 20 mai 1964 que « ... la liberté de l'électeur n'est pas respectée par ce projet de loi et que, de ce fait, les partisans de la représentation proportionnelle, ici ou là, et partisans du scrutin majoritaire » et quelle que soit leur préférence, s'ils sont favorables à la liberté de l'électeur, ne peuvent que s'opposer à l'adoption du texte en discussion.

*M. Michel Sapin.* Il avait raison !

*M. Jean-Claude Gaudin.* Je m'explique — poursuit l'orateur. Il existe deux formes de choix : le choix spécifiquement idéologique et le choix personnel. Il est normal que l'électeur puisse choisir, parmi les candidats qui retiennent sa préférence idéologique, ceux qui, en outre, lui plaisent personnellement.

« Si le choix idéologique et le choix personnel sont préservés et garantis par le texte de loi qui nous est soumis, mon objection préalable perd de sa valeur. L'essentiel est donc, au cours de ce débat, de savoir si, librement, pleinement, totalement, durablement, l'électeur disposera, au cours des élections municipales futures, de la liberté de choix qui, à notre sens, reste la règle majeure qui doit dicter la décision d'une assemblée républicaine.

« Or, une loi qui interdit le panachage, qui interdit le vote préférentiel, qui impose la liste bloquée..., une loi qui réunit ces trois conditions, enferme les citoyens dans un système exagérément rigoureux.

« Non, la liberté du choix des électeurs n'est pas respectée par le projet gouvernemental... En réalité, il s'agit là d'un débat politique et je veux le placer sur le plan politique. Je pourrais... argumenter sur l'iniquité de la liste bloquée et dire à ce propos : on a, au fond, tout essayé, tantôt le scrutin majoritaire — c'était en 1884 — tantôt la représentation proportionnelle. On a, aussi, fait les deux à la fois... la représentation proportionnelle pour certaines communes, et le scrutin majoritaire pour d'autres.

« On a tout fait, mais jamais autant qu'aujourd'hui : car on n'a pas réussi jusqu'alors à dissimuler aussi insidieusement d'assez médiocres intentions derrière de grands et nobles mots tels que la « sincérité » et la « loyauté » ! Ce scrutin que vous dites « loyal » oblige l'électeur à se soumettre — dès le premier tour... — aux volontés clandestines des comités que vous aurez mis en place.

L'orateur enchaîne alors : « L'expérience des élections cantonales vous a été fort salutaire. Vous avez compris qu'il était urgent de faire quelque chose, fût-ce n'importe quoi... »

Monsieur le ministre d'Etat, mes chers collègues, l'auteur de ce discours qui s'inscrit si bien dans notre débat aujourd'hui, s'appelle M. François Mitterrand. Il siégeait alors au Rassemblement démocratique. *(Très bien et applaudissements sur les bancs de l'union pour la démocratie française et du rassemblement pour la République.)*

A la lueur de tels propos, comment ne pas voir que, majorité, aujourd'hui, vous adorez ce que vous avez brûlé hier, dans l'opposition ?

Je conclurai donc ainsi sur ce point : le système prévu par votre projet de loi représente une incontestable régression de la démocratie, il conduit à priver de leur liberté de choix les femmes et les hommes hors de toute considération politique ou partisane dans les villes moyennes.

J'en viens maintenant au scrutin des grandes villes. En 1974, comme en 1953, la représentation proportionnelle était en vigueur pour toutes les communes de plus de 9000 habitants. En 1959, la représentation proportionnelle était également en vigueur pour Paris et les douze villes de France qui comptaient alors plus de 120000 habitants : Marseille, Lyon, Toulouse, Bordeaux, Nice, Nantes, Strasbourg, Lille, Saint-Etienne, Toulon, Le Havre et Nancy.

Or vous justifiez dans votre projet le mauvais mélange de scrutin majoritaire et de représentation proportionnelle par le fait que la proportionnelle ne permet pas de dégager des majorités cohérentes au sein des conseils municipaux. Je dis tout net : cet argument m'apparaît spécieux. Que je sache, un tel système n'a jamais empêché nos villes d'être correctement gérées !

Prenons l'exemple de Marseille que M. le ministre d'Etat connaît parfaitement et que je connais bien aussi.

En 1953, le scrutin avait lieu à la prortionnelle intégrale, avec signes préférentiels, sur l'ensemble de la ville. Les socialistes obtinrent 15 sièges sur 63, les indépendants conduits par M. Bergasse qui siégea de nombreuses années dans cette enceinte, 16, le MRP 4 et le RPF 4. Les communistes, pour leur part, totalisèrent 24 élus. L'élection du maire se déroulant, si besoin est, sur trois tours, lors du premier tour, les nouveaux élus votèrent tous pour leur chef de file respectif.

Au deuxième tour, 2 élus du MRP et 2 élus du RPF votèrent pour M. Defferre. Celui-ci totalisa alors 19 voix, se plaçant ainsi en bonne position pour le troisième tour, mais toujours derrière le communiste M. François Billoux.

Au troisième tour, M. Defferre additionna ces 19 voix aux 2 voix du MRP, aux 2 voix du RPF et aux 16 voix des indépendants, soit 39 voix contre 24 à M. Billoux, du parti communiste.

Bien qu'élu avec les suffrages de la droite, qu'il appelait alors « les modérés » *(sourires),* M. Defferre ne me démentira pas si j'affirme qu'ensuite il a pu gérer Marseille avec une majorité cohérente.

A ma connaissance, il n'y eut pas de problèmes majeurs dans les autres villes régies par la portionnelle.

*M. le ministre d'Etat, ministre de l'Intérieur et de la Décentralisation.* Si, il y en a eu !

*M. Jean-Claude Gaudin.* Vous voyez donc que votre argumentation est fallacieuse. Mais vous vous apprêtiez à aller plus loin, me semble-t-il, dans le domaine de l'incohérence.

En effet, dans le texte que vous étiez prêt à soumettre au conseil des ministres du 14 juillet dernier, le cas des cinq grandes villes sectorisées depuis 1965 ou 1976 — Paris, Marseille, Lyon, Toulouse et Nice — recevait chaque fois une solution différente, inspirée, bien sûr, de la situation politique.

Paris — les députés de la capitale l'évoqueront sûrement —

devait faire l'objet d'un statut spécial permettant sans doute une représentation socialo-communiste maximale. La sectorisation de Toulouse et de Nice était supprimée, toujours dans le même but.

Lyon bénéficiait du maintien du *statu quo* puisque les neuf secteurs existants étaient maintenus.

Quant à Marseille, la ville devait être — elle le sera peut-être — découpée en quatre secteurs, regroupant chacun quatre arrondissements, ce découpage succédant à l'actuelle division en huit secteurs de deux arrondissements.

Ce dernier projet ne s'est pas concrétisé puisque le Gouvernement, sans doute pour échapper au piège dans lequel il s'était lui-même enfermé, a décidé de lier les statuts de Paris et de Marseille. Peut-être même, monsieur le ministre d'Etat, ferez-vous en outre machine arrière en ce qui concerne Lyon si l'on se fie aux dernières déclarations d'un député lyonnais de votre parti ?

Nous restons donc dans une expectative qui traduit sûrement l'indécision du Gouvernement puisque le statut de ces villes ne sera déposé qu'à l'automne sur le bureau de l'Assemblée nationale.

Depuis, pour Paris, ayant compris — mais hélas pour vous trop tard — que l'opinion publique n'appréciait pas votre idée saugrenue de créer vingt mairies de plein exercice, vous avez reculé pour engager une discussion avec le maire de Paris. Il semble que vous soyez disposé à faire la même chose avec le maire de Lyon.

Pour Marseille, il est certain que, si le ministre de l'Intérieur se concerte avec le maire de la ville, ils n'auront pas grand mal à se mettre d'accord. *(Sourires.)*

*M. le ministre d'Etat, ministre de l'Intérieur et de la Décentralisation.* Ce serait malheureux ! *(Nouveaux sourires.)*

*M. Jean-Claude Gaudin.* Aussi, en ma qualité de député de Marseille, me permettrai-je de sortir un instant de la discussion générale pour vous faire part de mon point de vue sur le découpage de Marseille.

Sans doute devrait-on trouver, dans cette notion de « nouvelle citoyenneté » que votre gouvernement tente de promouvoir, le moyen d'établir une concertation ou un dialogue qui permette à l'opposition — vous savez bien qu'elle existe à Marseille — de donner son avis sur une question qui concerne tous les Marseillais.

Cet avis, monsieur le ministre d'Etat, je ne suis pas sûr que vous nous le demanderez, à M. Santoni et à moi-même. Aussi, vais-je vous le donner depuis la tribune de l'Assemblée nationale *(Rires sur les bancs de l'union pour la démocratie française. — Murmures sur les bancs des socialistes)* car, nous aussi, nous représentons les Marseillais ; d'ailleurs, depuis 1978, nous les représentons de plus en plus. *(Applaudissements sur les bancs de l'union pour la démocratie française.)*

L'opposition, à Marseille, souhaite un découpage qui ne repose pas exclusivement sur des critères électoralistes. *(Exclamations sur les bancs des socialistes.)* Avec ou sans concertation, c'est vous, monsieur le ministre d'Etat, qui serez responsable de ce découpage.

Je me suis interrogé sur les critères qui ont présidé à l'élaboration de ces quatre secteurs.

Bien sûr, la réponse est évidente. Ces quatre secteurs n'ont vu le jour que parce que l'addition des voix de la coalition socialo-communiste s'y révèle présentement majoritaire.

Je lisais, dernièrement, dans l'une de vos interviews, que le découpage effectué en 1964 par le gouvernement d'alors n'avait d'autre but que celui de vous faire battre. Et vous affirmiez que, malgré cela, vous aviez été élu et réélu, chaque fois, avec de plus en plus de voix.

Alors, pourquoi voulez-vous changer le découpage de notre ville *(Rires sur les bancs de l'union pour la démocratie française)* d'autant que ces huit secteurs répondent tout à fait à l'exposé des motifs de votre projet de loi qui prétend vouloir rapprocher les élus des électeurs ? A l'évidence, ce rapprochement a plus de chances de se réaliser avec huit secteurs qu'avec quatre secteurs.

En fait, monsieur le ministre d'Etat, vous donnez l'impression de vouloir, pour ces municipales de Marseille, jouer une partie de dés pipés. L'opposition sera contrainte d'effectuer une course d'obstacles tandis que vous pourrez courir sur le plat. *(Sourires.)* Voilà une idée bien singulière de la démocratie !

En fermant cette parenthèse sur Marseille, je vous rappellerai, monsieur le ministre d'Etat, ce proverbe chinois que vous connaissez bien : « Si tu lances un pot de fleurs en l'air, prends garde qu'il ne te retombe sur la tête. » *(Rires sur les bancs de l'union pour la démocratie française et du rassemblement pour la République.)* J'ajouterai que les dernières élections cantonales, surtout à Marseille, doivent vous servir d'avertissement. Les électeurs n'apprécient jamais ces tentatives de détournement de la démocratie.

Monsieur le ministre d'Etat, mes chers collègues, ce texte n'est en rien conforme à la conception du régime électoral souhaitable, dans une démocratie comme la nôtre, pour nos villes et nos communes.

Compromis bâtard et confus entre le scrutin majoritaire et la représentation proportionnelle, il ouvre la porte à toutes les combinaisons et peut même fausser l'expression du suffrage populaire.

Instrument d'une politisation à outrance des scrutins locaux, moyen d'une centralisation partisane, stratagème électoral, ce projet de loi nous paraît bien trop éloigné des traditions démocratiques de notre pays pour qu'il y ait lieu d'en débattre dans cet hémicycle. Loin de répondre aux objectifs qu'énonce son exposé des motifs, il constitue une véritable régression de la démocratie.

Enfin, pour la première fois, le sort de certaines grandes villes — et non des moindres — ne sera pas réglé en même temps que celui de l'ensemble. Là aussi, nous ne pouvons accepter une discrimination justifiée uniquement par des préoccupations électorales.

En fait, ce projet évoque irrésistiblement une loi « chauve-souris », monsieur le ministre d'Etat.

Il a les pattes de la proportionnelle, les ailes du scrutin majoritaire et, dans l'obscurité dont vous avez vous-même entouré le statut des grandes villes, il navigue au radar ! *(Rires sur les bancs de l'union pour la démocratie française et du rassemblement pour la République.)*

Vous attendez de cette loi, messieurs, qu'elles vous évite un nouveau naufrage électoral ; mais, soyez-en sûrs, c'est votre politique qui sera jugée par les Français en mars prochain, et, quelle que soit la loi électorale que vous leur imposerez, je ne doute pas du résultat.

Quoi qu'il en soit, et pour l'ensemble des raisons que je viens de développer, le groupe UDF vous demande, mes chers collègues, de décider qu'il n'y a pas lieu de délibérer sur ce projet de loi. *(Applaudissements sur les bancs de l'union pour la démocratie française et du rassemblement pour la République.)*

La question préalable mise aux voix totalise 167 pour sur 491 votants. Pourtant le total des députés de l'opposition UDF-RPR et non-inscrits ne dépasse pas 157. Dix députés socialistes s'étaient trompés lors du scrutin public et feront rectifier leur vote le lendemain.

## Organisation administrative de Paris, Marseille, Lyon et des établissements publics de coopération intercommunale
## Election des membres du conseil de Paris et des conseils municipaux de Lyon et de Marseille.
## Discussion, après déclaration d'urgence, de deux projets de loi

*(J.O. n° 110 du 22-10-82 DG, p. 6095)*

*M. le président.* La parole est à M. Gaudin.

*M. Jean-Claude Gaudin.* Monsieur le président, monsieur le ministre d'Etat, mes chers collègues, le 26 juillet dernier, notre assemblée avait discuté de la nouvelle loi électorale, introduisant un zeste de proportionnelle dans un bol de scrutin majoritaire.

Nous avions alors appris que les grandes villes connaîtraient leur sort à la rentrée. Nous y voici. Ce n'est un secret pour personne, monsieur le ministre d'Etat : vous auriez préféré que le nouveau statut ne concerne que Paris.

Mais les réactions du maire de Paris, des Parisiens et de l'opposition unie...

*M. Alain Bonnet.* Enfin !

*M. Jean-Claude Gaudin.* ... vous ont contraint, vous et le Gouvernement, à reculer et à étendre votre projet à Marseille et à Lyon.

En annonçant cette réforme, vous aviez vous-même évoqué le climat de concertation dans lequel elle devait être préparée. Je vous avais dit alors ici même à cette tribune que si le ministre de l'Intérieur se concertait avec le maire de Marseille, ils n'auraient pas grand-peine à se mettre d'accord. (*Sourires.*) Et je pensais vraiment que vous auriez, au moins pour la forme, engagé un dialogue avec l'opposition marseillaise qui, vous le savez, existe et qui, depuis 1978, ne cesse de progresser. *(Applaudissements sur les bancs de l'union pour la démocratie française et du rassemblement pour la République.)*

*M. Edmond Alphandéry.* Elle va gagner !

*M. Jean-Claude Gaudin.* Mais de concertation, il n'y en eut point et le nouveau statut de Marseille, notamment son nouveau « découpage », est entièrement votre œuvre.

D'ailleurs, cela se voit.

J'imagine qu'au bout du compte, vous ne devez pas trop regretter d'avoir dû mêler le sort de Marseille à celui de Paris.

Car, d'une part, cela vous permet de mieux camoufler le véritable « dépeçage » des secteurs électoraux auquel vous vous livrez — j'y reviendrai — et, d'autre part, parce que le maire de Marseille tente de reprendre d'une main ce que le ministre de l'Intérieur donne de l'autre.

*M. Edmond Alphandéry.* Cela lui est facile !

*M. Jean-Claude Gaudin.* Ce que vous accordez d'une main, c'est la création des conseils d'arrondissement élus, avec d'ailleurs des incertitudes et des zones d'ombre considérables.

C'est ainsi que la compétence des conseils d'arrondissement reste pour l'heure très mal définie et qu'en l'état actuel du texte le risque est grand de voir apparaître des conflits entre le maire de la ville et les conseils d'arrondissement lorsque ceux-ci n'auront pas la même option politique.

De surcroît, si vous n'y prenez garde, vous risquez encore d'augmenter la complexité du labyrinthe administratif dans lequel déjà la plupart des citoyens ne se retrouvent plus.

Enfin, il est évident que la mise en œuvre de ce nouveau statut engendrera d'importantes dépenses et que, pour trouver les moyens financiers nécessaires aux conseils d'arrondissement, vous ne pourrez vous contenter de puiser dans le budget existant.

De tout cela, les Marseillais sont bien conscients, comme les Parisiens et les Lyonnais. Et je suis persuadé que, pour le moment, vous ne les avez guère convaincus du bien-fondé de votre réforme. Mille élus municipaux pour Paris, Lyon, Marseille ? Deux fois plus que la Chambre des députés !

D'autant qu'il ne leur échappe pas non plus, aux Marseillais, aux Parisiens et aux Lyonnais, que l'arbre cache la forêt, que le train du nouveau statut cache celui d'une opération politique partisane. Je veux parler du nouveau découpage électoral à Marseille. D'autres de mes amis de l'UDF le feront pour Paris et pour Lyon.

En observant ce découpage hallucinant, un seul commentaire vient à l'esprit : « Incroyable, mais vrai. »

Nous savons, monsieur le ministre, que les socialistes n'aiment pas les émissions de télévision qui ont du succès. Pourtant vous méritez sans aucun doute de voir votre projet inscrit au « livre des records » de cette émission au titre de la performance exceptionnelle que constitue votre « charcutage électoral ». *(Rires sur les bancs de l'union pour la démocratie française et du rassemblement pour la République.)*

Jacques Martin devrait vous inviter dans son émission.

*M. Marc Lauriol.* Très bien !

*M. Jean-Claude Gaudin.* Vous pourriez ainsi expliquer aux

téléspectateurs la nouvelle arithmétique que vous venez d'inventer. *(Nouveaux rires sur les mêmes bancs.)*

*M. Yves Lancien.* C'est le changement !

*M. Jean-Claude Gaudin.* Vous pourriez expliquer comment 6 est plus grand que 8.

Vous pourriez expliquer comment 4 égale 3 ou 2 ou même 1.

Vous pourriez expliquer comment 500 000 divisé par 9 égale 900 000 divisé par 6. *(Rires et applaudissements sur les bancs du rassemblement pour la République et de l'union pour la démocratie française.)*

Vous pourriez expliquer comment gagner une élection sur le « tapis vert » lorsqu'on risque d'être battu par le bulletin de vote.

On savait déjà, à travers les résultats économiques, que les socialistes étaient fâchés avec les chiffres...

*M. Edmond Alphandéry.* Ah, oui !

*M. Jean-Claude Gaudin.* ... sauf ceux qui concernent les déficits. On ne pensait pas cependant que vous en étiez arrivés à ce point dans l'extravagance, voire le surréalisme, de vos comptes.

Marseille était jusqu'à présent divisée en huit secteurs. Un découpage qui n'était d'ailleurs pas si mauvais puisqu'il avait permis au maire actuel de Marseille de se faire élire, réélire et réélire encore. C'est vous-même, monsieur le ministre d'Etat, qui avez dit que ce découpage vous avait toujours permis de gagner. Mais les grandes villes, et notamment Marseille, souffraient — apprit-on soudain en juillet dernier — d'une insuffisance de vie démocratique. Une faute avouée, monsieur le ministre d'Etat, est déjà à demi pardonnée.

Il fallait donc rapprocher les électeurs des élus. On pouvait penser que la solution de bon sens...

*Un député socialiste.* Que ne l'avez-vous adoptée !

*M. Jean-Claude Gaudin.* ... consisterait notamment, dans le cadre d'une redistribution des pouvoirs engagés par la réforme, à créer autant de secteurs que d'arrondissements marseillais.

Cette solution était d'ailleurs d'autant plus logique qu'elle a prévalu à Paris et à Lyon.

Ainsi, Paris, avec ses deux millions d'habitants et ses vingt arrondissements, est divisé en vingt secteurs.

A Lyon, il existe neuf arrondissements pour 500 000 habitants.

A Marseille, pour environ 900 000 habitants, il existe seize arrondissements. Les Marseillais connaissent bien cette division administrative, utilisée par les PTT, les impôts et même les mairies annexes.

Alors, comment croyez-vous, mes chers collègues, que le ministre de l'Intérieur, ministre de la Décentralisation, qui souhaite avant tout rapprocher les élus des électeurs, ait divisé la ville dont il est le maire ?

A-t-il instauré seize secteurs correspondant à chacun des seize arrondissements de Marseille, comme il l'a fait à Paris et à Lyon ? Je note au passage qu'ainsi la population moyenne par secteur aurait été équivalente à celle obtenue à Lyon.

Je remarque aussi que l'orateur du parti communiste qui m'a précédé a quand même dit qu'il était favorable à ce découpage en secteurs pour chacun des seize arrondissements.

Donc, croyez-vous que M. le ministre d'Etat ait créé seize secteurs à Marseille ?

Eh bien ! pas du tout !

Il faut croire que la notion de la démocratie du ministre de l'Intérieur s'altère en descendant la vallée du Rhône. *(Rires sur les bancs de l'union pour la démocratie française et du rassemblement pour la République.)*

Ou bien faut-il croire que les Marseillais, qui n'ont pas tellement voté socialiste aux dernières élections cantonales, ne méritent pas le même traitement que les Parisiens ou les Lyonnais ?

Un premier projet réduisait de huit à quatre le nombre de secteurs électoraux.

Dans cette première version de votre nouvelle « table de multiplication des suffrages », quatre donc était plus grand que huit.

Mais le ministre de l'Intérieur a refait ses comptes — je préciserai lesquels tout à l'heure — et il a pensé que l'opération serait plus discrète et peut-être plus efficace avec un redécoupage en cinq, puis six secteurs.

Ces secteurs regroupent tantôt quatre arrondissements avec 138 000 électeurs inscrits, tantôt trois ou deux, voire un seul arrondissement avec seulement 41 000 électeurs.

*M. Marc Lauriol.* C'est du trucage !

*M. Francisque Perrut.* C'est de la « magouille » !

*M. Jacques Toubon.* C'est scandaleux !

*M. Jean-Claude Gaudin.* Incroyable mais vrai ! Où se trouve la cohérence de ce charcutage ?

*M. Marc Lauriol.* C'est une galéjade !

*M. Jean-Claude Gaudin.* L'exposé des motifs explique : « A Marseille, les arrondissements ne constituent pas une véritable division administrative, ni même une division électorale. » Je signale au passage qu'à Marseille on trouve dans chaque arrondissement, une recette-perception, un commissariat de police, une poste centrale, une structure de protection civile et même, parfois des mairies annexes.

Je poursuis : « L'aire de compétence des conseils d'arrondissement est définie en fonction des limites d'arrondissement mais aussi des liens existant entre les arrondissements du point de vue géographique et historique ainsi qu'au plan des équipements. » Ces liens n'existeraient donc pas à Paris ou à Lyon ?

Je poursuis encore : « Elle tient compte également de la nécessité d'établir une solidarité entre quartiers dont la composition sociologique est très souvent différente. » Cette nécessité n'existe pas non plus à Paris ou à Lyon.

Et l'exposé des motifs de conclure sur ce point : « En conséquence, les conseils d'arrondissement auront selon le cas compétence pour un ou plusieurs arrondissements. »

Quelle pitoyable justification pour cette manipulation du suffrage universel ! *(Applaudissements sur les bancs de l'union pour la démocratie française et du rassemblement pour la République.)*

Vous avez donc posé en ces termes la nouvelle équation de la démocratie marseillaise.

A Marseille, il n'y a pas assez de démocratie. Or, la faute en incombe au découpage en huit secteurs.

Donc, pour augmenter la démocratie, il suffit de réduire le nombre de secteurs. *(Rires et aplaudissements sur les bancs de l'union pour la démocratie française et du rassemblement pour la République.)*

CQFD : six est plus grand que huit.

C'est la nouvelle arithmétique socialiste : après le « gouverner autrement » de M. Mauroy, voici le « compter autrement » de M. Defferre. *(Applaudissements sur les bancs de l'union pour la démocratie française et du rassemblement pour la République.)*

*M. Jacques Toubon.* Trois divisé par deux égale un !

*M. Jean-Claude Gaudin.* Il faut dire, à votre décharge, monsieur le ministre d'Etat, que le problème qui vous était posé n'était pas facile.

*M. Alain Bonnet.* Ah !

*M. Jean-Claude Gaudin.* Il est même digne de figurer avec ceux de la quadrature du cercle et de la trisection de l'angle, à côté des grandes énigmes mathématiques. *(Rires sur les bancs de l'union pour la démocratie française et du rassemblement pour la République.)*

Votre problème se formulait ainsi : comment garder la majorité au conseil municipal dans l'hypothèse où une minorité seulement de secteurs le souhaiteraient ?

Réponse : faire en sorte que par une nouvelle configuration des secteurs, cette hypothèse ne puisse se réaliser. *(Très bien ! et applaudissements sur les bancs de l'union pour la démocratie française et du rassemblement pour la République.)*

Vous avez donc fait travailler les ordinateurs pendant plusieurs mois et vous avez réinventé le système des « bourgs pourris » de l'Angleterre du XVIIIe siècle, ce système dans lequel quelques petites bourgades élisaient autant de députés que les grandes villes.

Incroyable mais vrai !

En réalité, un seul critère a présidé à votre découpage : additionner au maximum les arrondissements qui vous sont favorables et disperser les autres. L'opposition présente-t-elle un danger dans le premier et le quatrième arrondissement de Marseille, arrondissements que représente mon collègue M. Santoni sur les bancs de cette Assemblée ? Alors vite regroupons-les avec les treizième et quatorzième. Tant pis si les habitants du Vieux-Port votent avec ceux de Château-Gombert, de l'autre côté de la ville !

Ailleurs, vous isolez un seul arrondissement pour préserver une petite chance à vos candidats.

Ce n'est plus un découpage, c'est un véritable dépeçage, et vous le savez bien, monsieur le ministre d'Etat.

*M. Pierre Mauger.* C'est du magouillage, oui !

*M. Jean-Claude Gaudin.* Mais ce n'est pas tout. Vous allez encore plus loin. *(Exclamations sur plusieurs bancs de l'union pour la démocratie française et du rassemblement pour la République. — Rires sur divers bancs des socialistes.)*

Dans les secteurs favorables à la majorité, comme les premier, quatrième, treizième, quatorzième secteurs, les 29 élus représenteront 138 000 électeurs, soit un élu pour 4 765 électeurs, ou mieux encore, dans les quinzième et seizième secteurs, un élu représentera 4 308 électeurs.

Dans les secteurs favorables à l'opposition, un élu représentera 5 645 électeurs inscrits !

Il y aurait donc deux catégories de Marseillais : ceux qui votent « bien » selon vous, et qui seront sur-représentés au conseil municipal, et ceux qui votent mal, c'est-à-dire ceux qui ne votent pas pour vous et qui seront sous-représentés.

*M. Robert-André Vivien.* Tricheur !

*M. Jean-Claude Gaudin.* Mais vous ne vous arrêtez pas en si bon chemin. *(Exclamations sur plusieurs bancs de l'union pour la démocratie française et du rassemblement pour la République.)*

Vous avez profité de tous les artifices de la loi régissant l'élection des conseillers municipaux et notamment de l'article L. 262 qui stipule : « Il est attribué à la liste qui a recueilli la majorité — absolue au premier tour, relative au second — un nombre de sièges égal à la moitié du nombre des sièges à pourvoir, arrondi à l'entier supérieur. »

Alors qu'avez-vous fait ?

Eh bien ! tout simplement, dans les secteurs qui vous semblent favorables au parti socialiste, vous avez mis un nombre impair d'élus : vingt-neuf dans les premier, quatrième, treizième, quatorzième secteurs ; vingt-cinq dans les cinquième, dixième, onzième, douzième secteurs et treize dans les deuxième, troisième, septième secteurs.

*M. Marc Lauriol.* C'est incroyable !

*M. Robert-André Vivien.* Tricherie !

*M. Francis Geng.* Magouille !

*M. Jean-Claude Gaudin.* Dans les autres, le nombre est pair. Faut-il que vous soyez inquiet pour en arriver là ! La leçon des cantonales ne vous aurait-elle rien appris ?

En réalité, votre nouvelle arithmétique électorale c'est l'arithmétique du sauve-qui-peut qui méprise les électeurs en voulant leur forcer la main.

*M. Marc Lauriol.* C'est la méthode globale !

*M. Jean-Claude Gaudin.* Aucune loi électorale n'est parfaite, nous a répété hier M. le rapporteur après nous l'avoir dit en juillet dernier. *A fortiori,* aucun découpage n'est parfait. *(Exclamations sur plusieurs bancs des socialistes.)*

Mais si à l'impossible nul n'est tenu, il y a quand même un minimum à assurer.

Avec votre découpage marseillais, vous êtes, monsieur le ministre, très en deçà du « minimum démocratique » que les citoyens sont en droit d'exiger pour que leur vote ne soit pas dénaturé.

C'est un élément supplémentaire qui s'ajoute au passif déjà très lourd que vous-même et le Gouvernement avez accumulé depuis dix-huit mois que les citoyens vont être appelés à juger à l'occasion des prochaines élections municipales.

Paris, Lyon, Marseille. Vous voulez à Paris et à Lyon enlever des pouvoirs aux maires qui sont et qui seront des élus de l'opposition. Vous voulez, à Marseille, conserver à tout prix le pouvoir que vous détenez.

Ce projet de loi ne nous semble pas respecter la démocratie. C'est même, à notre avis, un détournement de la démocratie. L'opposition unie fera appel au Conseil constitutionnel. En attendant, le groupe de l'union pour la démocratie française votera contre vos textes. *(Applaudissements prolongés sur les bancs de l'union pour la démocratie française et du rassemblement pour la République.)*

*M. le président.* La parole est à M. le ministre d'Etat, ministre de l'Intérieur et de la Décentralisation.

*M. Gaston Defferre ministre d'Etat, ministre de l'Intérieur et de la Décentralisation.* Monsieur le président...

*M. Jean Brocard.* Démission ! *(Rires sur les bancs de l'union pour la démocratie française et du rassemblement pour la République.)*

*M. le président.* Je vous en prie, mes chers collègues, laissez parler M. le ministre d'Etat !

*M. Jacques Toubon.* Laissez-le se défendre !

*M. le ministre d'Etat, ministre de l'Intérieur et de la Décentralisation.* Monsieur le président, je n'ai pas voulu interrompre M. Gaudin pour le laisser aller jusqu'au bout de sa tentative de démonstration.

M. Gaudin affirme que, désormais, si le texte présenté par le Gouvernement est voté, les choses se passeront à Marseille, de telle façon que le nombre d'élus dans les différents secteurs par rapport au nombre d'électeurs ne représentera pas une proportionnelle convenable. Il est même allé beaucoup plus loin dans ses appréciations.

Tout d'abord, je lui rappelle que, selon le texte présenté, dans chaque secteur, le nombre d'élus représente proportionnellement le nombre d'habitants. Je le mets au défi de démontrer le contraire.

*M. Yves Lancien.* Les secteurs ne sont pas égaux !

*M. le ministre d'Etat, ministre de l'Iintérieur et de la Ddécentralisation.* Dans le découpage dont M. Gaudin se fait aujourd'hui le champion et qui est considéré par un certain nombre d'entre vous comme un modèle du genre, c'est exactement le contraire.

*M. Paul Quilès.* Très bien !

*M. le ministre d'Etat, ministre de l'Intérieur et de la Décentralisation.* Vous raisonnez en fonction du découpage qui avait été opéré en 1964 pour tenter de faire battre les socialistes, ce à quoi le Gouvernement de l'époque n'est pas parvenu. La consultation du tableau du découpage de 1964 — découpage avec listes bloquées — permet de constater que, dans le premier secteur, auquel correspondait le vote des premier et quatrième arrondissements, il suffisait d'un nombre de voix égal à 50 p. 100 de celles nécessaires pour être élu dans le sixième secteur ; c'est-à-dire dans les onzième et douzième arrondissements. Ainsi dans le secteur un et quatre, où sont regroupés la plupart des électeurs modérés...

*M. Jean-Claude Gaudin.* Entre autres !

*M. le ministre d'Etat, ministre de l'Intérieur et de la Décentralisation,* ... en tout cas un certain nombre d'électeurs modérés...

*M. Jacques Toubon.* Il y avait combien d'abstentions ?

*M. le ministre d'Etat, ministre de l'Intérieur et de la Décentralisation...* ceux qui ont élu les représentants de la droite, il fallait 10 p. 100 des voix, alors que dans le sixième secteur, il en fallait 16,66 p. 100, soit 11 923 voix, dans un cas, et 13 462, dans l'autre.

*M. Jacques Toubon.* Il y avait combien d'abstentions ?

*M. le ministre d'Etat, ministre de l'Intérieur et de la Décentralisation.* Je pourrais détailler le tableau de ce découpage pour faire la démonstration que c'était dans les secteurs de droite qu'il y avait le plus grand nombre d'élus sans tenir compte du nombre d'habitants...

*M. Jean-Claude Gaudin.* Non!

*M. le ministre d'Etat, ministre de l'Intérieur et de la Décentralisation.* ... alors que c'était dans les secteurs de gauche qu'il y avait le moins grand nombre d'élus sans tenir compte du nombre d'habitants.

*M. Pierre Mauger.* Vous voulez nous faire prendre les vessies pour des lanternes!

*M. le ministre d'Etat, ministre de l'Intérieur et de la Décentralisation.* C'est dire que je n'ai guère besoin que vous m'infligiez vos leçons, monsieur Gaudin.

Je vous renvoie à ce que vous aviez fait et j'accepte la comparaison sur le rapport entre le nombre d'habitants et le nombre d'élus dans chaque secteur. *(Protestations sur les bancs de l'union pour la démocratie française et du rassemblement pour la République.)*

*M. Pierre-Charles Krieg.* Ridicule!

*M. le ministre d'Etat, ministre de l'Intérieur et de la Décentralisation.* Vous vous apercevrez alors que l'argumentation de M. Gaudin n'est en aucun cas fondée! *(Applaudissements sur les bancs des socialistes. — Protestations sur les bancs de l'union pour la démocratie française et du rassemblement pour la République.)*

*M. Gérard Collomb.* Ce sont eux les tricheurs!

*M. le ministre d'Etat, ministre de l'Intérieur et de la Décentralisation.* S'agissant du nombre de secteurs, je rappelle que, à Paris, on a voté par arrondissement depuis de nombreuses années et également depuis fort longtemps à Lyon.

*M. Yves Lancien.* Faites-le à Marseille!

*M. le ministre d'Etat, ministre de l'Intérieur et de la Décentralisation.* Laissez-moi poursuivre. Je n'ai pas pour ma part interrompu M. Gaudin. Je l'ai écouté, bien qu'il ne m'ait pourtant pas dit des choses plaisantes...

*M. Pierre Mauger.* Et le dialogue?

*M. Francis Geng.* M. Gaudin a dit la vérité!

*M. le ministre d'Etat, ministre de l'Intérieur et de la Décentralisation.* Mais j'ai appris ici et ailleurs à être patient. Lorsqu'on a une argumentation forte, on n'a pas besoin de s'énerver. *(Applaudissements sur les bancs des socialistes.)*

*M. Jean Poperen, rapporteur.* Très bien!

*M. le ministre d'Etat, ministre de l'Intérieur et de la Décentralisation.* A Lyon et à Paris, on a donc voté par arrondissement. Lorsque j'ai été amené à établir ce projet et que j'ai consulté les Parisiens et les Lyonnais... *(Exclamations sur les bancs du rassemblement pour la République et de l'union pour la démocratie française.)*

*M. Pierre-Bernard Cousté.* Drôle de consultation ; vous n'avez consulté personne !

*M. le ministre d'Etat, ministre de l'Intérieur et de la Décentralisation.* ...j'ai appris qu'ils souhaitaient continuer à voter par arrondissement !

*M. Pierre Mauger.* Nous voulons savoir qui a été consulté !

*M. le président.* Laissez parler M. le ministre d'Etat !

*M. le ministre d'Etat, ministre de l'Intérieur et de la Décentralisation.* Pour Paris, la différence entre les dispositions du texte présenté aujourd'hui et les souhaits des élus, c'est que les quatre premiers arrondissements ne sont plus groupés par deux et que le vote se fera par arrondissement.

*M. Pierre-Charles Krieg.* Ils n'ont jamais été consultés. Vous travestissez la vérité !

*M. Jacques Dominati.* Pour vous la moitié de 3, c'est 1 !

*M. Pierre Mauger.* Je compte aussi bien que vous, monsieur le ministre d'Etat !

*M. le président.* Laissez parler M. le ministre d'Etat !

*M. le ministre d'Etat, ministre de l'Intérieur et de la Décentralisation.* Je suis allé moi-même à Lyon et j'ai posé la question...

*M. Michel Noir.* Vous n'avez pas posé la question. C'est faux.

*M. le ministre d'Etat, ministre de l'Intérieur et de la Décentralisation.* J'ai posé la question !

*M. Michel Noir.* Non !

*M. Jean Poperen, rapporteur.* Vous n'êtes pas maire, monsieur Noir !

*M. le président.* Je vous en prie, mes chers collègues. La parole est à M. le ministre d'Etat et à lui seul !

*M. Pierre-Charles Krieg.* Il raconte des histoires !

*M. Robert-André Vivien.* M. le ministre d'Etat a plutôt consulté sa concierge !

*M. Jacques Toubon.* Ce sont des histoires marseillaises !

*M. le président.* Poursuivez, monsieur le ministre d'Etat !

*M. le ministre d'Etat, ministre de l'Intérieur et de la Décentralisation.* Les Lyonnais, qu'ils soient de droite et de gauche...

*M. Jacques Toubon.* Encore des histoires marseillaises !

*M. Alain Bonnet.* Tout cela les gêne !

*M. le ministre d'Etat, ministre de l'Intérieur et de la Décentralisation.* ... ont dit qu'ils souhaitaient continuer à voter par arrondissement.

Depuis 1964, à Lyon, le nombre de secteurs est égal au nombre d'arrondissements, c'est-à-dire neuf.

A Marseille, le nombre de secteurs a toujours été inférieur à celui de Lyon, alors que la population de Marseille est plus importante que celle de Lyon !

*M. Marc Lauriol.* Et alors ?

*M. le ministre d'Etat, ministre de l'Intérieur et de la Décentralisation.* Par conséquent, je n'ai pas innové. J'ai maintenu un certain nombre de principes.

*M. Marc Lauriol.* Quels principes ?

*M. Pierre-Charles Krieg.* Ne dites pas de contrevérités !

*M. Jacques Toubon.* Assez de vos histoires marseillaises !

*M. le ministre d'Etat, ministre de l'Intérieur et de la Décentralisation.* Je vous en prie, monsieur Lauriol, vous n'avez de leçon à donner à personne ! *(Applaudissements sur les bancs des socialistes.)*

Je supporte beaucoup d'interruptions dans cette Assemblée, et j'entends de nombreux propos désagréables. Je suis d'une grande patience...

*M. Pierre-Charles Krieg.* Alors ne dites pas de contrevérités !

*M. le ministre d'Etat, ministre de l'Intérieur et de la Décentralisation.* ... mais avec un certain nombre d'entre vous, je risque d'être moins patient et vous savez pourquoi. *(Exclamations sur les bancs du rassemblement pour la République et de l'union pour la démocratie française. — Applaudissements sur les bancs des socialistes.)*

*M. Marc Lauriol.* Qu'est-ce que cette discrimination ? Tous les élus sont égaux !

*M. le ministre d'Etat, ministre de l'Intérieur et de la Décentralisation.* Ne vous étonnez pas que le nombre des secteurs à Marseille ne soit pas le même qu'à Lyon. Il ne l'a jamais été.

*M. Jean-Claude Gaudin.* Monsieur le ministre d'Etat, me permettez-vous de vous interrompre ?

*M. le ministre d'Etat, ministre de l'Intérieur et de la Décentralisation.* Je vous en prie.

*M. le président.* La parole est à M. Gaudin, avec l'autorisation de M. le ministre d'Etat.

*M. Jean-Claude Gaudin.* Je vous remercie, monsieur le ministre d'Etat, de bien vouloir me permettre de vous interrompre un instant.

Dans le débat sur les articles, nous aurons l'occasion de revenir sur les chiffres. Vous en citez cependant qui remontent à dix-huit ans. Je vous demande simplement d'être logique avec vous-même. Vous voulez, à Paris et à Lyon, un secteur par arrondissement. Faites donc à Marseille une mairie par arrondissement, je ne vous en demande pas plus. *(Applaudissements sur les bancs de l'union pour la démocratie française et du rassemblement pour la république.)*

*M. le président.* La parole est à M. le ministre d'Etat.

*M. le ministre d'Etat, ministre de l'Intérieur et de la Décentralisation.* Je poursuis mon raisonnement. *(Rires et exclamations sur les bancs du rassemblement pour la République et de l'union pour la démocratie française.)*

*M. Pierre-Charles Krieg.* Vous feriez mieux de répondre.

*M. le ministre d'Etat, ministre de l'Intérieur et de la Décentralisation.* En ce qui concerne la différence entre Marseille et Lyon, je rappelle qu'en vertu de la loi de 1964, Lyon avait soixante et un élus pour une population de moins de 500 000 habitants, alors que Marseille en avait soixante-trois, c'est-à-dire à peine plus qu'à Lyon, pour une population qui, à l'époque, dépassait 900 000 habitants. Il n'y avait donc pas disproportion entre les deux villes. Il n'y a donc jamais eu ni le même nombre d'arrondissements, ni le même nombre de secteurs, ni le même nombre d'élus à Marseille et à Lyon.

Aujourd'hui, parce que vous êtes dans l'opposition et parce que vous n'avez pas fait les textes à votre mesure...

*M. Yves Lancien.* C'est vous !

*M. Jacques Toubon.* Comme tailleur sur mesure, il n'y a pas meilleur que vous ! Vous vous taillez les vestes que vous voulez !

*M. le ministre d'Etat, ministre de l'Intérieur et de la Décentralisation.* ..., vous considérez que ces textes sont inacceptables et condamnables. Il est vrai que, en vingt-trois ans, vous avez pris de mauvaises habitudes, et notamment celle de l'impunité. Vous pensiez pouvoir faire n'importe quoi indéfiniment. Cela a changé et vous n'êtes pas contents. *(Applaudissements sur les bancs des socialistes et des communistes. — Protestations sur les bancs de l'union pour la démocratie française et du rassemblement pour la République.)*

*M. Jacques Toubon.* Pour faire n'importe quoi, vous êtes un maître. Vous battez tous les records.

*M. le ministre d'Etat, ministre de l'Intérieur et de la Décentralisation.* Vous teniez tout à l'heure, monsieur Gaudin, à faire des suppositions sur mes vœux personnels pour Marseille dont je suis le maire. Désigné pendant la Résistance, élu après la Libération, je suis parti. Puis j'ai été réélu un certain nombre de fois, depuis maintenant bientôt trente ans et sachez que ce n'est pas par hasard si les Marseillais m'ont élu et réélu pendant si longtemps.

*M. Raymond Douyère.* Et à la place de M. Gaudin !

*M. le ministre d'Etat, ministre de l'Intérieur et de la Décentralisation.* Je considère personnellement que les grandes villes doivent être régies par le système qui est aujourd'hui proposé par le Gouvernement. Mais, en ce qui concerne Marseille, j'ai toujours préféré une circonscription unique soumise au scrutin proportionnel. En tout état de cause je peux dire que...

*M. Jacques Toubon.* Dites-le !

*M. le ministre d'Etat, ministre de l'Intérieur et de la Décentralisation.* ...quel que soit le mode de scrutin, majoritaire ou proportionnel, je ne suis pas inquiet du résultat des élections.

*Plusieurs députés du rassemblement pour la République.* Chiche !

*M. le ministre d'Etat, ministre de l'Intérieur et de la Décentralisation.* Mais j'ai appliqué à Marseille la logique qui a été retenue ailleurs...

*M. Yves Lancien.* C'est un alibi !

*M. le ministre d'Etat, ministre de l'Intérieur et de la Décentralisation.* ...en tenant compte de ce que vous aviez fait à Marseille précédemment.

M. Gaudin s'est promené dans la ville en affirmant qu'il avait des chances d'être élu maire de Marseille...

*M. Alain Bonnet.* Galéjade !

*M. le ministre d'Etat, ministre de l'Intérieur et de la Décentralisation.* ... et il sait maintenant qu'il ne le sera pas. Alors, pour sauver la face, il attaque le Gouvernement. *(Applaudissements sur les bancs des socialistes et des communistes.)*

*M. Yves Lancien.* C'est projet sardines et vieux port ! *(Sourires.)*

*M. Jacques Toubon.* Et que se passera-t-il à Paris ?

# TABLE

PREMIÈRE PARTIE

## *Une passion qui vient de loin*



DEUXIÈME PARTIE

## *Réponses à vos questions sur Marseille*

TROISIÈME PARTIE

*Réponses à vos questions sur la France*



ANNEXES

*La composition de ce livre*
*a été effectuée par Bussière à Saint-Amand,*
*l'impression et le brochage ont été effectués*
*sur presse CAMERON*
*dans les ateliers de la S.E.P.C. à Saint-Amand-Montrond (Cher)*
*pour les éditions Albin Michel*

AM

*Achevé d'imprimer en janvier 1983*
*N° d'édition 7816. N° d'impression 2994-1985*
*Dépôt légal février 1983*

*Imprimé en France*